U0903159

总第8期
2016.12

晟典律师评论

SD & Partners Law Review

主办 广东晟典律师事务所

主编 周海荣 副主编 黎永绿 廖桃春 李奔科

人民法院出版社

图书在版编目（CIP）数据

晟典律师评论．总第8期/周海荣主编．－北京：人民法院出版社，2017.1

ISBN 978－7－5109－1676－2

Ⅰ.①晟…　Ⅱ.①周…　Ⅲ.①律师业务－丛刊
Ⅳ.①D916.5－55

中国版本图书馆CIP数据核字（2016）第321805号

晟典律师评论（总第8期）

广东晟典律师事务所　主办

周海荣　主编

责任编辑　兰丽专

出版发行　人民法院出版社

地　　址　北京市东城区东交民巷27号（100745）

电　　话　（010）67550626（责任编辑）　67550558（发行部查询）
65223677（读者服务部）

客服QQ　2092078039

网　　址　http://www.courtbook.com.cn

E－mail　courtpress@sohu.com

印　　刷　保定市中画美凯印刷有限公司

经　　销　新华书店

开　　本　787×1092毫米　1/16

字　　数　288千字

印　　张　20

版　　次　2017年1月第1版　2017年1月第1次印刷

书　　号　ISBN 978－7－5109－1676－2

定　　价　56.00元

《晟典律师评论》编委会

目 录

mu lu

探索与实证

港澳台视角

名家讲座
ming jia jiang zuo

中国法治文化特性的历史侧影

徐忠明*

作为法律史的研究者，我希望回到历史中去，看一看在古代的中国，法律到底居于怎样的地位，在那个时代，普通老百姓如果遇到了纠纷，他们会采取怎样的行动，以及当时的司法官是如何处理那些纠纷的，在他们处理纠纷的时候，法律、风俗、习惯、人情等，究竟居于怎样的地位。

讨论到中国古代的法治文化，我们首先就要了解，中国古代是一个皇帝专制的社会，专制跟人治是挂钩的。再说得稍微高尚一点，中国是一个德治的社会，德治跟法治是两个不同的范畴。法律在国家的治理当中处于一个什么样的地位？这是值得讨论的。

一、皇帝的两面性

先简单地了解一下皇帝到底是怎么回事儿。首先，皇帝权力的来源。皇权的一个正当性的来源是基于天命。大家看电视剧，皇帝宣诏的时候总是有一句话——“奉天承运，皇帝诏曰”。就是说古代的皇帝，

* 中山大学法学院教授。

他的权力的正当性跟我们今天不一样，我们处于一个民主的时代，国家领导人是通过选举的办法产生的；但在那个时代，皇帝认为他的权力正当性的来源是天。那么，天赋予了怎样的一个皇帝呢？或者说，一个人要成为君王，他必须具有怎样的道德意识呢？这大概是中国古代皇帝权力的另外一个正当性的来源，就是要得到民众的信赖。所以古书里面说："天听自我民听，天视自我民视，民之所欲，天必从之。"在电视剧《宰相刘罗锅》里面有一首主题歌，歌词唱道："天地之间有杆秤，那秤砣是老百姓。"老百姓认同与否，至少在理念上、理论上也是一个非常值得考量的依据。所以，中国古代有时又被认为是一个民本主义的社会，就是以民为本的社会，所谓"民为邦本"，也有所谓"民可以载舟，也可以覆舟"。像出了《水浒传》叙述的事情，你就会感觉到皇帝失去了民心，也失去了老天的眷顾，所以宋江带领一帮兄弟上梁山，竖起一个造反的旗帜叫"替天行道"。皇权来源的正当性依据还有世俗的，就是王位的继承，即通过"父死子继，兄终弟及"的大原则来进行，也就是爸爸死了，原则上长子来继承；如果没有长子，肯定由庶子来继承；如果没有庶子，就由兄弟来继承。这是皇权的几个正当性的来源。

问题在于，在这样一个皇权的体制里面，我们怎么去认识皇帝权力的运作，这也是很重要的。从上面的叙述来看，皇帝秉承天意，尊重民心、民意，又有祖宗的家法来加以规制，但是实际上，我们会发现，皇帝的权力并没有受到严格意义上的约束。换句话说，皇帝想做的那些事好像总是可以做成，总是可以超越法律之上来做些事情。所以，我觉得在理解中国皇帝的时候要做一个分界：一个是制度化皇帝，还有一个是作为肉身的皇帝。我觉得作为制度化的皇帝，中国古代皇帝专制的权力实际上受到了比较多的制约，比如我刚才说的：第一，他的权力的取得要有前提；第二，他的政策的做出必须要经过相应的程序。皇帝要决策的时候，往往——比如唐朝的时候——先要由中书省的大臣官僚来商议，商议完了以后，如果皇帝认可了，再转到门下省进行审议。如果门下省的大臣觉得皇帝的这个决策是不妥当的，如果觉得全部不妥当，那就驳回；如果部分不妥当，就做部分的修改，可以退回去。如果这样一个决策得到了门下省的认可，就再转到尚书省去执行。这有一个程序的运作过程。还有，比如说有的时候皇帝想做一些事情，但是如果碰到大臣抗命，就是恕不奉诏，这时你可以看到什么？就是官僚体制，官僚作为一个集团，在跟皇帝进行抗争。所以，这对皇帝的随意决策也会带来不大不小的制衡。因此，我觉得在常规的情况下，皇权的运作受到了相应的限制。

中国古代的皇帝，作为一个肉身，是有喜怒哀乐的，有个人私利的。大量的历史著作记载，皇帝有的时候想干事，他一定要干，像明代的皇帝，如明武宗，一百多个官僚跪在门口向他请愿、抗议，皇帝就是不干，把官僚一个一个拉出去廷杖，打板子，甚至要打死几个人，他一定要推行这样的决策，也没有几个人能扛得住，所以要看到他的两面性。

二、中国古典时期的制度也有部分法治的色彩

在这样的一个场景中，我们去理解中国古典时期制度的时候，你就会问，这到底是一个德治的社会，还是一个法治的社会？根据笔者的研究，笔者认为它具有部分法治的色彩。为什么叫部分法治的色彩？首先一个原因就是，中国自从秦朝建立了一个庞大的帝国以后，可以发现一个重要的变化，就是官僚体制建立起来了。到明朝和清朝这个时代，尤其是清朝，你可以看到，中国幅员辽阔，官僚的人数是非常多的，《大清会典》里面设立的官僚，全国大概有两万多人，怎么去管理好这两万多个官僚，这就是皇帝必须考虑的问题。要对这两万多官僚进行有效的管理，如果没有一套制度是做不到的，所以，中国古典时期的法治有一部分内容——非常核心的内容——涉及官僚机构的组织，官僚的选拔、考核、奖惩这个层面，所以，管理官僚的需要实际上是中国法治一个特别重要的原因。

还有一个原因，中国是一个庞大的国家，一方水土养一方人，十里不同风，百里不同俗，各个地方都有它的习惯和风俗。这种习惯和风俗

是贴近老百姓日常生活的，在日常生活中进行经济交往、社会交往，都遵循了这样一套规则。但是问题就在于，要维持一个庞大国家的统一，没有相应的法律的统一也是很难做得到的。所以，建构一个庞大的国家，维系这个国家正常的运作，那么基本上法是必需的。

三、中国古代如何普法

正是有着这样的法的必需，所以，你可以看到一个很重要的迹象，从明朝开始，国家的基本法典，比如《大明律》里面专门有一个条文叫作讲读律令。为什么要设这样一个条款呢？这个条款要求做什么？第一个层面，就是要求所有的官僚必须阅读、研究法律，要通晓法律的含义；如果你不阅读、不掌握法律的含义，是要受到法律制裁的。第二个层面，对于普通的老百姓来讲，这个条款也要求大家来学习法律、了解法律。在这样的情况下，如果老百姓犯罪，可以减轻制裁，就是懂得法律的人犯罪了，可以对其减轻制裁；不懂得法律的人犯罪了，就没得减轻。所以，在这样一个背景下，实际上，明朝也开始了另外一些法律的宣传工作。如果有机会去接触一些史料的话，你会发现，中国古代的皇帝对普法实际上是很重视的，比如说朱元璋的那个时代，他曾经制定过所谓"圣谕六条"，也就是六条语录。这六条语录制定了以后，要求每半个月组织老百姓来学习一次。而且，有一阵子他还委托了地方上的那些瞎子，由一个小孩牵着瞎子在村里转，第一条就喊孝敬父母，然后喊尊敬长上，就是把皇帝的语录这么去宣讲。

到了清朝康熙的时候，搞了"圣谕十六条"。到了雍正的时候，又对这十六条圣谕进行了注解，变成了一万字的讲解文本，叫《圣谕广训》。在清朝，这样的圣谕也贯穿在乡村的基层社会里面，当时叫作乡约，每个月也组织乡村的百姓来学习两次，主持者有的时候是地方上的知县，有的时候是地方上的读书人，有时候还有乡约这样的职位来负责诸如此类的工作。而且除了这些工作以外，还有更有意思的几个做法。比如说现在可以读到一些清代的官僚所写的关于皇帝语录的注解的讲稿。例如孝敬父母，什么行为叫作孝敬父母？子女怎么做才是孝顺的？

他会讲解，举例子、讲故事，而且还会把清代的法律的条文摘下来附在这个讲稿后面，意思就是说，子女做了哪些事情是违背了孝道，违背了以后会受到法律什么样的制裁，会放在一起来进行讲解。这个还不算，甚至说，因为古代的识字率不太高，不像我们现在教育这么普及（学术界有讨论，清朝的识字率平均是有20%左右，人口中大概有20%是认字的，大多数人是不认字的，尤其妇女是不认字的），对于不认识字的人，讲稿他也看不懂，这怎么办？所以，有些地方官甚至给讲稿配图。为什么配上图画？看了图画以后，小孩子就问爸爸这画里讲了什么，然后大人就会跟他讲解。这个图像是为了便于把皇帝的语录、注解的文字更好地传播，更好地去普及这样的法律。而且，还会在其他的一些文本里面，或者说通过其他的文本来推行这样的一种做法，比如说在一些宗教性的文本里面，利用一些宗教的故事来推广圣谕的文本。甚至在科举考试的时候，比如考秀才，考试的时候规定考生必须要默写皇帝的圣谕，如果不能默写的话，那就有问题。而且，如果去看那个讲稿就会发现，有一些讲稿是用白话文写的，白话文并不是说从胡适开始、从“五四运动”开始的，实际上在古典时期，那些讲稿就有用白话文写的，而且写得非常漂亮，我们现在大学的教授可能都没有那么好的文字能力。甚至白话文还不算，还会用当地的俚语，比如说在广东宣传的话要用广东话来写，而且讲稿也会翻译成满文、蒙文之类的文字，因为可以在那些地区进行宣传、推广。所以，这是一整套的体系。

在传统的时代里，为了维持国家基本的法律秩序，皇帝和他的官僚对法律的宣传还是很重视的。进行法律宣传，实际上还是希望大家来守法，这是我们需要注意的另外一个层面。

我刚才说实行法治在帝制时期主要是用来控制官僚的，官僚这个群体又是怎样的一个群体？大家可能了解明朝和清朝都有科举考试，通过科举考试选拔而得到做官的资格。科举考试考什么？主要是考儒家的经典，四书五经这样的东西。考生们读什么？读的就是八股文的一些范文，就像我们现在考大学一样，会去读一些复习资料。八股文的范文，当时也叫“时文稿”。读《儒林外史》可以感受到一种非常风行的时文稿的流传。实际上，在科举考试的科目里面，也会考到法律，只是说法律的考试在明朝和清朝的科举里面都不具有重要的地位，所以一般的士大夫对法律还是不太了解的。但是现在问题就来了，一个不太了解法律的——平时没有像我们现在在法律院校进行法律的训练，之后通过司法考试而取得做律师、法官、检察官的资格——这样的人将来是要去做官的，而做官是必须要审理案件的，这样的话，知识上的短缺怎么弥补？实际上，在明朝或者清朝，出现了很多的官僚行政工作和司法工作相关书籍，其中法律著作方面的一些书籍非常多。

2012 年，我在北京大学出版社出版过一本书，专门研究明朝和清朝法律知识传播的问题。从这个资料里面可以看到，古代有关于《大清律》《大明律》的注解这样的书，光是注解还不够，为了使法律的解释变得比较通俗，会对一些地方官在日常的工作当中必须要运用到的那些法律内容加以摘要，摘出来了以后再加以注解。还有一种方式是什么？就是法律有的时候很难记忆，古代也有一些作者，他就会把法律条文一条一条编成五个字，或者是七个字的韵文，像诗一样。为什么要编写那个东西？就是为了方便背诵，方便记忆。还有一种书籍把法律条文制成图表，也让人看起来一目了然。

再有一类书籍，就是关于行政工作的指南。比如说，一个地方官得到了吏部任命以后，要走马上任，从走马上任开始，应该怎么去做？例如我是上海的，在北京等着吏部任命，我拿到任命的委任状以后，到广东来做官，做官的时候怎么做？整个程序怎么走？它里面会告诉我们，第一步应该做什么，第二步应该做什么，第三步应该做什么。正式走马上任到了一个县，原来的县长跟新任的县长要办交接，怎么办？赋税怎么核算，监狱里的囚犯留下来还有多少，哪些案件结掉了，哪些还没结，这些怎么移交，里面都会有指南，告诉我们怎样一步一步走，甚至是税收该怎么收，都会教我们。

四、中国古代司法审判及司法经验

跟我们法治有密切关系的是什么？就是司法审判。古代关于司法审判的著作，明代、清代加起来量很大。据法国的一个学者统计，大概有上千种之多。这么多的书籍编出来，大家可以想像，一定有大量的读者，有大量的需求，这就意味着，官场的官僚虽然没有经过法律的训练，没有受到行政工作的训练，但是事后会通过这样一种途径去了解行政工作、司法审判工作的知识。

司法审判工作的知识有的时候写得非常仔细，仔细到什么程度？我举一个例子，比如说一个起诉书要写多少字，都是有规定的。我读到的清代的一个官僚的司法手册里讲到，起诉书的长度不可以超过 144 个字。大家可能要问，起诉书为什么只能在 144 个字之内？因为古代的官僚怕老百姓在打官司的时候，在简单的案件事实中“添油加醋”，以至于审理的时候会带来很多麻烦，而且中国古代的法官不像现在专业的法官，在清朝一个县里，国家编制内的官僚才四五个，一个县长要管理整个县所有的事务，有的时候工作很繁忙。如果起诉书写得很长，把法律的要害问题抓到是很费劲的，所以规定只能是 144 个字以内。甚至诉状都是有格式的，格式都是印刷好的。还规定：妇女到衙门去告状，驳回；秀才以上的人去衙门告状，驳回；65 岁以上的老人去告状，驳回。为什么说妇女去告状要驳回呢？因为在一个礼教的社会里，妇女不能在社会上抛头露面，尤其不应该出入公门，在衙门进进出出，有伤体面，有伤风化，所以妇女不可以亲自打官司。读书人呢？道理是一样的，读书人是社会的标杆，是社会道德的典范，这种人出入公门，也不可以。还有，在古代社会里打官司，地方官是可以“刑讯逼供”的，但是有规定对秀才通常情况下例外，如果要刑讯的话首先要跟负责读书人管理的官僚——学政打报告，先把读书人的功名革掉，才能“刑讯逼供”。老人为什么不可以自己去告状？在古代，到了 60 岁、65 岁真是老人了。现在营养条件好了，公共卫生的系统发达了，人的寿命提高了，而清朝人口的预期寿命是 40 岁，所以，当时 60 多岁是老人家了。古代有的刑事案件、民事案件中的当事人是可以关起来的，如果把老人家关起来的话面临一个问题，监狱卫生条件，通风、透光条件，饮食、医疗环境都很差，很容易出意外，把老人关进去几天说不定就关出人命来了。

还有，老人不好“刑讯逼供”，很容易出事，所以这些人就不能亲自到衙门去打官司。这在诉状的格式里面都有规定，国家没有统一规定的，指南书上都有。在古代，地方官制作好了诉状是要卖的，要打官司就得去买，然后填好。所有的打官司的内容这些书里面都包含。有的时候甚至细到什么地步？如果一个人急急忙忙地跑到衙门打官司，他满头大汗的时候不可以对他“刑讯逼供”；如果他喝了酒则不能对他“刑讯逼供”。因为一个人跑步跑得气喘吁吁，这个时候打下去比较容易出事；一个喝了酒的人，如果“刑讯逼供”会对他的身体不利。更有甚者，如果太阳早上从东边出来，阳光照在东边，当事人在候审的时候——尤其是在夏天，不能让他站在太阳底下；当太阳照到西边时，也不能把当事人放在西边，这是出于保护原、被告打官司时身体安全的一些考量，如果暴晒在阳光下面很容易致其中暑。总之，琐琐碎碎的细节在这些书里都会做一些交代。当然，有些书是有的，有些书是没有的。

这些书会把司法的经验都写在里面，一个不懂法律、没有司法经验的人去读这种书，大致能掌握一些这方面的知识，了解一些这方面操作的技术、注意事项，所以法官实际上也会找这样一些书来阅读。

有时候还会进行考试。大家都知道有一本小说，清朝末期的，叫《官场现形记》，该书第56回说朝廷要实行新政，发了一个指令，到了湖南，湖南的巡抚发出指令，要求对在湖南的地方官，尤其是那些候补官员进行统一的行政法律考试。在长沙的一个候补官员很紧张，去找了长沙的知府问该怎么办。知府就让他到市场上买一本书来看，里面都有。后来长沙府知府又把自己的顾问介绍给这位候补官员。

清朝还有一本很有名的小说，叫《儿女英雄传》，讲十三妹跟安骥的爱情故事。安骥原来是一个满族官宦子弟，通过科举考试考上了进士，他想自己将来是要做官的，于是就把家里一些跟行政事务、法律有关的书拿出来看，如《历代名臣奏议》《大清会典》《大清律》等，准备走马上任的时候先学习学习。《儿女英雄传》小说里面有这样的描述说明官员会去学习法律和行政知识。

那个时代的官僚去学习，到底有多大的自觉性？中国古代法律里面有一条规定，官员在写判决文书的时候，凡是定罪量刑的都要引证法律条文，如果不引证的话是要受到法律制裁的，这在唐朝的时候已经有非常明确的很完整的规定。所以，法律是强制要求引证的，如果不引证就是违法。这是其一。其二，如果引证错误的话也算是违法，也要承担责任，如果造成冤假错案责任就更大。清朝乾隆年间，浙江山阴有一个非常著名的师爷，退休以后写回忆录，大概有20万字，就介绍他是怎么成为一个师爷的。后来他考上了进士，在湖南的一个县做知县。他在书里说，一个县令就像一个玻璃瓶一样，出手就碎，一碰就碎，因为处分条例很详细，动辄得咎。清代官僚违法责任的手册上面详细地记录了责任和法律的制裁条款，可见中国古代司法责任的规定是非常严格、非常系统的。广西师范大学出版社出版的一本书——《谁是真凶》里面就研究过清朝末期发生在河南镇平县的一个冤案。书里面提到了"刀下留人"，就是临刑喊冤。后来皇帝派了钦差大臣下去查这个案件，因这个案件而受到制裁的官员的名单有长长的一串。从一审开始到后面，凡是跟制造冤案有瓜葛的官员都受到了轻重不等的制裁，也就是说，清代有一个非常详细的责任规则和处罚规则。大家耳熟能详的晚清的杨乃武案，受到制裁的官员也是一大批。从这些实际的案例里面可以看到，处罚规则是很细的。基于这样一个很现实的考量，得到了官位的那些人，可能还是会去想，将来万一要审案件，必须还是要懂法律的，所以他们是有动力去学习法律知识的。

五、中国古代的司法程序规则

还有一个问题逼着官员必须要学法律——尤其是其中的程序规则。在中国古代，特别是明清两代，凡是徒刑以上的案件，它的审判程序比现在的审判程序更复杂。假设福田区是清代的一个县，该县发生了一个抢劫案件，罪犯必须要判有期徒刑五年——当然古代有期徒刑最高只有三年。这个案件的罪犯被福田县知县判了三年，然后知县向当事人宣读审判结果，问当事人服不服罪。当事人说"服罪了，我没有意见，清官大人你判得好"。但这个案件并不会因此结案。大家会觉得很奇怪，案件已经作出判决了，当事人也服罪了，这个案件不就是可以结了吗？在中国古代，这个案件暂时是不会结的，它会自动地被移送至类似现在的广东省深圳市中级人民法院进行审核。中级人民法院开庭审理完后，再问当事人这个事情是不是这样，证据是不是这样，是不是觉得没有问题，服不服罪，然后罪犯说“我认罪，你判得好，我没有意见”。这个案件还不会结，还要报类似现在的广东省高级人民法院再审核，广东省高级人民法院审核完了以后，如果不涉及人命，这个案件就可以作出终审判决了，但还是要向类似现在的最高人民法院备案。如果徒刑案件涉及人命，还要上报类似现在的最高人民法院；如果是命案的话，要经过皇帝审核，要三法司九卿会审，程序很复杂。一般的徒刑案件，知县一级审完了，当事人也没有意见，这个时候报到深圳市中级人民法院，中级人民法院要开庭审理，对案件的事实重新审查，对适用法律是否准确重新审查。如果一个基层的法官不懂得如何来判，就会被发现，被发现了就要承担责任。所以，在这个意义上可以进一步推测，法官有动力去了解法律。

以上说的是官僚机构内部的自我审查，当然有人会说，自我审查就像《红楼梦》中说护身符时讲的“官官相护”一样。但问题在于，如果当事人不服呢？中国古代还有一种机制，如果当事人不服的话，可以自己去上诉。在中国古代，如果一件案子是冤案，当事人不服，可以去北京的都察院衙门告状，这叫京控；还可以直接向皇帝告状，这叫叩阍，即告御状。官僚内部可以官官相护，但是老百姓说这个案件是冤枉的，他可以通过外部的力量，通过上一级机构，甚至通过最高的皇帝，来进行监督、审查，要求复审。所以官员要考虑到这样一些外在的压力。在这些压力下，官员就有动力去学法律。

还有，在清代、明代，尤其是清代，地方官员都是有师爷的。电视剧《包青天》中，包青天的旁边一定站着公孙策，公孙策就是师爷。宋代是没有师爷的角色的，这是小说编的，师爷这个角色在明朝晚期才开始有。清代基本上每一个地方衙门都会雇用师爷，师爷也是有专业、有分工的，比如说有专门负责税收的，叫钱谷师爷，有专门管账房的师爷，还有专门负责帮地方官写书信的师爷。这些师爷里面最最重要的就是司法审判师爷，当时叫做刑名师爷，也就是刑名幕友。这些刑名幕友可以说都是专家，他们是地方官自己聘任的司法顾问，是地方官自己掏腰包聘请的，不是国家财政支出负责，实际上顾问费很贵。比如说在乾隆年间，一些大的县，由于刑事案件比较多，一年的顾问费要 600 两银子，有的甚至要 800 两银子，这是一个什么概念？一个知县合法的俸禄一年才 40 两银子而已，他请一个司法顾问要花 600 到 800 两银子，知县把所有的钱给师爷都不够，这不是做赔本买卖吗？但实际上就是这样。中国古代为什么腐败盛行，跟这也是有一定关系的，官员工资就这么一点，还要请顾问，而且有好几个顾问，这个钱从哪儿来？大家会想到雍正时期有“火耗归公”，有养廉银，养廉银有一部分可以用来支付顾问费。在广东，一个知县的养廉银大概是 600 两银子，也就是说，知县把养廉银全部给师爷还是不够。怎么办？还是要想办法弄灰色收入。中国古代如果一个官一点都不贪，一点都不弄灰色收入，这个官是做不下去的。中国古代社会地方的预算里是没有司法预算的，而且古代的老百姓打官司，是没有诉讼费的。不收诉讼费，又没有司法预算，地方官又要审案子，钱从哪儿来？就像京剧里面唱的，大门里面不种高粱，不种黑豆，不吃打官司的，吃谁的？所以包公的戏曲里面也说，凡是来打官司的都是地方官的衣食父母，地方官见到打官司的来了都向他们下跪。地方官的顾问就问：你向当事人下跪干吗？他们不就是平民百姓吗？地方官说：我要向他们下跪，他们都是我的衣食父母啊，他们不来打官司，我怎么敲竹杠？当然这个是戏曲，不过也是有事实依据的，地方官不捞外快是没有办法推动司法机器运作的。

在古代，如果福田县发生了一个命案，这个命案从起诉到判决，要花多少钱？根据读到的一些零星的资料，比较节约的一个司法案件（命案）大概要花 50 两银子，读过的最贵的一个死刑案要几百两银子才可以结案。中国古代判案很麻烦，如果要押送犯人到类似现在的广东省高级人民法院去，法律的规定是很严格的，一个被告必须由两个差人押送，一个长差，一个短差。长差就是全程护送的，短差就是到了一个地方换一个。护送的对象不仅仅是当事人、被告，证人也要被移送，这些都是要费用的。乾隆年间在广东开平发生过一个案件，在北京的中国第一历史档案馆里有案件的卷宗。这个案件主要内容是一个女人用砒霜谋杀了她的老公。案件最后是以“疑难案件”结案的。这个案件前前后后打了将近7年，从开平县到广东省巡抚，然后报到北京刑部，然后皇帝命三法司九卿会审，皇帝说证据不足，驳回，这是第一次。第二次重新开始审理，这时知县也换了，检验尸体的也换了，审理完了以后再报上去，最后在北京复审的时候皇帝说证据不足，又被驳回。第三次再报上去，乾隆皇帝说证据还是不足，但是该案已经拖了6年多了，其中还有一个证人死掉了，再这样下去也不会有什么结果，而谋杀亲夫在清朝法律里面是要被凌迟处死的。乾隆皇帝说因为证据不太充分，就减轻一点，斩首算了。这个案件来来回回折腾了好几轮，每一次折腾的时候，当事人都需要移送过来移送过去，得花不少钱。这是有司法成本的，地方官又没有预算，所以他想做这件事的时候就要想办法弄钱。并不是每一个案件的当事人都可以敲竹杠的，比如刚才这个案件就是个穷人的案件，当事人非常非常穷，这对夫妻结婚以后，家里只有木板床，连煮饭的锅都没有，地方官敲竹杠怎么敲得到？这也说明了清朝的地方官做起来不太容易。

再回到主题。在古代，由于有一整套的程序性规则、责任规则，如果一个地方官不学法律，是很难胜任的；如果不能胜任，一旦出现了冤假错案，司法责任就来了。一个人刚开始做地方官时经验不足，需要师爷来做他的专职顾问。这些师爷实际上也都参加过科举考试，比如说他考上了秀才，取得了“学士学位“，“学士学位”取得时已经二十好几了，二十好几了就要考虑结婚了。在清代，一个男性在20多岁的时候基本上就结婚了，要娶妻生子，养家糊口，没有收入怎么办？这些人就会去学做师爷。

当时的师爷是怎么学的？师爷的产生基本上是通过民间的渠道。师爷是学徒制的，一般学三年，三年是满师，之后师傅会把他推荐到其他的衙门去做师爷。所以师爷是通过学徒的方式产生的。

六、中国古代是怎么审案的?

古代的法律没有明文规定案件要公开审理，但是实际上通常是公开审理的，除非是一些涉及隐私的案件，如涉及男女之间关系的案件不公开审理。

开庭审理就会有大量的人来旁听，如果是一个初出茅庐的法官，不能很好地驾驭审判，或者在提问的时候没问到核心的证据，就很难使案件得到很好的审理和解决。一般审理案件时幕友会在衙门的屏风后面听，如果听到法官有遗漏，不太到位，他会写纸条，衙门上也有门丁，就像《红楼梦》贾雨村审案时旁边的小沙弥，门丁会给地方官递茶倒水，师爷利用他们递茶倒水的机会给地方官一个纸条，临场指导地方官，给地方官说哪里需纠正和补充。师爷不可以像公孙策一样公开站在地方官旁边，因为他是私人顾问，不能公开地站在法庭上。师爷通过递条子，弥补了法官知识上、经验上的不足。

开庭完以后，法官怎么作出一个事实清楚、证据确凿、适用法律准确的裁判呢？实际上在很多时候，法官都会把判决书起草的任务委托给顾问，如果顾问也拿不定主意，他们会商量，然后一起作出一个正式的报告。或者先让顾问起草好，地方官再进行修改，反正都是商量的，尤其是疑难案件。中国古代的官员实际上就是通过这样一些渠道弥补知识上的不足。

现在有律师帮当事人打官司，在中国古代是没有律师的，但中国古代有讼师，即我们现在说的“黑律师”。讼师是宋代以后才有的，宋代已经很成熟了。明清时期的法律禁止人们担任讼师，讼师是非法职业，但讼师还是很活跃。在明代的一本笔记里就曾提到当时的讼师是分等级的，有一些初出茅庐的讼师，马马虎虎；有一些状元讼师，日子过得很好，很有钱，当时在穷乡僻壤里都有讼师。京剧里面有宋世杰的故事，宋世杰就是一个讼师。讼师打官司是收费用的。讼师也是读书不成而从事这样一种职业的。他们的知识和经验从哪里来？在当时，讼师也是有教科书的，当时有《讼师秘本》，类似于今天的律师手册，里面会教一些打官司的策略，以及如何写诉状、答辩状。这些书籍是秘密出版的，是非法的，因为讼师是非法职业，不可以公开出版有关讼师的书。

有这样的一群人在社会上会产生什么效果？地方官公开审理案件时，讼师会来旁听，等案件审完了休庭时，讼师就会跟当事人说能帮他翻案。那么这意味着什么？意味着讼师的存在一定程度上给地方官带来了压力，他们的存在要求地方官在审理案件时得规规矩矩地来，事实是事实，证据是证据，法律是法律，不可以乱来，乱来的话讼师会在下面给人出主意，如果讼师不依不饶的话，地方官就不好处理。中国古代打官司通常是从县到府，一级一级打，但是如果地方官审案不公，是可以越级的。所以讼师对当事人说这个案件有问题，这个时候他们就可能直接跑到中院去了。中院一受理这个案件，福田县的法官就有压力了。所以也有这样一种体制上的压力。社会上存在的法律职业人士，也会给基层法官带来一种压力。所以，在古代社会，法官大致上能做到依法判决，根本原因就是来自方方面面的压力汇聚起来，迫使地方官钻研法律，依照法律来判案；如果不钻研法律，就会导致错案，产生错案地方官就有责任。

在那个时代，是不是都做到了依法判决呢？查阅明朝、清朝的判决书等档案，大致可以发现，刑事性的案件，尤其是那些抢劫杀人之类的重大案件，无论在程序上，还是实体法上，都是非常严格的，基本上可以说是依法判决的。什么类型的案件会不太依法判决呢？民事案件。因为中国很大，一方水土养一方人，一方人有一方的风俗，婚姻有婚姻的习惯，做买卖有做买卖的习惯。一个人到一个地方做官，需要考虑该地的民情习惯，所以，在民事案件审理过程中就会有回避法律的可能性。

另外一种原因是，法律对民事性的社会关系的规定是比较简单、粗糙的。法律条文的粗糙，给地方官裁判带来了一定的空间，也给地方官在裁判过程中利用民间的风俗习惯带来了一定的自由。但是查档案资料还是会发现，就民事案件来说，清朝的法官也不会恣意裁判，他们会引证相关的法律条文。因为如果判决不公，当事人要上诉，上诉的时候上级法院就会介入，事实、证据、法律就会受到审查。所以，这也迫使地方官即使在审理民事案件的时候也要遵循相应的法律条文。

七、中国古代的人有没有法律意识?

以往一直有一种讲法：中国人没有法律意识。就是到了今天也一样，现在一说到中国法治状况不好，就会说是受了传统的影响，中国以前的人根本就没有法律意识。中国古代的人到底有没有法律意识呢？根据相关资料，在明清时期，民间老百姓是蛮在意法律的。这种蛮在意法律有几个方面的因素：一是朱元璋时期修订的国家法典里明文规定要讲读律令，这不仅仅针对官员，对老百姓也是一样的。二是在乡民的集会上也是要宣讲法律的。三是实际上明朝民间生活中有一种日用类书，就是民间日常生活百科全书，从宋朝就开始编了。这种百科全书里有两个门类是讲法律的：一个是法律文，法律文里有法律的基本知识，一些重要法律条文的摘要和解释。另一个叫体系文，讲法律文书的范文和各种法律文书的格式，甚至哪些关键词是可以用来形容抢劫案件的，哪些关键词是用来形容杀人案件的，哪些关键词是专门用来说婚姻纠纷的，都有罗列。为什么？主要是提供给大家平时使用。这是老百姓生活用书，而且这种生活用书据说在明朝很流行。这些书都是盗版书，而且质量很差。福建建阳生产这种盗版书，书里涉及法律的两个专门知识。比如说，古代做生意的商人也有商业用书，商业用书里面也会介绍一些法律知识，介绍一些文书知识，因为商人要做买卖，要签契约。所以，从这样一些资料里面可以看出，如果老百姓完全不在意法律的话，出版商就不会去编那些书。买盗版书的人都是为了贪图便宜，所以用这样的书的人大概都是一些民间人士。从这个角度上可以看到，当时的人对法律是蛮在意的。

还有一种在意在什么地方？中国古代打官司是书面诉讼，不是口头诉讼，老百姓要到衙门打官司首先要找人写诉状。读过《水浒传》的人会记得这样的情节：武大郎被潘金莲、王婆、西门庆三个人合伙害死了，武松出差回来，看到自己大哥突然死掉，就去调查，刚开始走司法程序，里面就讲到了，先是取证，他找到了卖鸭梨的郓哥，就问他怎么回事儿；然后又找到负责火化的何九，取了武大郎的骨头。取证后，小说里面明确地写到，武松找了一个程代书（代书是专门帮别人写诉状的人）。写了诉状后，他再到县衙里去告状，县衙里面的人收了西门庆的贿赂后，说证据不足，驳回了诉讼。

明清时期，代书是官方设置的，每个县都设代书，一般两个，这是要经过考试录取的。官府做这样的工作就是为了给老百姓写诉状提供服务，想通过提供这样的服务来取缔讼师。为什么有了代书，讼师还存在呢？这是因为代书的教育文化水平不高，而且代书是在衙门里“挂了号”的，如果代书写状纸的时候添油加醋，所写与事实有出入的话是要承担法律责任的；但讼师是“地下工作者”，官府是抓不到他们的。

民国时期有一本书里面就讲到了一个讼师的事情，他为了避免被抓，采取了一个很有趣的办法。那个故事讲到，一个儿子跟自己的父亲发生了矛盾，儿子就打了父亲，结果把父亲的牙齿打脱落了。在中国古代儿子打父亲是死罪。父亲就到衙门告儿子，儿子就很紧张，不知道该怎么办。于是儿子去找讼师。当时是六月天，很热。那个讼师穿了一个羊皮袄在烤火。儿子问讼师该怎么办。讼师就告诉他：“不怕，先回家，晚上我到你家来。”晚上讼师叫儿子来开门，趁他来开门的时候，讼师就咬他手，儿子手一疼，就往外拽。结果都是牙齿的印痕，血淋淋的。第二天儿子到衙门开庭去了，然后县官就问：“你怎么敢打你父亲?”他说：“我没有打我父亲，我父亲咬我，你看，牙齿印，血淋淋的，他咬我，我一疼，就拽，他老人家牙齿松了，我一拽牙齿就掉了，不关我的事。”听起来也蛮有道理的。但是那个地方官也蛮聪明的，觉得不对劲，就问他有没有找讼师。儿子便从实招来，说找了讼师。然后就把讼师找来了，讼师说不认识他，没帮他出过主意。儿子说：“怎么没有，我六月份找的你，那天很热，你还在家里烤火炉，穿了个羊皮袄。”然后讼师辩解说：“法官您想想看，大热天我穿着袄子，还是羊皮袄，还在烤火，我有病啊？可见他在诬陷我。”县官一想对呀。这个故事意味着什么？讼师都是“地下工作者”，他们怕地方官抓，往往给自己留好了后路，所以，当庭对质的时候地方官对他们也没有办法，抓不到他们把柄。虽然说有代书，但因为代书的智慧、法律的知识水平和能力都不太够，所以讼师还是有大量活动的空间的。

民间也有相应的法律服务和相应的法律书籍在传播，这意味着老百姓有法律意识啊！

老百姓有法律意识，从另外一个方面也可以得到一些印证。明清时期打官司的人多不多？日本有一些学者认为，中国到了明清实际上已经到了一个诉讼的社会。这样的研究结论很让人惊讶，从史料记载中可以发现，乾隆年间，中国的一些县的诉讼率很高。乾隆年间中国人口大概是 3 个亿，大概有 1500 个县，平均一个县 20 万人，当时是 5 口之家，20 万除以 5 就有 4 万个核心家庭，一个县平均每年要审理的民事案件大概有多少？大约有 200 起，4 万除 200 是多少？这个比例不低啊！

从史料记载中可以发现，广州南海县的知县到了晚上要带着衙门里的衙役打着灯笼去巡夜，方方面面的事情都要做，一年还要审理一两百个案件。法院里面一个法官审一两百个案件是蛮多的，但是实际上在清朝，诉讼率比较高的地方，每年收到的状纸是数以万计的。数以万计意味着什么？法官要在数以万计的文书里提出这一两百案件，他的阅读量不小，虽然是 100 多字的诉状，还是不少，工作量很大的。话又说回来，一个地方每年发生这么多案件，要说中国老百姓没有法律意识，他怎么会去打官司呢？

日本有一个很知名的学者，叫川岛武宜，他有一本书叫《现代化与法》，其中一章是专门研究日本人的法律意识的，角度之一就是从诉讼率去观察老百姓有没有法律意识，如果这个社会的诉讼率很低，可能老百姓对法律很淡；如果诉讼率很高，可能老百姓有一定的法律意识，因为他知道自己的利益受到侵犯，才去打官司的。所以诉讼率跟法律意识会有一定的因果关系，甚至是正向的关系。

像广东的南海县，一年发生的案件很多，有一年发生的强盗案件有 80 起，一次性执行死刑 17 个人。相对于南海县，番禺就好一点，犯案率比南海县要少一半。所以，从这样一些资料里面我们可以看到，中国社会实际上是对法律有足够重视的一个社会，老百姓对法律也是足够重视的。

八、这是一个法治的社会吗?

因为谈的是法治文化，最后要问中国古代是一个法治的社会吗？我们并不能够完全这么去定位。为什么不能完全这么去定位？第一个原因，现在讲法治社会，有一个很重要的理念或者原则，就是这个国家当中，不管是政府机关，还是平民百姓，都是在法律的轨道里面行为的，没有一个人能超越法律之上。在古代的社会里却不是这样的，皇帝要超越法律之上那是没有问题的；第二个原因，地方官偶尔也可以超越法律之上。

从清朝的一些案件里就可以发现，一个知县如果遇到群体性事件之类的案件，为了及时地摆平这个事端，可能会抓一两个首犯拉出去乱棍打死，杀一儆百。现在出现群体性的事件，法院院长可以把人拉出去打死吗？不可以，但是在清代，知县就这样干。这是他的权力吗？当然不是，这就是人治的社会，可以先斩后奏，杀了以后，向皇帝写报告，皇帝觉得这个事情摆平了，社会秩序稳定了，有的时候会网开一面，甚至还会表彰他。但是有的时候，皇帝就会认为，生杀予夺的权力只有皇帝才有，知县、知府、巡抚是没有的。所以，这种权力有还是没有是不确定的，正是因为不确定，才意味着这不是一个法治的权力，是灵活的、例外的。从这里就可以看到，这是一个非法治的社会。

从理念上来说，古代的中国也不是一个法治社会。荀子曰：“有治人，无治法。”所以真正的关键是什么？是人。所以在这个意义上，孟子也会说：“徒法不足以自行。”

中国古代的模范法官都相信儒家的仁爱思想，有的时候审理案件完全不会考虑法律。比如，同胞兄弟两个人，年纪很大了，头发都白了，要打官司，到了地方官那儿，地方官不审理，让衙役拿一面镜子来，给弟弟照照镜子，问他跟哥哥像不像，弟弟说像啊；把镜子给哥哥看，问他们像不像，哥哥说像啊。然后地方官就说：都是同胞兄弟，年纪都这么大了，怎么还为身外之物打官司？听后两个人都明白了，就不打官司了。

还有一个类似的案件，法官也是不审理，把他们关在牢房里，锁在一起。每天吃在一起，睡在一起，一举一动都在一起。绑久了，两个兄弟想想这官司打什么打，我们不是兄弟嘛，然后就撤诉了。

还有一个案件是两个兄弟分家产，分了房子、土地、钱财，最后家里面有一样东西分不了，一头牛。牛是农业社会里很重要的生产工具，大家都想要，怎么办？现在的法官会将牛拍卖后分钱，或者是杀了分牛肉。而那个法官说："你们就别争了，我家里有一头牛，你们牵着回去，一人一头。"这个事就这么了了。法官在这里面讲的是什么？就是良知，情感。有的时候法官还有别的办法。明朝时打官司（基本上是民事案件），衙门受理案件是有时间限制的，每个月的初三、初八、十三、十八、二十三、二十八才会受理案件，这叫"三八放告日"。当时松江府的老百姓在规定日期跑到松江府打官司，看衙门的人总是说知府大人不在，让明天再来。久而久之，当地就流传了一句俗话——松江太守明日来。乡下的平民百姓打官司，通常情况都是些鸡毛蒜皮的事情，因一时气愤便到衙门去告状。跑几十里路，到松江府，看门的衙役说太守不在。老百姓一想，初四不受理案件，初五也不受理，初六也不受理，初七也不受理，初八才受理，所以要么回家，初八再来；要么就在县城里住着。老百姓打官司都是鸡毛蒜皮的事，想想也就算了。这样就可以降低诉讼率。这个时候第一时间考虑的都不是法律。

制度上有规定，到衙门告状，是必须受理的，那为什么不受理呢？从中国古代有很多案例彰显的、强调的都不是法律，因为乡土社会是一个低头不见抬头见的熟人社会，大家不是亲戚便是邻居。这样的一些人之间如果被允许、鼓励打官司，会使人与人之间的关系变得比较紧张，矛盾反而更多，不利于建构一个和谐的社会秩序。所以有些时候往往会把法律放在一边，更多地考虑所谓的人情、感情、长远的利益关系，当然还要考虑打官司的司法成本。

宋朝曾流传过一首诗，诗云："些小言词莫若休，不须经县与经州；衙头府底敬杯酒，赢得猫儿赔了牛。"赢了一个猫，却要付出一头牛的代价，所以各种各样的多元的考量，会使法律的考虑相对边缘化一些。这可能会导致法律诉求被边缘化，没有受到特别的重视。

这种状况应该从正面加以理解。在美国这样一个诉讼爆炸的社会里，一些农业区的老百姓也不打官司。因为大家都是熟人，不愿意打官司。所以，在考虑到中国的法治问题的时候，也要考虑到乡土性社会的构造。

最重要的是，法律不是一个自足的治理国家和社会的系统。中国人一直强调天理、人情。天理和人情加起来就是情理，所以国家在制定法律的时候要根据情理，解决纠纷、适用法律的时候也要考虑情理。情理和法律之间怎么进行平衡？实际上是每一个法官都要考虑的问题。

中国古代理想的法官最后要做到什么？一个优秀的法官作出的理想判决应该是天理、人情、国法三者兼顾。所以，要理解中国是不是一个法治的社会，要考虑到制度的结构，也要考虑到规范的系统、规范的特征，法律不自足，但有天理、人情来平衡它，无论是刑事案件还是民事案件，情理都很重要。

刑事案件尤为重要，比如那些命案、疑难案件，尤其是疑难案件。什么叫疑难案件？中国古代有两种：一种是案件事实不清、证据不足的；另一种是没有相应法律条文的。凡是疑难案件都必须要走程序，从地方一直报到北京刑部，甚至要报皇帝来裁决。而皇帝在做这样的权衡时，因为没有法律依据，必须凭他所体会到的、所理解到的天理和人情。而天理是一个非常抽象的存在，是看不见、摸不着的，所以更多地是考量案件的事实、情节、社会性、政治性，以及皇帝自己在情感上对这个案件的态度，做出一个综合性的平衡。所以在这个意义上，古代法律跟我们现在的法律是不大一样的。而这种综合性的平衡在古代比现在要多。

现在在立法上有一个量刑区间，而古代没有。古代的罪名、情节、刑罚是一一对应的。法官判案的时候需要去平衡。轻微的案件地方官可以平衡；如果发生了重大的案件，这种平衡权就在皇帝。所以古代的判决是否依法，跟现在也有微妙的差异。

理解中国传统的法治文明，要看到官僚体制的系统、社会的结构，还有规则系统。从这三个角度去考量，会有一个比较全面的把握。

（责任编辑：周海荣）

婚姻自由的法内和法外

朱苏力*

在当下的人，特别是受过一些教育的城里人看来，结婚应当是男女双方之间个人感情上的事，是爱情引发了个体的结合，也相应引出了作为制度的婚姻。可是细想一下就会发现，如果纯粹是两个人之间的私事，那么，无论是感情还是性，都根本无需婚姻这种法律的或习俗的制度认可。如今，无论在西方还是东方，同居都比以前更常见，没有婚姻并没有限制同居男女之间情感的交往和性的获得。因此，我们没有理由认为，作为制度的婚姻是为了满足性、满足异性间感情的需要。

如果一定要较真，婚姻制度可能从一开始反倒是为了限制和规制人的性冲动和感情。即使是“婚姻自由”这条现代婚姻的最根本原则也不例外。它要求婚姻必须有男女双方的同意，这就是对情感的一种限制，一种规制；它表明社会拒绝承认一方基于性的本能冲动或基于性的强烈情感而强加于另一方的性关系。此外，婚姻自由原则从来也并非独立存在，作为其背景支撑的还有目前绝大多数国家采纳的一夫一妻的原则。两者相加，婚姻自由就意味着在规范层面至少不允许多妻、多夫、通奸和重婚，哪怕这些行为对于有关当事人来说是两情相悦的。当然，一些人会论证只有一夫一妻制才是“真正的”婚姻，因为爱情从本能上是排他的。但是，社会生物学的研究发现，至少有一些人有可能同时

* 北京大学法学院教授。

爱着几个人，并且只要可能且没有其他后果，都愿意与之发生性的关系。但是，这种“泛爱众”的性冲动和感情，在一夫一妻制下的婚姻自由中都受到了限制和规制。我们常常会忽视这些相当普遍的现象，习惯于把“自由”变成一种舌尖上的概念，很容易忘记作为制度化的自由的另一侧面从来就是训诫（福柯语）。

可见，婚姻的成立，之所以成为一种“社会”制度，成为一种“文化”的组成部分，绝不仅仅是为了性和爱情，势必还有更重要的、至少也是与满足性之需求同样重要的社会功能。其功能之一，特别是在工业化之前的社会或社区中，就是费孝通先生在《生育制度》中曾给予详细分析讨论的生育功能，特别是其中的“育”的功能。

生育冲动是一种自然本能，但是人类要完成这一由自然基因注定的历史使命，却不能仅仅凭着性本能。从一个受精卵到一个可以独立谋生的人，至少需要十年以上的时间，如果没有其自身之外的他人的支持和养育，这个小生命随时都可能夭折。尽管出生之前或之后的养育都不必须由父母共同提供。但是，一般说来，父母可能是最合适的并且也是最有动力养育这个孩子的人。因为从生物学上看，每个生命都“希望”自己的基因能够更多地存活下去，并传播开来。“儿子是自己的好”，这句俗语就概括了作为生物的人类的一个普遍的特征。不仅如此，以这种生物联系为基础来分配人类养育后代的责任，也是大致公平、便利和有效率的。每对父母都要养育孩子，这就将人类物种的遗传任务分担了，同时保持了足够丰富的基因库；同时，基因得到更多遗传的父母，也必须承担起更多的养育责任，他们在生物学上的更大“收益”要求他们履行更多的养育责任。

婚姻还是男女双方借助于自己在生理上的比较优势而建立的共同投资。至少在传统的农耕社会中，婚姻是建立一个基本生产单位的方式。通过男女分工，婚姻不仅使得家内家外的各种福利的生产都获得一种可能的规模效益，而且具有互补性。婚姻也还是经由生育而进行的一种长期投资。在传统的农耕社会，对于父母来说，养育孩子从来都是一种养老保险和医疗保险。“养儿防老”这句俗话，概括了农耕社会中多少代人的经验。而对于夫妻双方，在性和爱情之外也有其他。例如，“少年夫妻老来伴”。夫妻到了老年，性也已经从生活中完全消失了，以前各方面矛盾颇多甚至闹过离婚的夫妻会相濡以沫，关系更为融洽，一片“夕阳红”了。

因此，从个体上看，结婚似乎是个人的选择，是性成熟的结果，是感情发展的自然；但是，从总体上看，婚姻作为一种制度，是为了回答社会生活中的这些问题而发展起来的。它源生于性，也借助了性，但发展成为分配生育的社会责任、保证人类物种繁衍的一种方式，它是一种同人类的生存环境有内在结构性关系的制度。我们无法不赞叹这种以人的生物性因素为基础的、从人类并非有意的活动中生发出来的巧夺天工的秩序！

从历史上看，在中世纪，欧洲基督教社会曾长期禁止离婚，甚至是妇女不能生育时也不例外；在古代中国，尽管允许丈夫以诸如无子、淫乱等七个理由休妻，但除了“和离”即协议离婚外，“三不去”规定以及对“七出”作出的解释实际上基本禁止了男子与妻子离异。如果不是用今天的语境替代昨天的语境，那么，这种禁止或严格限制离婚的婚姻制度可以说是人道的、合理的。因为，在一个主要生产生活资料都须通过体力获得，并因此大多是由男子占有和支配的社会中，在一个没有现代的社会保障体系以及强有力的法律干预保障离婚后的赡养的社会中，如果允许离婚，事实上会把一大批年老色衰的中老年妇女推向经济上的绝境。恰恰是这种禁止和限制离婚，就总体而言，在一定程度上保护了妇女的权益。尽管这种不许离婚对个体妇女的保护未必总是很好的，也并非总是有效的。

我并不是一般地认为女性是弱者，更不认为她们在智力上要弱于男子。我只是说，在农耕社会或狩猎社会中，在冷兵器战事频繁的年代中，女性由于她们的生理特点，在生存竞争中是不利的。正是这一环境使得男子的生理特点优势逐渐制度化，并成为一种社会地位上的优势。但这恰恰反映出，一个社会的生产力发展水平和生产方式，而非离婚是否自由的原则，才是影响甚至是决定该社会婚姻制度的一个基本因素。

从这个角度看，我们才能看到婚姻制度的建立以及它与性、感情在历史上的分离是有意义的。这不是一种男性的阴谋，更不是因为当时人们的愚昧。只有这样，我们才有可能用历史的眼光更贴近实际地理解先前婚姻制度的优劣利弊，而不是用今天的自我道德优越的眼光审视历史；我们也才可能真正理解“时代不同了，男女都一样”。

这个时代确实有了很大的变化。工业生产使得大量妇女可以在有些工作岗位上毫不逊色地、甚至更为出色地创造财富，避孕的简便和医疗的进步使得妇女不再会为频繁的怀孕或生育所累。小家庭、知识经济的发展、家务劳动的社会化和电气化、教育的普及、社会交往和流动的增加以及由此带来的选择和再选择机会的增加，所有这一切都在重新塑造着妇女的意志、选择和命运，也改变了因妇女体力不足这种自然属性而产生在社会生活中被压迫和被剥削的弱者地位，并进而影响婚姻中的男女关系。此外，在现代社会，就总体而言，养育问题对于个人来说已经不像在传统社会那么重要了，社会已经承担起许多先前由父母承担的养育责任，也已经更多地承担起老年人赡养的责任。因此，除了生物性的本能以及文化传统，由于没有往昔的收益，父母已经缺乏生育孩子的动力。而且由于女性的工作机会增多，生育孩子的机会成本上升也使得她们在生育上更为“理性”了。近代以来，婚姻制度发生的一些变化，并不单单是观念改变或启蒙的产物，而是伴随着人类追求的生活效率或效益得到提高的历史过程。

婚姻制度变化中，最重要的一条就是，婚姻自由包括离婚自由在一些国家成为了婚姻制度的核心原则。就趋势来看，这种变化使得个人选择的成分增加了，并成为主导的因素。这显然符合经济学的原理。由于价值是主观的，效用是要用个人的偏好来衡量的，因此，结婚和离婚的自由原则既有利于社会财富的增加，也有利于社会福利水平的提高。

但是，婚姻制度的变化也带来一系列问题。例如，如果一个社会还没有完全工业化，并且还不是那么富裕，离婚自由就可能与婚姻制度的养育功能和夫妻的共同投资、相互保险功能发生冲突。特别是在中国这样的发展中国家，还有广大的农村，而且城市地区的社会福利体系特别是社会资源都还不足以支撑大量的单亲家庭的出现。如果离婚时孩子年幼，孩子抚养问题就会成为一个突出的问题。当然婚姻法上规定了，即使离婚，父母双方也仍然要承担抚养的责任。但是问题在于，养育并不仅仅是一个钱的问题，还需要情感和其他方面的投入。单亲家庭的孩子容易出问题，这在世界各国都是一个现实。而且，即使是在抚养问题上达成了协议或获得了法院判决，由于司法机关不可能成天催要，在现代高度流动的社会，又如何保证离婚协议得以切实执行？

就离婚的夫妻双方而言，也有问题。至少目前有相当一部分离婚案件，特别是所谓的“第三者”插足的案件中，往往是离婚的一方（多是中年男子）有了钱，有了成就，有了一定的社会地位。由于生物原因，人到中年，妻子已经年老色衰，而男方却事业成就如日中天。这时候夫妻离异，男子不难再娶，并且完全可以娶一个年轻的妻子；而人过中年的妻子往往不大可能找到一个比较合意的、年龄相当的伴侣。即使再婚，一般也都是同一个更为年长的男子结婚，更多是照顾了年长的男子。因此，从一个人的社会生活来看，这样的被离异的妻子往往可能永久性地失去“老来伴”。这实际上是她当年的保险投资被剥夺了。

此外，许多妻子往往放弃了个人的努力来养育子女、承担家务，以自己的方式对丈夫的成就和地位进行了投资，因此，丈夫的成就和地位——而不仅是财产——也往往是“军功章上，有你的一半，也有我的一半”。但到了离婚时，这些一般都不作为财产分割；而且在技术上也确实难以分割。但是，有困难并不能成为否认它们是共同“财产”的理由；否认了，那么离婚实际就是对被离异的妻子的一种无情的掠夺，甚至还不如“先贫困后富贵的不去”。有经验研究证明，美国无过错离异的妇女在离异后生活水平普遍下降，而男子生活水平普遍提高，“主要经济后果是被离异妇女和子女的系统性贫寒化”。

而另一方面，这种男子的成就、地位、财富以及其他有价值的因素都可能实际上由第三者来享用，坐收渔利。这怎么说也是不公道的。这并不是说第三者一定道德败坏，有这种“摘桃子”的意图。她也许确实“只是爱这个人”，完全没有考虑什么荣华富贵。但是，社会生物学的研究发现，一个男子的魅力往往是这些成就、地位、财富造就的，并且他的最主要的财富也许恰恰是他本人所具有的才华和能力，而并非他已经拥有的钱财。只要看一看周围，所有的真实的第三者插足的浪漫故事几乎全都发生在老板、影星、教授、学者、官员或其他有一定地位的人身上。有几个年轻美貌的姑娘插足了四五十岁的下岗工人的家庭并且一定非他不嫁？纯洁的爱情也无法排除生物性的因素。事实上，爱情在很大程度上是荷尔蒙的产物。

由于这种种原因，即使在现代，离婚自由也不能作极端的理解。如果说结婚自由不能理解为一方的自由，不允许一方将自己的意志强加于另一方，必须征得双方的同意，那么，离婚自由从逻辑上讲就很难理解为一方想离就离。当然，社会生活并不服从逻辑；相反，逻辑倒是常常要服从社会生活。但是，即使是从社会生活来看，也不能将离婚自由作一方想离就离的理解。从经济学分析来看，只有相关者意向一致的决定（无论是结婚还是离婚或其他），才有可能是使相关者中至少一方的状况得以改善而不损害其他一方的帕累托最优。也正是这一原因，即使在“封建社会”中，世界各国一般都不对协议离婚表示异议（基督教文化是一个例外，但是，这主要是为了防止丈夫的胁迫“同意”），而且在许多国家手续也都更为简单。引起争议并至今没有答案的是，一方想离而另一方不想离的离婚。如果从经济学分析，可以判断，这种状况下，想离的一方可以从离婚以及此后的生活中获益，而不想离的一方可能在离婚或此后的生活中受损。

如果这一分析有道理，那么也就再一次表明，婚姻即使在现代，也不可能如理想主义者所设想的那样仅仅关涉性和情爱。它一直关涉利益及其分配，在现代社会，可能尤其如此。因此，如果一个婚姻制度要能够真正坚持离婚自由的原则，重要的是，社会首先要逐渐建立一种养育孩子的制度，能够替代先前夫妻共同抚养子女的功能，而不能把离婚变成强加给被离异妇女的负担。这种制度可以是一种高保障的社会福利体系，也可以是主要依靠法院体系判决执行。另一点也许是，要公正界定和分割离婚双方在婚姻中的投入和累积起来的实在的和预期的利益，并且要能够实际有效地保障这种利益，而不是简单地禁止离婚或对第三者予以惩罚。在一个知识经济和无形资产已经日益重要的社会中，如果婚姻财产的分割还仅仅局限于有形财产，显然是一个时代的错误。事实上，在美国，法律经济学的发展“已经使得请求离婚的妇女可以论辩说：丈夫的职业学位是一种（人的）资产，妻子对这一资产有所贡献，并应当承认她在这一资产中有一份利益”。如果婚姻法不考虑这类问题，不考虑如何在司法技术中实际处理这些问题，而仅仅高唱“离婚自由”的原则，那么或者是造成对弱者的系统性剥夺，或者是由于种种制约（例如被离异妇女以自杀相威胁，或社会舆论的过分干预）而离婚自由实际无法得到落实。

必须指出，我们许多法学家或知识者的思维习惯从“五·四运动”之后似乎已经有了一个定式，认为离婚越是自由，社会就越进步，人们获得的幸福就越多。但如果仅仅从原则上也就是从制度上来分析，我们很难说，离婚麻烦或容易究竟是利大还是弊大。同样是西方发达国家，其中有离婚非常自由的（例如美国的某些州），也有完全禁止离婚的（例如意大利），也有手续极其麻烦的（例如比利时，离婚耗时 10 年以上）。中国各地的实际离婚率也并不相同，例如新疆的离婚率甚至比北京和上海还高。我们无法说，美国人的婚姻就一定更为幸福一些，而意大利人的婚姻比中国人更悲惨。

任何婚姻制度都总是有利有弊的。如果严格禁止离婚，往往会使得人们在决定结婚（而不是发生性关系）时格外慎重，因为他或她进入的是一个“一锤子买卖”。一旦进入了婚姻，他或她会因为别无选择，从而有动力注意尽可能保持良好的关系，较少见异思迁；会使得人们在家庭生活中加大投入，因为他或她事先得到了一种保障，自己的投入不会某一天因离婚而被剥夺。这种事前的坚定承诺，不仅有利于后代的养育，而且会提高社会总体的生活福利水平。

而如果离婚过于自由，且是一方想离就离，那么有谁还会把婚姻当回事呢？结婚草率就是必然的。而草率结婚又势必导致婚姻更容易破裂，就像一个可以由单方随意撤出的合伙一样，没有哪个合伙者会在这种投入回报不确定且无法律保障的经营中全力投入。结果可能是，夫妻都不会在家庭生活中大胆投入，包括财力的、情感的，相互之间总是提防，总是担心自己的投入会不会被某个不期而至的第三者剥夺。这等于从一开始就在夫妻的密切关系中砸进了一个楔子。更极端的情况是，如果离婚非常自由，那么结婚的允诺可能成为获得性满足的一种欺瞒手段。

当然，这并不是说禁止离婚更好。禁止离婚同样会有巨大的副作用。它有可能进一步加剧社会中婚姻与性、爱情的全面分离，甚至可能使家庭生活成为“人间地狱”。人们会因此畏惧婚姻，会普遍推迟婚龄；推迟婚龄也许会减少生育，但并不必然意味着性关系的减少。人们还是会通过其他方式，绕过婚姻制度来获得性的满足。因此，婚前性行为可能更加普遍，人们甚至会普遍选择同居替代婚姻，从而使婚姻成为字面的制度，或者使得社会中实际的婚姻制度多样化；而在婚后，即使有法律的制裁和社会的谴责，也难免会有更为普遍的通奸现象。而通奸现象的普遍，不仅会造成男子对子女不承担抚养责任，而且会使更多男子不情愿承担抚养婚姻内出生的可能是也可能不是其子女的责任。

也许正是这种作为制度的现代婚姻的两难才使得现代人往往陷于困境，乃至有了“懒得离婚”的说法。但是，我想说的，并不是要告知人们要慎重对待个人的婚姻。作为一个法学家，我想说的首先是社会生活的复杂性，婚姻制度所涉及问题的广泛性，以及制度设计的未可确定的预期性。我们必须明白，婚姻制度关注的并不是某一对相爱的恋人或夫妻的婚姻将如何处理，而是讨论一个将在中国这个“政治、经济、文化发展不平衡的大国”普遍实施且应当得到人们普遍接受的制度。而且我们要注意，婚姻制度并没有能力规定人们必须如何行为，而只能通过激励因素的精巧设置而影响或引导一个社会中人们的普遍行为趋向乃至最终的行为方式。因此，过分强调一个原则，就难免有知识分子孤芳自赏的因素在作怪。

我们在考虑中国的婚姻制度之际，也许还要对中国在市场经济条件下社会发展趋势作出一个判断。中国目前城市地区的妇女独立，在我看来，是中国过去三十年计划经济条件下社会福利体制的一个产物。我不敢说，随着市场经济发展，这种福利会消失；但是，从目前的种种迹象来看，例如妇女就业难、特别是再就业难，这种福利条件很有可能在城市也会逐步减少；因此，妇女有可能在经济上、事业上处于一种相对不利的地位，她们对于男子经济上的依赖可能被迫增加。因此，我们的婚姻家庭法、离婚制度对这些可能发生的因素必须有所准备。坚持离婚条件以夫妻感情破裂为原则，而不是采取一方想离就离的原则，或许是对妇女权益的一种更好保护。至少在一定程度上，会使她们在离婚补偿中处于一种相对有利的地位。

我们必须看到，目前关注离婚原则的人大多是知识分子，这不仅意味着他们有着相对比较高、比较稳定、比较有保障的社会地位和收入，而且很容易将性和基于性的感情当成是婚姻的主要的甚至是唯一的东西。但是，并非所有可能离婚的男女都具有同样的社会保障、相应的自主性以及对性的关切。因此，当我们似乎是在以社会利益为重讨论问题时，我们的社会位置也许会使我们的视野有所遮蔽，没有能够更多地从普通人的视角来看问题。如果我们没有一颗平常人的心，没有一种起码的倾听的愿望，而总是从基于我们的位置而接受的永远正确的原则出发，也许我们关于婚姻和离婚原则的讨论就变成了关于我们个人的理想婚姻的讨论，而不是关于中国绝大多数人可能采纳的婚姻制度的讨论了。

也许，我们需要有一种更为务实、更为冷静，有时也许会被人认为有点“冷酷”的眼光来看待性、爱情、婚姻和家庭。

（责任编辑：周海荣）

城市更新的民法学解读

王　轶*

如果在相对比较广泛的意义上使用“城市更新”这个词的话，可能城市更新的历史也是相当悠久的。从某种意义上来讲，在人类文明发展的过程中，出现了城市文明这种特殊的文明形体之后，恐怕城市更新就和城市文明的发展如影随形，伴随着城市文明的推进。从这点上来讲，在中国悠久的文明史里面，城市文明的出现和发展相比于这个世界上很多的其他民族、其他国家来讲，也是相当早的。翻开历史书时就会发现，某种意义上朝代的更替，常常就伴随着一些大规模的城市更新的进行。比如说元代的时候，迄今为止，可能北京城市的一些重要的格局，就是当时在元大都建设的时候奠定下来的。元朝当时定都北京的时候，就进行了大规模的城市更新的运作，而且恐怕进行的城市更新是城市更新中间最难得一种，就是城市更新的重建，而不是城市更新中间的整建或是城市更新中间的维护。

1949 年中华人民共和国成立以后，决定定都北京的时候，围绕着北京的城市更新就出现了一场影响深远的争论。这场争论不仅仅在今天一些城市规划、城市管理的作品中间会频繁的提及，甚至在一些文学作品中间都反复的出现。因为当时的这场争论跟两个人的名字密切地联系在一起：梁思成和林徽因。当时围绕着北京在进行城市更新的时候，究

* 中国人民大学法学院教授。

竟对老北平的城市建设采取整体保护全面保护还是精华保护部分保护，就出现了严重的意见分歧。因为决定定都北京，首先面对的一个相当大的现实问题就是，中央的办公区域在旧的北平如何进行妥当的安置。当时，梁思成就认为北平的老城区不仅具有很高的艺术价值，历史和文化的价值也不能够低估。他说，整个北平其实就是一个历史文化的陈列馆，最好能把中央机关的办公区域放在老北平城的西边。

老北平城的西边就是今天二环往西边的位置，大概就包括今天海淀区等一些地方。这场争论的结果就是这样的一种意见并没有被采纳。没有被采纳的利弊和得失就成了人们今天反复提起、反复回味的一个话题。这其实就是一场城市更新的反思。据该领域的专家和学者介绍，1949 年之后，围绕北京的城市更新其实还有好多不同的发展阶段。1949 年之后的这一段仅仅是若干阶段中比较容易引起人们回味和关注的一段。当然，今天在深圳谈城市更新的话，可能不是在如此广泛的意义上使用城市更新这个词。

可能在深圳讨论这个话题，更多的是讲如何让城市文明向现代的城市文明去迈进，以及在这个过程中间所涉及的重建、整建、维护等这些方面的问题。如果是在这些相对比较狭义的含义上使用城市更新这个词的话，那跟今天所使用的很多词都很相似，可能本来都是源自我们本土的，可在相当长的一段时期里面被人们遗忘了或者不使用了，然后它又成为了舶来品。城市更新在狭义的含义上去使用它，其实也是如此。在目前搜集到的部分资料中，究竟我们今天所使用的城市更新这个词源自哪个国家，源自哪个时期，至少有两种不同的观点和主张。

一种观点主张，城市更新这个词应该在现代源自英国。在 1930 年代至 1940 年代初的时候，当时英国推行了一个叫新镇建设的规划，在伦敦市的周边地区要建一些新的小镇，通过这些新的小镇的建设来分解包括伦敦市在内的一些大城市已经难以负荷的一些城市功能。在这样的背景下，有一个 1940 年的报告被人们频繁地提及，这就是今天人们谈城市更新运动的时候经常会提到的班洛报告。在班洛报告中就提到城市更新尤其是新镇建设，并表达了相对比较完整的观点和主张。

还有一种主张认为，我们现在所使用的城市更新的含义应该追溯到美国，是美国从1930年代，尤其是1940年代和1950年代大规模展开的城市更新运动的产物和理论的表述。这里面有很多引起人们广泛关注的一些具体的事例，比如说纽黑文所进行的城市更新，纽约时代广场所进行的城市更新，都是人们津津乐道的话题。在这么多的文献中间谈到纽黑文所进行的城市更新的时候跟一个人的名字总是密切地联系在一起。这个人就是1954年1月1号宣誓就任纽黑文市长的理查德，就是这个市长，他当时立志要改变纽黑文城市衰败的现状，尤其是要改变纽黑文的市中心当时房屋破败、商业凋敝、治安恶化的这样一种现状。在他的强势作风和强势推动之下，纽黑文在城市更新的过程中走在了美国整个城市更新的前列。纽黑文本身并不是很有名，但纽黑文这座小城市的一所大学世界闻名，这就是耶鲁大学。当然，纽黑文这个城市更新的进程，随着上个世纪60年代末期延续到70年代的城市骚乱，最后也不得不告一段落。而且，仅仅依靠一些建筑学的著名教授、依靠一些知识精英来推动的城市更新模式在城市骚乱之后，也成为人们认真反思的对象，那就是究竟如何去推动城市更新。我的理解，可能在今天深圳的语境下，人们去谈到城市更新的话，更多跟这两个历史的回溯有着比较密切的关系。

那么城市更新对于深圳来讲，是个很现实很热点的话题。我在后面加了个民法学解读，就是因为在阅读城市更新的相关素材过程中间发现，作为一个从事民法学教学和研究的人员，还是能够从自己的专业领域里面找到一些去理解、去对接城市更新相关问题的一些元素。民法学是对民法这个部门法进行思考的学问，民法这个部门法在中国的法律体系中间，它有一点跟其他的部门法是一样的，它都是通过对特定类型冲突的利益关系，设置相应的协调规则来实现它组织社会秩序的功能。民法对特定类型冲突的利益关系设置相应的协调规则，这个特定类型冲突的利益关系主要指的是什么呢？其实在这次民法典的编纂，包括民法总则的起草过程中间，这也是一个被人们反复提出来进行讨论，并且到今天为止都还存在有意见分歧的一个问题。

我们知道早在1986年4月12号颁布、1987年1月1号施行的《民法通则》第二条有关调整对象的规定表明，《民法通则》调整平等主体的公民之间、法人之间、公民和法人之间的一种财产关系和人身关系。在过去的30年间，这似乎已经成为了人们广泛分享的法律共识。

不过，在这次民法典编纂尤其是民法总则的起草过程当中，这种共识受到了强有力的挑战。厦门大学法学院的民法学教授徐国栋就有多篇论文集中地讨论这个问题，表达了自己强烈的质疑。因为在徐老师看来，《民法通则》的第二条，在公民之间、法人之间、公民与法人之间的财产关系和人身关系的前面加上了"平等主体的"这样的限定，是相当不妥当的。在徐老师看来，民法所调整的社会生活的领域里面，恐怕不都是属于平等主体之间的财产关系和人身关系。类似这样的质疑也有其他一些学界重要的学者提出过，比如说，吉林大学法学院院长蔡立东教授也在若干篇论文中表达了他质疑的声音，他认为平等是民法调整之后所形成的一个法律效果，而不是民法这个部门法发挥调整作用的前提和基础。所以在民法典编纂尤其是民法总则起草的过程中，在表达民法这个部门法的调整对象及它所协调整的利益关系类型的时候，首先要面对的是要不要加上"平等主体的"这样一个限定。全国人大常委会法工委在十二届全国人大常委会第二十一次会议上，对《民法总则》草案进行第一次审议之后，向全国公布了民法草案的征求意见稿。在这个征求意见稿的第二条中，确定民法的调整对象，确定民法所协调的利益关系类型时，仍然保留了"平等主体的"这样的限定。

到底民法协调的利益关系是什么？在民法的调整对象里面要不要加上"平等主体的"这样的限定，这是一个民法问题中间的实质困难问题。我们需要回答的是，在社会生活中间究竟有没有这样一个社会生活交往的领域？进行社会交往的主体大致上来讲，在社会交往的能力、社会交往的力量对比、社会交往的经验大致还是相对的。如果有这样一个社会交往的领域存在，我们就没法回避"平等主体的"这样的限定。如果没有这样一个社会交往的领域存在，不是要不要"平等主体的"这样的限定问题，而是还要不要民法这个部门法的问题。当这样的社会交往领域不存在的那一天，可能就是民法这个部门法退出历史舞台的那一天。

从这一点来讲，民法所调整的利益关系，首先就是平等的民事主体与民事主体之间的利益冲突。民法这个部门法要确立相应的协调规则，作出价值判断，表达自己的价值取向，以此确定规矩，然后来组织社会秩序。除此之外，民法还要对民事主体的利益与公共利益之间的冲突关系，通过确立相应的协调规则，作出价值判断、表达价值取向、立定规矩来组织社会秩序。所以，民法所协调的利益关系的类型既包括平等民事主体之间的，又包括民事主体的利益与公共利益之间的冲突关系。

民法在对这些冲突的利益关系确立协调规则的过程中，一定会依据特定的价值取向作出具体的价值判断结论，然后给出对冲突利益关系进行协调的具体方案。这个过程中间就包含着一些可以从部门法的角度、可以从法学学科的角度去理解、去对接城市更新的相关问题。在这次民法典的编纂过程中间，参加立法机关组织的研讨会的，无论是来自理论界的人士，还是来自实务部门的人士，大家都有一个基本的共识，这个基本的共识就是大家都认识到，有没有一部好的民法典，从某种意义上来讲，既是对立法机关立法能力的综合考验，也是对我们民商事的审判水平、仲裁水平，对我们民法研究的一次总的检验。在这个意义上，它是中国软实力的一个体现。

21 世纪我们在进行中国民法典的编纂，准备在学习《法国民法典》《德国民法典》等这些具有世界影响力的法典的基础上做到有所创新、有所超越。当然大家说，这种创新和超越不能是刻意去寻求的，而是在回应中国问题、回应 21 世纪问题的过程中，自动地、自然地生长和确立起来的。所以大家就建议说，我们所进行民法典的编纂，首先应该确立民法典的立法哲学。而且应该考察一下，21 世纪在中国进行民法典编纂时我们所尊奉的立法哲学，到底与法国和德国有什么区别？这关系到我们是以一种什么样的立场和态度面对一些基本的问题。

比如说，首先的一个问题就是民法典中，我们究竟如何对人，特别是生物学意义上的人，进行妥当的定位。在这个问题讨论的中间，我注意到现在已经积累了相当高程度的共识，因为大家都意识到民事主体里面生物学意义上的人以外的其他人，都是服务于生物学意义上的人而存在，不管非法人组织、法人还是国家，如果它们存在的目标不是为了服务于生物学意义上的人，那么它们没有自己存在的正当性，没有自己存在的理由。

那在这样的背景下，我们的民法典编纂，怎么去定位人？怎么去表达对人的期待？当时我记得在讨论的过程中间，包括我们人大法学院的王利明老师，包括清华大学法学院的崔建远老师，包括我们好几位老师都说，这个问题啊，严格来讲，在科学发展观里面都已经表达了。这句话是什么意思？我们都知道，《法国民法典》在当时进行起草的时候，理性的自然法思想，对它产生了深远的影响，《德国民法典》在进行制定的时候，那不用讲了，康德的理性科学，就是《德国民法典》信奉的哲学，他们都服务于要把人从宗教蒙昧主义的状态下解放出来，从种种封建的束缚中解脱出来。但是呢，解放出来解脱出来，在这两个具有深远影响的民法典里面，他们对人如何定位，期待人去干什么呢？《法国民法典》出台的时候，《德国民法典》出台的时候，都是民族国家，可以说是初步形成的结果，也是资本主义的生产方式初步确立的结果。民族国家和民族国家的竞争主要表现为经济实力上的竞争，其实这一点，到今天仍然是我们必须要面对的现实。被解放和解脱出来的人，总体是被定位为推动民族国家经济发展的主体。所以我们去看《德国民法典》上面定位的行为能力制度的时候，什么样的人才是《德国民法典》制定者心目中的完全意义上的人呢？一个能在经济交往过程中，具有健全的交往理性，能够作出比较符合经济理性判断的人，那才是立法者心目中间完整意义上的人。从这个意义上讲，民法典的经济功能是相当凸显的。但像王利明老师、崔建远老师等几位老师在研讨会上就一再表示，21 世纪的中国进行民法典的编纂，彰显民法典的功能，当然无可厚非，因为我们经济发展的任务还没有完成，但是我们不能仅仅把人定位于此，我们应该把人定位为推动人实现自身全面发展的主体，是真正把人当作目的而不是当作手段的。所以大家注意到，在《民法总则》

提交全国人大常委会审议时，有几个问题引起了广泛关注，发生了激烈的争论。比如说，就未成年人和限制民事行为能力人和无行为能力人的区分标准，从10周岁下调到了6周岁，这是基于什么考虑？就我的了解，在《民法总则》草案的起草过程中间，很多参与这项工作的同事都有这个想法。所以，如果我们是想把人定位成推动自身全面发展的主体，那你既要尊重有健全经济理性的成年人的决定自由，也不能忽视未成年人他的天性。对于6周岁以上的未成年人来讲，让他们在跟自己的年龄和智力相适应的范围内，能够有自己作出决定的空间，这其实是对天性的尊重。然后，在《民法总则》的草案中，大家还注意到，草案中的成年监护制度，就是法定监护制度，但对于认定成为无民事行为能力的成年人，我们是全面监护制度。

但这次《民法总则》的草案中，成年监护确定了议定监护制度，而且议定监护制度中间，专门写上一点，强调监护人在履行监护职责的时候，必须最大限度地尊重被监护人的意愿，什么意思？就算是设定了议定监护人，也不能够忽视被监护人的自由意志，不能让监护制度仅仅是维护财产安全的法律制度。这是我们民法典编纂，包括《民法总则》起草中间几个具体的规则，它们背后表达的是对人的定位和期待的看法，这一点跟城市更新今天的发展恰好是吻合的。在我的阅读范围里，我发现，城市更新的目标在世界范围内也经历了一个更替演进的过程。今天，无论是发展中国家还是发达国家，当公权力去推动、去引导、去指导城市更新的时候，常常都会把我们所说的以人为本放在最为首要考虑的位置。城市更新不是为了仅仅推动某一个地方经济的发展，它一定是要推动某一个地方社会经济的全面发展，城市更新的目标一定是一个市民友好型的目标，它希望这个城市更新的运动能够让市民有一个更好的生活、工作、交往、购物的环境。从这一点上来讲，可能城市更新所追求的这种定位和目标，跟我们正在进行的民法典的编纂，正在进行的民法总则的起草，所要追求的目标是密切联系在一起的。而且在这次民法典的编纂，特别是《民法总则》的起草过程中，大家注意到基本原则这一节中间专门确立了绿色原则，它是对人与自然，人与资源之间的关系所作出的回应。在《法国民法典》和《德国民法典》起草的时候，人与自然、人与资源之间的关系就是权利主体和权利客体之间的关系，但是今天已经有所不同了。在城市更新的过程中间，我注意到了，大多数与此有关的年限，在表达现代城市更新运动的时候，总强调说城市更新不仅仅应当是市民友好型的，还会基于代际正义的考虑，应当是环境友好型、资源友好型的城市更新。从这个意义上讲，就能够从民法学的角度，从民法这个部门法的角度，去透视、理解、分析城市更新中间所涉及的一些具体的内容。这涉及一个总体上的一个认识，如果没有这种总体上的一种互通性的话，可能后边的分析也很难进一步展开。

我们在一开始的时候提到，从城市更新领域中的专家和学者对城市更新所做的类型区分来看，主要是涉及重建、整建、维护这三种不同的具体行动。重建、整建和维护分别对应着不同的城市更新的对象，也指向不同的城市更新的效果。无论是重建、整建还是维护，其实从民法学的角度来考虑的话，应该说有两项民法的基本原则，都与此存在着极为密切的联系。首先的一项基本原则，是在这次民法典编纂，尤其是《民法总则》起草中间，再次得到重申的一项原则，而且这项原则，在党的文件中间，我们都能够非常清晰地看到，大家再看十八届三中全会《中共中央关于全面深化改革若干重大问题的决定》的时候，是什么样的感受？就我自己学习的体会，从头到尾读下来，我看到的就是两个词四个字：一就是平等，二就是自我。十八届三中全会的决定自始至终洋溢着对平等和自由的重视。自由，在我们的民事立法上常常用“自愿”这样的字眼来表达，学说上人们把它叫做意思自治。我注意到，无论是今天在深圳正在推进的城市更新，还是目前在国内其他城市正在尝试进行的城市更新，还是其他地方和国家目前正在进行的城市更新运动，意思自治或者自愿或者自由都是关键词。意思自治在民法上面与城市更新相关的法条有几个具体的表现。首先的一个表现，意思自治在我们的物权法上，严格来讲可以把它表达成为物权“神圣”。当然对“神圣”这个词还是要打上引号，那这跟城市更新之间有什么样的关系呢？如果说今天进行的城市更新，仅仅是想更好地改变城市的面貌，更好地推动工业商业的发展，然后一定程度上改善人们的居住环境的话，未来，城市更新可能跟最后一方面的联系会更密切。为什么？其实跟意思自治就有关系。大家注意到，前段时间，人们广泛关注到一个话题，就是与《物权法》第一百四十九条有关的一个话题，《物权法》第一百四十九条包括两款内容，这两款内容涉及建设用地使用权期限届满如何续期的问题。我们知道，这本身在《物权法》起草的过程中间就是一个反复讨论激烈争议的问题。本来在《物权法》的草案中间，是没有区分住宅用地使用权和非住宅用地使用权的，所有的建设用地使用权在续期上遵循的是同样的原则，那就是建设用地使用权最迟要在使用期届满前 1 年内，申请有关部门对建设用地使用权进行续期。除了因为对公共利益需要对建设用地进行收回以外，有关部门应当批准权利人的续期申请。但后来经反复斟酌，多方讨论，形成了今天《物权法》第一百四十九条的规定。在第一款中间，它就强调住宅建设用地使用权期限届满的自动续期，对于非住宅用地使用权，我们知道要适用《土地管理法》的规定，那就等着《土地管理法》的进一步修改。住宅建设用地使用权期限届满自动续期，前段时间人们关注的问题就是，自动续期续多长，另外自动续期还要不要交土地出让金，如果交土地出让金的话，这个土地出让金的金额如何去进行确定？我印象很深，记得当时在全国人大常委会对《物权法》草案进行讨论的时候，有人曾经表达过这种意愿和主张。当时被认为是一种共识性的主张，说自动续期续多长呢？他说了一句这样的话，他说如果愿意在这个地方住的话，那就子子孙孙无穷地住，就是可以永远地续期下去。要不要交土地出让金呢？我记得当时的说法是要贯彻国不与民争利的原则。

那我们想，住宅用地使用权期限届满自动续期，地上的建筑物如果已经破旧，如何去进行重建？在这个过程中间，就算是独栋别墅的商品房小区，这也会是成为具有公共性的一个问题，更不用说动不动就是几十家数百户居住的这样的大楼了。那这个时候怎么去推动城市更新？其实在当时进行《物权法》起草的时候，立法机关对这样的问题是有相当程度的预见的。因为当时有人提出来说，有些地方住宅建设用地使用权期限界满自动续期，地上建筑物的质量，有些行业内的人士讲有些地方可能二三十年能扛得住就算不错了，不要说70年了，那这个时候城市更新的问题在这种情形下可能就非常现实。大家说在这个问题上，恐怕没有涉及为了公共利益需要的时候，还是应当奉行意思自治原则。怎么奉行呢？在《物权法》第七十六条业主对建筑物区分所有权里相信大家一定已经注意到从第七十一条到第八十三条，其实自始至终在强调和贯彻业主自治原则。尤其是在业主的建筑物区分所有权的第七十六条中，大家可以看到，第七十六条第一款、第二款有针对性地作出了相应的规定。《物权法》第七十六条第一款强调，下列事项要由业主共同来作出决定。哪些事项呢？在它所列举的事项中间我们看到第（五）项、第（六）项，都是涉及业主大的利益关系重要安排的事项，其中有一个重大事项是建筑物及其附属设施的重建，这是涉及业主要共同作出决定，涉及业主重大利益关系安排的事项。第七十六条的第二款给出了一个回答，将这样的重大关系事项，是要达到两个2/3，即2/3的业主同意及专有部分的面积占建筑物总面积的2/3，要有他们表决来作出决定，其中就涉及建筑物及其附属设施的重建问题。这就表明，当时在进行《物权法》起草的时候，立法者还是希望意思自治原则，能够在这种事项的处理上去发挥作用。

在这次进行民法典编纂时，立法机关在认定民事行为决定无效的规则上，其实接受了最高司法机关所表明的一个态度，认定民事法律行为绝对无效的标准，一个就是违反法律、法规效力性的强制性规定，一个就是有其他违背公序良俗的法律规定，意思就是说，虽然没有违反法律、行政法规的效力性强制性规定，但是存在着其他损害公共利益的情形，民事法律行为仍然应当是绝对无效。引入了民事行为效力强制性规定这样的词语，就意味着以后我们面对民法典的时候，要有能力去识别和判断哪些条文确立的法律规则对应的是不用区分强制性和非强制性规定的简单规范，哪些条文确立的法律规则是需要区分强制性和非强制性规定的复杂规范。然后在复杂规范里面，我们还需要区分哪些是任意性规范，哪些是倡导性规范，哪些是授权第三人规范，哪些是强制性规范，哪些是混合型规范。《物权法》第七十六条第二款这个2/3复杂多数表决，这个条款对应的法律规则是何种类型的法律规范？我记得在当时讨论的时候，出现了这样的说法，我当时没听到对这种说法有强有力的反对。因为第七十六条第一款的第（五）项和第（六）项关乎业主比较重大的利益关系，所以如果业主大会表决所形成的决议，是降低了表决的门槛，这个降低应当是无效的；如果业主大会所形成的决议提高了表决的标准，这个决议应当是有效的。我们看这是什么规范？这是所谓复杂规范中间的混合规范。这种类型的法律规范，它所形成的法律关系，有的时候仅仅是民事权利主体之间私人利益关系，有的时候涉及民事主体与公共利益之间的冲突，它有时候发挥补充任意性规范的作用，有时候发挥补充强制性规范的作用。所以当你做出的决议降低了形成决议的行为标准的时候就无效，提高形成决议表决标准的时候就有效。意思自治原则在这里得到了体现。但是意思自治原则也受到了必要的限制。在城市更新的过程中，面对着这种问题，如何更好地把业主组织和动员起来，如何让业主能够根据章程、决议的规定，对涉及他们共同利益的事项，来表决形成决议行为，恐怕在未来的城市更新中间是一个无法进行回避的问题。但这是一种通过重建的方式进行的城市更新，但就算是通过重建来进行的城市更新，也未必就只有这一种形态。

我注意到无论在深圳，还是在其他城市，包括在国外的其他城市和地区，进行城市更新的过程中间，通过所谓权利互换的方式来完成重建，推动城市更新目标的实现，也是一种常用的方式。所谓的权利互换，大家都很清楚，就是这个地方建设用地的使用权以外的地上建筑物、构筑物及附属设施的权利，人们把自己享有的建设用地使用权，地上构筑物、建筑物及附属设施的所有权作为对价，换取重建之后的地上用地使用权、构筑物及其附属设施的所有权。用这样的方式来推动重建，来完成城市更新，是一种常见的方式。那这种常见的方式在民法所确立的法律条文规则中间，我们也是能够找到的。什么地方可以找到呢？大家在看我们《合同法》第九章买卖合同的时候一定注意到了，这章的最后一个条文第一百七十五条，它确立了一项法律适用的规则，什么样的法律适用规则呢？互易合同。在我们的《合同法》上，没有单独一章来加以规定。但是互易合同可以适用买卖合同的相关规则。互易合同作为交易双方的当事人交易的对价，不是一方要交付标的物或者是交付标的物的单证，并且转移标的物的所有权给对方当事人，让对方当事人给予相应的价格就行，而是大家都拿价金之外的财产来推动这个交易的达成和最终的完成。互易合同在进行法律调整的时候，可以适用《合同法》有关买卖合同的相关规则。我们知道从《合同法》第一百三十四条到第一百七十四条，这都是我们《合同法》所确立的对买卖合同进行调整的规则。而且整个《合同法》的总则，就是以买卖合同为原型所设计的法律规则。

那在这种所谓权利交换型、权利置换型的重建和城市更新里面，贯彻合同自由的原则就具有至关重要的意义和价值。这个过程中间，调整买卖合同的那些法律规则就有自己发挥作用的空间和意义。意思自治原则在城市更新领域里面，从民法这个部门法的角度去进行对接，它的体现其实远不及这些。比如说我们刚才提到的，城市更新不仅仅是可以通过重建的方式来完成，还可以通过整建、维护的方式来完成。这个时候就涉及到不动产的权利人依照法律的规定行使自己不动产权利的问题，不动产的权利人依照法律的规定行使自己权利的过程，就是一个意思自治原则得到实现的过程。但必须注意的是，在这个过程中间，权利的行使是会受到相应的限制的。包括深圳在内的一些地方在进行城市更新的过程中间，出现了有个别住户、业主超出合理的范围去主张自己权利、去表达自己利益诉求的这种现象。那对于这样的问题在民法上有没有提供一些可供参考的、解决问题的思路和途径呢？

一方面，包含在我们刚才所提及的，像《物权法》七十六条第二款这样的规则中间，那就是通过所谓业主自治的方式来进行解决。同时在我们的现行民事立法，包括未来的民法典中，我们还会看到这样的规则，什么规则？《物权法》的第七条是在《物权法》的起草过程中间立法机关专门写上的一个条文，《物权法》第七条强调物权的取得和行使应该遵守法律、尊重社会公德，不得损害公共利益和他人的合法权益。

我们要注意，物权的取得和行使不仅仅损害公共利益，还不能损害他人的合法权益。这句话是什么意思？违背社会公德去损害他人的合法权益，用民法教科书上所表达的一个方法，“对民事权利的行使来讲，不得构成权利的滥用，如果权利人在行使自己的权利的过程中构成权利滥用给别人造成损害的话，其他的民事主体可以通过主张他承担比如说侵权损害赔偿责任的方式，或者是申请对权利人的权利做必要限制的方式来维护其他民事主体的合法权益。”这句话是什么意思？我注意到在其他的国家和地区学者的讨论中间，尤其是与城市更新有关的法律的著述中间，他们就强调说，当一个社区里的居民经由长期的共同生活形成了一个相互依赖的群体之后，这个群体中间的单个权利人在行使自己民事权利、表达自己利益诉求的过程中间，如果他产生了外部性，影响到了这个生活群体中间其他权利人利益诉求的实现，可以认为其构成了权利的滥用，在构成了权利滥用这种背景之下，要对权利人的权利做必要的限制。

损害了这群体中间其他民事主体的合法权利，甚至还要承担赔偿责任。这意味着什么？在这次民法典的编纂中，尤其是在《民法总则》的起草过程中，在诚实信用原则的表述上，立法机关一方面在强调民事主体从事民事活动，要遵循诚实信用原则，然后又通过一款强调说，民事主体进行民事活动，还要注意维护交易安全。什么意思？为什么要在这个地方强调交易安全？因为民事主体彼此之间信赖利益所进行的确认和保障，已经成为我们立法机关认为需要在基本原则的层面上予以表达的一个事情。什么叫做民事主体之间的相互信赖？我记得哈佛大学法学院新德教授是研究英美财团法的一位著名学者，这个新德教授在他财团法研究的作品中间，就曾经做过这种实证的调查，表达这样的一种意见和主张。他发现，这个世界上有不少的国家和地区对一些企业的搬迁作出了种种的限制。当这个企业要进行搬迁的时候，不是说就由这个公司、企业的股东表决、行使作为投资者的权利，依据资本至上的原则作出表达就行。一个企业长期在某地进行生产和经营，周围的社区就会和这个企业之间形成一种相互之间的依赖关系。当这个企业作出搬迁决定的时候，不仅仅影响的是这个企业投资者的利益，还影响周边社区居民的利益，他们的意见也应当在是否应该搬迁的过程中间受到应有的尊重。

其实，这样的观念对我们中国人来讲可能更好理解一些，当一个商品房小区里边的居住者、业主经过长期的共同生活形成这种信赖的时候，任何民事权利的行使，包括业主的专有权、共有权、共同管理权的行使也不能破坏或者是侵害其他民事主体在长期共同生活中间所形成的这种信赖的利益。像这样的规则在城市更新的过程中间，作为对意思自治原则上的一种延伸，或者某种角度上的一种限制，也应该引起我们的重视和关注。所以，从民法的角度来看待城市更新的相关问题的时候，意思自治原则可能是一项非常值得去注意的基本原则。当然，就像我们说的那句老话一样，这个世界上没有不受限制的自由，意思自治原则在民法典编纂、包括在现行的民事立法上，受到的一个最直接也是相对来讲最明显的一个限制，就是另一项民法的基本原则，我们可以把它综合表述为公共利益原则。公共利益原则其实在城市更新的过程中间，也是民法这个部门法、民法学这个学科可以去进行对接的一个重要部分。

公共利益原则强调什么？在民法典编纂的过程中间，参与讨论的人士形成的一个基本共识就是，公共利益是能够动用国家公权力干涉私人生活、介入市场交易、剥夺和限制私人合法财产的唯一足够充分且正当的理由。那意思就是说，只有为了公共利益的需要，才能够动用国家公权力去干涉私人生活、介入市场交易、剥夺和限制私人的合法财产。在很多情形下，可能城市更新的实现还是跟公共利益原则有密切联系的。如果在以前讨论这个问题的话，可能大家会觉得共识比较少。但在今天的语境下讨论到公共利益，我们已经能够在相对比较高程度的共识上讨论这个问题了。

什么是公共利益？可能到今天为止，对公共利益表达比较完整的、人们比较认可的一个立法文件还是要首推2011年1月21号颁布实行的《国有土地上房屋征收与补偿条例》，这个行政法规里面对公共利益做出了迄今为止共识度相对来讲最高的一个规定。在这个行政法规的第八条、第九条的第一款、第十四条里边就作出了相对来讲比较完整的描述。在第八条的第（一）项中明确了什么是为了公共利益的需要——国防外交。国防外交需要是为了公共利益的需要，这个相信我们都很好接受。在南海仲裁案中国民所表达出来的这种情绪、言论中间，我们都可以很明显地看出这一点。因为国防和外交需要涉及国家在整体上的政治、经济和安全利益。然后《国有土地上房屋征收与补偿条例》第八条的第（二）项强调，政府组织实施的能源、交通、水利等基础设施建设的需要，是为了公共利益的需要，这也比较好理解，政府组织实施的能源、交通、水利基础设施的建设应该是服务于不特定人的。不特定人的需要当然是社会公共利益中间所谓不特定第三人的利益。那我们知道在民法上不特定第三人的利益是典型的社会公共利益。所以《合同法》第五十二条的第（二）项说，双方恶意串通损害国家、集体、第三人利益，合同行为绝对无效。这个地方的第三人利益大家都知道，《合同法》颁布之后，解释论上的共识是这个地方的第三人利益仅仅指不特定第三人的利益。如果只是恶意串通损害了特定第三人的利益，我们知道这个合同行为不是绝对无效的。最典型的例子大家肯定早就注意到了。像《最高人民法院关于适用〈中华人民共和国担保法〉若干问题的解释》（以下简称《担保法司法解释》）的第六十九条，它就是解决恶意串通损害特定第三人的利益的问题，一个债务人有数个债权人，结果债务人和数个债权人中的一个恶意串通订立设立抵押权的协议，损害了其他债权人的利益，这个时候最高人民法院不是根据《合同法》第五十二条第（二）项认定这个合同绝对无效，而是说其他债权人有权请求人民法院撤销该协议，它不是绝对无效。在《最高人民法院关于审理商品房买卖合同纠纷案件适用法律若干问题的解释》的第十条中，最高人民法院也强调了这一点。当出卖人和后手的买受人恶意串通订立商品房买卖合同，损害了先手买房人利益的时候，合同也不是绝对无效，是先手买房人请求法院确认这个合同无效。这个无效我们知道在学术上叫相对特定第三人无效。所以不特定人的利益、不特定第三人的利益，那是社会公共利益中最重要的一种类型。这是《国有土地上房屋征收与补偿条例》第八条第（二）项的规定。第八条第（三）项说，政府组织实施的教育、科技、文化、卫生体育、环境保护、文物保护、减灾防灾、市政公用，它的建设需要我们知道它为什么是为了公共利益的需要，既是服务于不特定第三人的利益，也是服务于社会公共利益，当然是社会公共利益的组成部分。然后第八条的第（四）项告诉我们，政府组织实施的保障性安居工程的需要，即涉及人的生存利益，又涉及到弱势群体的生存利益，这当然是社会公共利益的组成部分。第八条的第（五）项说，在满足《城乡规划法》要求的前提条件下，政府组织实施的对于危房集中、基础设施落后的城区进行旧城改造的，当然包括在内危房集中、基础设施落后，而且还得满足《城乡规划法》要求的前提条件下，这个时候是为了公共利益的需要。第八条第（六）项是个兜底条款，更重要的是，它有两个程序控制：

在《国有土地上房屋征收与补偿条例》的第九条的第一款中，无论是保障型安居工程建设的需要，还是进行旧城改造的需要，都是由要县级以上人民政府所在的地方同级的人大，列入县级以上人民政府《年度国民经济发展与计划》里面。保障型安居工程的建设和旧城改造要由同级人大审议通过之后才可以，那才能够确认是为了公共利益的需要，这是一个程序控制。

第二个程序控制，是这个法规起草的过程中间涉及的争议比较大的问题。我记得在国务院法制办组织的讨论会议上面，当时就提到了这个问题，那就是就算是同级人大表决通过，如果被征收人对征收决定是不是为了公共利益的需要仍然是不服的，他有没有一个救济的渠道？被征收之后当事人可以申请行政复议，也可以提起行政诉讼。行政复议、行政诉讼也是一个程序的控制。

但就算《国有土地上房屋征收与补偿条例》把公共利益写到了这样的程度，其实在城市更新的过程中间，涉及公共利益原则的对接，仍然会有大量遗留的问题需要我们去做进一步的讨论。我举个例子，比如说刚才我们提到的，在这次民法典的编纂尤其是《民法总则》的起草里面，它写上了民事法律行为违反行政法律、法规效力性的强制性规定就无效。那么问题就来了，违反行政法律、法规效力性的强制性规定，先不说效力性的强制性规定，什么样的规定是强制性规定？

这本身就是一个有争议的问题，而这个问题就涉及对公共利益的认识和把握。强制性规定是为动用国家公权力、干涉私人生活、介入市场交易、剥夺和限制私人的合法财产提供依据的目的。目的就是说强制性规定一定都是涉及公共利益保护的规定。但是我们知道，强制性规定和非强制性规定在工作实践中间做出一个妥善的区分并非易事。复杂法律规范中间用“应当”或者“不得”的不一定是强制性规定，还得看跟我们所说的公共利益原则有没有关系，涉不涉及公共利益的保障。

法律和行政法规上面的强制性规定，就是对公共利益所做的一种具体化和类型化。现在问题还没完，公共利益原则是不是都代表着可以动用国家公权力，然后来干涉市民生活，介入市场交易，剥夺和限制私人的合法财产？比如说，是不是在城市更新的过程中，只要涉及公共利益，都能动用到国家公权力，通过征收的方式去进行重建，然后来完成城市更新的目标？不是这样的。在民法典的编纂过程中间，大家注意到，为什么立法机关接受了最高人民法院的说法，违反效力性的强制规定时民事法律行为才绝对无效，那意思就是说公共利益还要用类型化的思考做进一步的类型区分，然后不同类型的公共利益能够动用公权力的方法和限定也是不一样的，有一些涉及公共利益的事项，即使是在城市更新的过程中，也不能通过国家征收的方式来进行运作。这个怎么理解？强制性规定要做效力性与非效力性的区分。我们知道，非效力性的强制性规定也涉及公共利益的确认和保障，但是动用国家公权力的时候，就不能通过民事法律行为效力的方式来干涉、介入这个市场交易。那通过什么样的方式来介入市场交易呢？对参与交易的一方或者双方去进行行政处罚，甚至对交易的双方或者一方追究刑事责任，但是不能够通过法律、民事法律行为效力的方式来维护公共利益。从这一点上讲，在城市更新的过程中间，能够动用国家公权力进行征收然后去进行重建的这种情形，也应当受到相对严格的限定。

能够借助意思自治原则，或能够用其它方式去解决的问题，就不要通过动用国家公权力的方式予以实现。对民法这个部门法与城市更新之间的对接，另一个涉及的就是公共利益原则，除了意思自治原则、公共利益原则，还有一项原则在民法这个部门法与城市更新之间的对接中间也值得我们去关注，这就是所谓的公平原则。在民法典编纂过程中间，公平原则也再次得到了确认。民法中所讲的公平就是指要维持法律主体之间利益关系的均衡。我们知道，在城市更新的过程中，不管是秉承意思自治原则，还是秉承公共利益原则，对城市进行重建、整建或者是维护，都不免涉及法律主体之间利益关系的一个变动和再平衡。在这个再平衡的过程中间，公平原则就要发挥它的作用。我们知道，在进行征收的过程中，那就会必然涉及征收的补偿问题，《国有土地上房屋征收和补偿条例》对征收的补偿作出了可以说到现在为止最好的回答。但是大家注意到这个补偿，仍然是有限度的补偿。在这个行政法规进行起草的过程中，国务院法制办组织的研讨会上，大家曾提到说：是，进行征收了，要对毁损灭失财产本身的价值进行补偿。如果人家是从事生产经营活动的，要对人家停业损失进行补偿，另外要对人家重新进行搬迁、安置进行补偿。但是，同时我们也还要考虑到，对于被征收人来讲，还有一些事项是不是也应被纳入到补偿范围里面去。比如说，在北京，你居住的地方究竟属不属于一个学区房，不仅对房价有相当大的影响，其实对生活的便利也有相当大的影响，而且不仅仅对生活的便利有相当大的影响，我注意到在法学学术中谈论城市更新的相关著述里边，有考虑到引述一个原则，叫做“避免强制迁移”的原则。在城市更新的过程中要尽可能地要避免强制的迁移、强制的搬迁。意思就是说这个时候的利益不仅仅是那些我们可见的物质，还有很多无形的利益损失很难能够通过补偿的方式来体现。这个恐怕在考虑公平原则在民法与城市更新对接中是一个没法忽视的问题。

我注意到，在《深圳市城市更新条例》草案起草的过程中，从相关媒体报道情况来看，有些情况下可以进行强制的购买，要求你强制出售，强制拆迁。强制购买、强制出售跟征收之间有什么根本性的区别?征收其实就是强制购买的一种。出卖人不管愿意卖还是不愿意卖，在满足征收前提条件的情况下，就必须要进行出售，它本身就是强制购买的一种，在要不要出卖上，他的意思自治受到了公共利益的限制，必须要出卖。但强制出卖从某种意义上来讲也是一种买卖，在进行征收补偿的时候，补偿标准应当要考虑到跟买卖的对价应当是大致相当的，如果补偿的标准跟买卖的对价不吻合，恐怕在这种情形下所进行的征收补偿就不能讲（已经）满足了法律原则所要求的公平补偿。从这个意义上来说，我们说在城市更新和民法基本原则对接的层面上，它还涉及了公平原则如何去进行相应的理解和适用的问题。所以，如果从基本原则的层面上来看，民法这个部门法与城市更新对接，意思自治原则、公共利益原则、公平原则都有充分发挥作用的空间。当然我们说从民法这个角度去对城市更新的相关问题理解、进行解读时，绝不仅仅只涉及刚才我们提及的这几项民法的基本原则问题。除了基本原则之外，在我们现行的民事立法及正在编纂的民法典上，还有好多具体的法律制度和城市更新之间也都存在着相应的对接关系。下面我想结合我们现行民事立法，包括民法典编纂，尤其是在《民法总则》起草过程中若干问题，就它们和城市更新之间的对接所涉及的有关内容简单地谈谈我的理解和想法。

在民法典编纂的过程中间，大家注意，就《民法总则》起草来讲，到今天为止，有一些问题在人大常委会征求对草案意见反馈的过程中，还是没有能够积累足够的共识，而在未来与城市更新的相关内容进行对接的时候也有一些问题值得我们去思考。我举个例子，比如说法人制度，现行的民事立法根据法人功能的不同把它区分成为了事业单位法人、社会团体法人、机关法人和企业法人。在这次进行民法典编纂，尤其是《民法总则》起草的时候，如何在第一层次上对法人做类型区分是立法机关很关注的一个问题。在中国法学会民法典编纂项目组领导小组、中国民法学会提交给立法机关的《民法总则》草案的专家建议稿里，是采用了教科书上一般的写法，那就是首先把法人分为公法人和私法人。然后又在私法人里区分为社团法人和财团法人，在社团法人中间区分为营利性社团法人和非营利性社团法人和中间型的社团法人。不过大家注意，全国人大常委会公布的《民法总则》的草案征求意见稿里，在法人第一层次类型区分上，是把法人区分为营利性法人和非营利性法人。但是大家一定要注意，除了这种区分方式之外，还有一个隐含的区分方式。在营利性法人和非营利性法人的区分标准之下，我们还能看到有事业单位法人，有社会团体法人，有企业法人，甚至有公司制和非公司制企业法人这样的表达。那就表明依照法人的功能作为法人类型的区分标准在《民法总则》的草案中间，其实仍然存在着。立法机关在把法人作营利和非营利法人区分的时候，把核心的区别定位在两个方面，一个方面就是法人从事经营活动中所获得利益能不能分配给其他成员，另一个就是法人终止的时候法人的成员有无剩余财产的收取权。在这两个方面把营利性和非营利性法人区分开。

那法人类型区分跟我们说的城市更新之间有着什么样的对接关系？回答了法人类型区分存在的争议对推进城市更新工作有什么关联？大家知道，学界提交的专家意见稿里，主张把法人分为公法人、私法人，私法人再分为社团法人和财团法人；民法教科书里谈到社团法人和财团法人区分的时候就会强调说，社团法人是自律法人，财团法人是他律法人。什么意思？社团法人以成员为基础，所以社团法人的相关事项由社团成员作表决来作出相应的决定。我注意到有不少地方，包括北京市，在对物业小区的管理进行改革和摸索过程中主张让业主大会或业主委员会获得法人的地位。那我们想，如果获得法人的地位，这是属于什么类型的法人？它是典型的以成员为基础，是社团法人的一种，那这时候涉及城市更新，涉及社团法人的相关财产去进行重建或进行征收的时候，你要交流的对象，你要去进行打交道的主体，就是这个成员，就是他的权力机关，就是它的意思机关。那对于财团法人来讲，是他律法人。财团法人的理事会并不是法人的成员，它只是根据章程对法人的事务进行管理，对章程所确定的目的和方法进行使用。那如果在城市更新的过程中涉及财团法人的财产，涉及财团法人所享有的建设用地使用权，财团法人享有所有权的建筑物、构筑物及其附属设施怎么办？谈判的对象是谁？那这个时候怎样解决城市更新，或者意思自治原则或者公共利益原则怎样贯彻和实现？我记得在当时讨论的过程中间就有人说，这个时候恐怕行政主管机关（比如说民政部门），或者其他行政主管机关，包括司法机关，在这个过程中间就只能走上前台去发挥必要的作用。

在营利性和非营利性法人的区分中间，其实我们会发现，就算没有采纳社团法人和财团法人的区分，在营利性和非营利性的区分中间，社团法人和财团法人的区分中也隐含着存在着。在这个时候，就法人的相关事项，尤其是财团法人的相关事项的处理，如果没有形成一个逐步的共识，没有民法上一个规则表达的话，以后在这个领域里遇到跟城市更新有关的内容，恐怕就很难得到一个妥善合理的解决，这是一个具体制度的例子。

再举个例子。刚才我们提到的《物权法》第七十六条第二款，用我们现行的说法，业主表决所形成的决议，也是民事行为的一种。但是我们知道决议行为作为民事行为的一种，在法律调整规则上面有自身的独特性。在这次民法典编纂过程中间，大家看民事法律行为这一章里面，它其实是根据民事法律行为所包含的意思表示究竟是几项对法律行为作了进一步的类型区分，把民事法律行为区分为单方民事法律行为、双方民事法律行为、共同行为和决议行为，然后在决议行为的法律上边，就有一些同对一般民事法律行为，尤其是对双方民事法律行为不尽相同的法律调整规则。我们刚才讲，秉承意思自治原则去进行重建、整建或者是维护，这是城市更新重要的一种方式和手段，它大多是通过决议行为的方式来实现，那这个决议行为进行法律调整的时候，有哪些和双方民事法律行为和普通的民事法律行为不一样的地方呢？比如说，什么情况下，一个决议行为是可以撤销的？根据《民法通则》第五十九条和《合同法》第五十四条第二款的规定，一方实施欺诈行为或者是乘人之危的话，就是可变更可撤销的，决议行为能不能适用这样的规则？比如参与表决的业主（中）有人在事后表明自己被欺诈，或者自己受到胁迫，然后他做出了一个意思表示，是支持最终决议行为内容的意思表示。他可不可以此为由主张人民法院、仲裁机构变更撤销这个决议？我们知道，除非他能够举证证明自己被欺诈、被胁迫影响到了表决程序和表决规则，否则一个或者数个民事主体以自己被欺诈、被胁迫为由是不能够撤销一个决议行为的。你必须举证证明说，你的被欺诈、被胁迫已经影响到了整个决议行为表决程序和表决规则。什么意思呢？只有当被欺诈、被胁迫的业主达到了足以影响我们所说的那个双 2/3 的标准或者全体一致的标准等等这些表决规则实现，这种决议行为才是可撤销的。那进一步说，它跟城市更新实现之间就有一个制度上的关联，这是在法律制度上我们举的第二个例子。

还有一个例子，大家看《民法总则》起草的时候，它专门有一章是对期间的规定。在期间规定的时候，涉及民法典编纂过程中一个争议相当大的问题。这个问题是，首先，是民法典上有哪几个期间规定？现在民法草案的规定中有诉讼时效期间、除斥期间。事实上，无论是在 2015 年 9 月 14 日到 16 日，还是 10 月 8 日到 10 月 10 日全国人大常委会法工委民法室举办的面向学术界和面向实务界两次研讨会上，还是立法机关其他的研讨会上，对于民法典尤其是《民法总则》究竟有哪几种期间制度都有相当大的意见分歧，不少人主张不能仅限于除斥期间和诉讼时效期间。大家说，至少还得增加规定两种期间制度，一种就是所谓的失权期间制度，失权期间制度相信大家都不会感到陌生。什么叫做失权期间？在依照诚实信用原则确定的合理期间内不行使权利，让对方产生了你不会再行使权利的信赖，这时候就发生了权利丧失的法律效果，在《民法总则》草案上明文规定，停止侵害、排除妨碍、消除危险以及登记物权的财产返还请求权不适用诉讼时效，但是是要适用失权期间的。在城市更新过程中间，会经常涉及物权保护的相应请求权，这个时候没有诉讼时效期间的适用，它可能涉及失权期间的适用问题，这是一种大家希望增加的期间。

还有一种期间学术上叫作或有期间制度。相信这个大家也不会陌生，会计里面有或有负债、或有资产，就可能有也可能没有，今天还不是很确定，或有期间就是这种期间可能有也可能没有，现在还不是很确定，这个期间就是决定你到底有还是没有这种权利的期间。举个最典型的大家熟悉的例子，比如《合同法》第一百五十八条第一款、第二款规定了买卖合同中，买受人就出卖人交付的货物数量、质量不合格要表示异议的异议期间。异议期间是个什么期间？你在异议期间内提出异议了，你就有了指向出卖人寻求违约救济的权利。什么权利，包括《合同法》第九十四条法定解除权，包括《合同法》第一百零七条、第一百零八条以及相关条款中间规定的继续履行、采取补救措施、赔偿损失、支付违约金这些承担违约责任的请求权，但你如果没有在异议期间提出异议，《合同法》第一百五十八条第一款、第二款规定视为标的物质量、数量合格。什么意思？你就没有了指向出卖人寻求违约救济的形成权或者请求权，这种是决定你有还是没有这种权利的期间。这是个典型的或有期间。

按照今天的法律，一个在实务中备受争议的期间也被认为是或有期间的一种，那就是保证责任期间，在保证期间，一般保证债权人向保证人提起诉讼或申请仲裁，你主张了保证责任的承担，你就取得了指向保证人要求代为履行或承担赔偿责任的债权请求权。它是决定有或者没有这种权利的期间。连带责任保证中间，你在保证责任期间内向保证人主张承担了要求代为履行或承担赔偿责任的请求权，它是决定你有还是没有这种权利的期间，或有期间不是诉讼时效期间、不是除斥期间。但是或有期间内，如果权利人取得了相应类型的形成权或者请求权的话，就有了一个跟诉讼时效期间或者除斥期间衔接的问题。这个在最高人民法院《担保法司法解释》里关于保证责任期间的规定有相应的体现。在保证期间对一般保证的债权人，对保证人提起诉讼、申请仲裁了，保证责任期间还用继续计算吗？不用了，这个时候开始计算诉讼时效期间。那民法上究竟认可哪种期间呢？

民法分别对不同类型权利的取得、存续和行使产生相应的限制作用，形成权、请求权等这些类型的权利与城市更新有相对来讲比较密切的关联。

目前，全国人大常委会法工委已经正式启动民法典其他各编的修改和完善工作。因为2018年民法典其他各编要一并提交全国人大常委会做一次审议，然后分别审议在2020年的时候（提交）全国人大审议，那在民法典各分编中能跟城市更新产生对接的民法制度应该就更多了，像我们刚才提到的《物权法》第一百四十九条在目前民法典各分编修改和完善的过程中，大家认为这次民法典编纂在原有《物权法》的基础上进一步作出回应的问题，跟城市更新有关系。在民法典各分编修改和完善的过程中，大家也认为《物权法》第一百五十三条规定也应该在这次民法典编纂当中在原有规则的基础上进一步去作出完善。

《物权法》第一百四十九条第一款提到住宅建设用地使用权，期限届满自动续期。大家希望这次能够借着民法典的编纂进一步规定自动续期究竟能续多久，另外期限届满了，在做自动续期时要不要做一个期限限制，在自动续期的情况下能不能简单地等同于政府初次正式建设用地使用权的出让，就希望对这样的问题作出更明确的回应。再看第一百五十三条，为什么也跟城市更新有关系？不少地方之所以要进行城市更新，很重要的一个原因就是国有土地资源在城市范围内没有进一步利用的空间了，如果不重建，基本这个城市发展就没有新的土地资源来源。但是《物权法》第一百五十三条涉及的是什么问题呢？它涉及的是宅基地使用权，宅基地使用权的取得、行使和转让究竟遵循什么样的法律规则？《物权法》作出的回答是宅基地使用权的取得、行使和转让适用《土地管理法》等法律和国家有关规定。我们都知道，就像有人批评的，深圳搞城市更新，大胆探索值得肯定，但是不是通过地方政府规章、地方政府法规的形式就能完全解决城市更新相关的法律调整问题。我注意到有很多反对的声音，的确如此。根据立法上的规定，城市更新不仅仅涉及基本法律问题，还应当由全国人大常委会制定法律，至少也是常委会授权国务院制定行政法规的方式来作出相应的回应那才可以。

在宅基地的使用及转让权限上，有的地方通过地方法规、地方规章的方式，先去作出试验，第一百五十三条到底是不是这样的含义，有必要在民法典编纂的过程中，随着分编的更改及完善，作出进一步明确的规定。当然，城市更新本身涉及的内容相当广泛，好多问题不能单单从民法学角度去理解。我只是从自己教学的专业背景出发，结合民法典的编纂就城市更新过程涉及的几个侧面问题，简单谈一下想法。我相信，特别是深圳市，一定有智慧、有能力在城市更新的过程中间，在不违背法律及行政法规的前提条件下，找到一个途径，达到资源和环境友好型城市更新道路的目标。

（本文是王轶教授出席2016年7月17日的深圳法治论坛第19期的演讲稿，经过王轶教授和该论坛主办方深圳市蓝海现代法律服务发展中心的授权，统一在本刊物上发表，用于学术研究和文化转播。录音整理：敖志和、方玉碧、周艳、邓高成、缪思思，责任编辑：周海荣)

论文撷萃
lun wen xie cui

表意瑕疵推定下的二手房买卖合同纠纷僵局

——评《合同法解释（二）》第二十九条

寇星明*

在土地财政、宏观调控、投机行为和刚需支撑等多重因素导致房地产价格剧烈波动的大背景下，二手房买卖合同①当事人因巨额价格差拒绝履约的违约之诉成规模地发生。在守约方诉请解除合同并主张违约金的情况下，《最高人民法院关于适用〈中华人民共和国合同法〉若干问题的解释（二）》[以下简称《合同法解释（二）》] 第二十九条被广泛援引为划定违约责任的法律依据。这部司法解释由十余名大法官起草了十年，听取过包括但不限于谢怀栻、王家福、江平、梁慧星、王利明、崔建远、赵万一等专家意见，两次全法院系统征求意见、分析论证，两次征求全国人大法工委意见，最高人民法院审判委员会先后三次开会讨论，于 2009 年 5 月 13 日起施行至今，仍然因其主动介入意思自治领域、刚性调整违约责任约定而持续引起关注和争议。

---

* 广东晟典律师事务所律师、合伙人。

① 作者注："二手房买卖合同"并非《合同法》上的有名合同，应受《合同法》项下"房屋买卖合同"相关规定的调整，但因其交易手段和流程的特殊性，为区别于"商品房买卖合同"，本文均作此表述。

本文拟从法律基础及理论依据、审判实践僵局、价值衡量三个方面，就《合同法解释（二）》第二十九条在规范二手房买卖合同法律实践活动的得失，作出分析、评价，并尝试提供实务应对策略。

一、法律基础及理论依据

（一）法律基础

《合同法解释（二）》第二十九条规定，当事人主张约定的违约金过高请求予以适当减少的，人民法院应当以实际损失为基础，兼顾合同的履行情况、当事人的过错程度以及预期利益等综合因素，根据公平原则和诚实信用原则予以衡量，并作出裁决。当事人约定的违约金超过造成损失的百分之三十的，一般可以认定为《合同法》第一百一十四条第二款规定的“过分高于造成的损失”。

这一解释的法律基础系《合同法》第一百一十四条。该条第二款规定：约定的违约金低于造成的损失的，当事人可以请求人民法院或者仲裁机构予以增加；约定的违约金过分高于造成的损失的，当事人可以请求人民法院或者仲裁机构予以适当减少。也就是说，《合同法》条文明确规定违约金可以调整，比照的对象是“造成的损失”，调整条件为“过分高于造成的损失”，调整幅度为“适当”。这一规定给进一步细化解释预留了一定空间。

事实上，这一标准并非“首创”，早在2003年出台的《最高人民法院关于审理商品房买卖合同纠纷案件适用法律若干问题的解释》第十六条即明确规定：“当事人以约定的违约金过高为由请求减少的，应当以违约金超过造成的损失30%为标准适当减少；当事人以约定的违约金低于造成的损失为由请求增加的，应当以违约造成的损失确定违约金数额。”可见，《合同法解释（二）》第二十九条的规定，只是将原仅适用于商品房买卖纠纷违约金调整的标准，扩大适用于所有合同类型，包括二手房买卖合同。

（二）理论依据

前述规范违约金调整的法律、司法解释之理论依据，均系出自民事法律关系“不因受损而反获益”的“补偿性原则”。“从我国合同法所确认的违约责任方式来看，无论是强制实际履行，还是支付违约金、赔偿金，或者采用其他补救措施，无不体现出补偿性。这是合同法平等、公平、等价有偿原则的具体体现。”“所以，我国《合同法》第 113 条明确规定，违约方给对方造成损失的，损失赔偿应相当于因违约所造成的损失。”[①]“违约金的数额与违约损失的数额应当大体一致，这是商品交换等价原则的要求在法律上的反映，是合同正义的内容之一，是合同法追求的理想之一。”[②]

二、二手房买卖合同纠纷僵局

（一）司法僵局

尽管前述标准的出台，看似有利于增强法律的可操作性，有利于平衡合同各方利益、维护合同公平正义，然而在审理二手房买卖合同纠纷过程中，依《合同法解释（二）》第二十九条之规定，在具体调整违约金金额时，似乎所有经办法官都难以避免陷入以下困境：

1. 是否主动审查违约金标准业已过高？

2. 是否主动向违约方释明其有权申请调低违约金比例？

3. 如果违约方提出调低违约金的申请，那么据何判断违约金额度是否确实超过造成损失的 30%？

4. 损失额度的举证责任怎么分配？

5. 如果依申请委托评估机构评估违约行为实施前后的房产价格差，在市场交易普遍采用阴阳合同避税的情况下，如何确定真实成交价？如

① 陈小君主编：《合同法学》，中国政法大学出版社 2002 年版，第 163 页。

② 韩世远：《合同法总论》，法律出版社 2008 年版，第 592 页。

何保证评估结果是在合理且合法的范畴内？

6. 如果评估机构无法出具评估结论怎么处理？

7. 如果违约方不能提交足以让法官对违约金约定公平性产生怀疑的初步证据，但依市场交易行情，确有超过损失30%的嫌疑，法官能否主动把举证责任分配给守约方？

8. 如果把举证责任分配给守约方，连违约方都不能提供的证据，守约方如何提供？

9. 在违约方要求调低违约金额度，但双方均无证据证明实际损失额度的情况下，如何裁判才能把二审改判的风险降到最低？

基于上述困境，在笔者通过多方了解业已知悉的各地、各级法院相关生效判决中，违约金调整尺度难见统一，甚至同一法院、同一审判庭作出的判决也多有不同。

（二）适法僵局

因上文所述之司法僵局很大程度上影响了交易规则的确定性和法律后果的可预见性，给二手房交易主体带来了额外的、不可预见的缔约和履约风险。更为重要的是，受《合同法解释（二）》第二十九条规范和调整的审判实践客观上弱化了合同违约金条款的功能，大幅降低了违约成本，往往使得守约方赢得了诉讼但赢不回损失。故此，越来越多的当事人在纠纷发生时，被迫放弃违约金规则的适用，转而选择主张“继续履行”的方式来实现权利救济。

然而，因“继续履行”规则受合同和标的性质的限制，在既有金钱债、又有人身债的复合型债务中，当出现标的物被查封，相对人不配合办理解除抵押登记手续、过户登记手续及“交楼”相关手续等情形时，“继续履行”规则的适用均将出现难以清除的障碍。故此，该规则是否应当广泛适用于二手房买卖合同纠纷领域，同样存在大量争议。

应当看到，为规范市场交易行为，不论是政府还是司法机关，均付出了大量的努力，频繁地以限购政策调整、出台会议纪要协调上下级法院审判规则等方式，试图通过提高交易门槛、引入“继续履行”裁判规则等途径，实现较为理想的调控效果。然而，似乎前述举措并未达到预期。以笔者所在的深圳地区为例，部分守约买方在签约前具备购房资格，在起诉“继续履行”的过程中，因新政调整丧失购房资格，陷入极为尴尬又典型的“二难境地”：如改诉违约金，则面临被判决调低违约金后不足弥补损失的风险；如坚持要求“继续履行”，则可能因主体不适格而无法实现目的。

三、理论依据重审及价值衡量

为摆脱前述“审判僵局”，有必要对《合同法解释（二)》第二十九条规定背后蕴含的理论依据和可能涉及的价值衡量问题，进行重新审视。

笔者认为，《合同法解释（二)》第二十九条在以下四方面值得被再行讨论：

（一）解释方法存疑

“法律之解释及适用，虽均属司法活动，但二者并非同意。”“在法律的解释过程中，如误为‘阐释’，即发生适用法规错误的问题。”[①] 可见，法解释系从宏观视野出发，重在发现法律；而法适用系从微观视野出发，重在演绎法律，二者不可混淆。

《合同法解释（二)》第二十九条因创造性地明确划定了“超过造成损失的百分之三十”这一难以放之四海而皆准的机械标准，故似有超越法解释以发现法律为宗旨而过渡到法适用之演绎层面的嫌疑，造成在个案审判活动中削足适履、缘木求鱼的局面。

（二）违约金的惩罚性功能被忽视

有较激进的国内学者认为，“由于50年代受苏联民法影响较大，多数学者认为违约金兼有惩罚性和赔偿性。事实上，惩罚性违约金有悖于

① 杨仁寿：《法学方法论》，中国政法大学出版社1999年版，第17～18页。

民法和合同法的补偿性原则”，并从债权人不得同时主张违约金和继续履行（或赔偿损失）、定金和违约金不得同时适用等制度出发，认定“随着国际贸易往来的日益发展，我国合同法确立了违约金的赔偿性”“只有这样，才能更好地适应国际交往的需要”。[①] 即便较为温和的国内法学理论和司法实践人士也普遍将违约金的性质理解为“以补偿（或称赔偿）为主，惩罚为辅的双重性质”。[②] 受前述思潮影响，《合同法解释（二）》第二十九条的出台，明显地更加强调违约金的补偿性功能，而大幅削弱了惩罚性功能。

然而，从我们国际贸易和交往的重要对象——英美国家的法律实践看，似乎并未一概排除惩罚性违约金的适用。“事实上，在司法裁决中并未发生打击与合同自由原则不相一致的罚金和没收条款的情况。”[③]

同时，必须看到，前述法律价值取向上的微妙变化，在面对错综复杂的具体个案，特别是剧烈波动的二手房买卖市场行情时，难以避免在审判实践中产生放大效应的风险，从而一定程度上背离法解释初衷。也就是说，法解释层面上对违约金惩罚性功能的削弱，有可能在审判实践中导致违约金的补偿性这一基本功能得不到保障。

（三）违约金制度与定金制度、损害赔偿制度协调关系受损

违约金与定金、损害赔偿作为债的一般担保形式，在制度设计层面理应相互协调、互为补充，不应有所偏废。特别是在定金担保额度受限、损害赔偿金额难以举证证明的情况下，违约金制度理应充分发挥其事前预防、额度较充分、操作简单方便的巨大先天优势。然而依《合同法解释（二）》第二十九条之规定，违约金赔偿额度在违约事由发生前

① 陈小君主编：《合同法学》，中国政法大学出版社 2002 年版，第 173 页。

② 魏振瀛：《民法》，北京大学出版社、高等教育出版社 2000 年版，第 450 页；彭万林主编：《民法学》，中国政法大学出版社 1999 年版，第 612 页；沈德咏主编：《最高人民法院关于合同法司法解释（二）理解与适用》，人民法院出版社 2009 年版，第 209 页。

③ P. S. 阿狄亚：《合同法导论》，赵旭东、何帅领、邓晓霞译，法律出版社 2002 年版，第 469 页。

已受到明显限制，在违约事由发生后又可能受到实际损失额度的牵制和调整，其与定金制度、损害赔偿制度在法律功能及法律效果上，日益趋于混同。违约金制度作为一项古老的、有特色的、有专门的适用领域和空间的法律制度，有被架空的风险，其与定金、损害赔偿制度的关系失调，存在基础岌岌可危。

（四）意思自治原则应在私法领域优先于公平原则

1. 没有意思自治就没有公平。“意思自治原则是对人的意志自由的尊重”，更是“对立法者认识能力之局限性的承认”。[①] 同作为合同法的基本原则，意思自治与公平均系授权司法机关进行创造性司法活动的行为准则。然而因公平界定标准千人千面，像霍金定义“时间”、维特根斯坦描述“不可言说的事物”一样，当公平作为民法乃至所有法律都不懈追求的终极价值出现，要实现具体的、动态的、精准的个案公平，首先需要保证平等、意思自治、诚实信用等合同法基本原则的实现。某种程度上，没有意思自治，就没有公平。换言之，在法律、行政法规允许的范围内，公平与否取决于作为自利人的当事人之判断，而非审判机关的价值取向。他人不应该也不可能代替自利人对公平与否作出判断。《民法通则》第四条，《合同法》第四条、第五条中，均将“自愿”置于“公平”之前，即是该判断的立法演绎。

2. 司法解释应当尊重当事人的表意能力。“人民法院应当以实际损失为基础，兼顾合同的履行情况、当事人的过错程度以及预期利益等综合因素，根据公平原则和诚实信用原则予以衡量，并作出裁决。”[②] 如果把前述内容看作《合同法解释（二）》第二十九条的出台背景，那么根据《合同法》可撤销合同的相关规则，该条款事实上已以追求公平之名，事先对合同当事人的意思表示作出了可能具有瑕疵的推定，客观上没有体现对意思自治原则的充分尊重。在所谓公平与意思自治两大原

---

① 彭万林主编：《民法学》，徐国栋撰稿，中国政法大学出版社1999年版，第61页。

② 沈德咏主编：《最高人民法院关于合同法司法解释（二）理解与适用》，人民法院出版社2009年版，第211~212页。

则发生冲突时舍后者保前者，很有可能南辕北辙、事倍功半。

四、实务应对策略

前述应然状态下的讨论，并不能解决实然状态下的实务困惑。如何在实践中切实发挥该条款预期的作用，指导、服务交易主体有效规避交易风险，有待进一步积极探索和研究。笔者在此提出一些不成熟的建议，以期“抛砖引玉”。

（一）违约金调整标准不宜“一刀切”

因个案情况各不相同，造成违约的原因也有主观客观之分，故此，审判机关理应在充分了解二手房交易市场大背景的前提下，查清事实，综合衡量违约方获利金额、守约方损失金额、交易成本和交易周期等因素，适当考虑违约金的惩罚作用，以期在司法层面鼓励诚信。

（二）举证责任分配应充分体现“优势证据原则”

在举证责任的分配层面，应综合考虑守约方遭受的直接损失、间接损失、信赖利益损失以及其他隐性损失，充分适用“优势证据原则”，判令无法提供证明力更强的反证的一方，承担证明不能的不利后果。

（三）合理议定违约金条款

交易主体在合同议定过程中，可考虑改变以往直接约定违约金数额或比例的交易习惯，变为更多地考虑罗列违约金的计算方式及其涵盖的项目和内容，力求纠纷发生时举证以及违约金计算上的便利、公允，必要时设定违约方放弃违约金调整请求权的条款，以维持合理的违约成本。

（四）合理议定违约金额度

交易主体在合同议定过程中，可视承受能力等实际情况，适当提高定金额度，以期在违约金金额被裁判调低后，仍能获得相对合理的经济补偿。

综上所述，笔者认为，《合同法解释（二）》第二十九条的正式施行，多年来已对二手房买卖合同领域的司法实践产生重大影响。忽略违约金的惩罚性、违约金与定金及损害赔偿制度的协调性，颠倒意思自治与公平两原则的价值位阶和先行后续关系，将造成表意瑕疵推定下的审判僵局。因此，有必要在实践中进一步积极探索，以期更好地发挥合同法在二手房交易活动中的指导作用。

（责任编辑：陈婷）

无独立请求权第三人制度研讨

欧明生*

无独立请求权第三人制度之所以能够引起学者们的持久关注，其原因无非来自两个方面：理论的困惑及实践的难题。理论的困惑源自于对其模糊的法律地位界定；实践的难题在于，“地方法院为了避免被人批评搞地方保护主义，司法实务中存在的大量判例都判决无独立请求权第三人承担民事责任。在反对地方保护主义的呼声很高的时期，司法实践中有关无独立请求权第三人又大量减少，以避免被批评搞地方保护主义。其结果，不仅没有发挥诉讼解决纠纷的机能，也没有实现诉讼经济的目的。”①

基于以上理由，对无独立请求权第三人制度进行全面的分析，为进一步的立法完善提供些许建设性的意见是有必要的。

一、我国立法对无独立请求权第三人制度的主要规定及其缺陷

（一）我国立法对无独立请求权第三人制度的主要规定

我国《民事诉讼法》第五十六条第二款规定，对当事人双方的诉

* 法学博士、绍兴文理学院法学院讲师，主要研究方向为民事诉讼法、司法制度。

① 常怡主编：《民事诉讼法学》，中国法制出版社2008年版，第161页。

讼标的，第三人虽然没有独立请求权，但案件处理结果同他有法律上的利害关系的，可以申请参加诉讼，或者由人民法院通知他参加诉讼。人民法院判决承担民事责任的第三人，有当事人的诉讼权利义务。这一条款规定了无独立请求权第三人的概念、地位及其参加诉讼的方式。根据该规定，所谓无独立请求权的第三人，是指对原、被告双方争议的诉讼标的虽然没有独立的请求权，但案件的处理结果同他有法律上的利害关系，因而参加到已经开始的诉讼中来，以维护自己利益的人。

无独立请求权的第三人参加诉讼后，形成了两个法律关系：一是本诉原告和被告之间的法律关系；二是无独立请求权的第三人和他所参加的一方当事人之间的法律关系。这两个法律关系在法律上有着一定的牵连关系，人民法院可以将他们合并在一个诉讼程序里加以解决。在这个诉讼程序里，由于无独立请求权的第三人与一方当事人有法律上的利害关系，如果该当事人胜诉，他就可能在法律上维护了自己的某种权利；如果该当事人败诉，他就可能在法律上负有某种义务。因此，他参加诉讼支持一方当事人的主张，反对另一方当事人的主张。但是，无论他参加原告一方，还是参加被告一方进行诉讼，他既不是原告，也不是被告，而是具有独立诉讼地位的一种诉讼参加人。他参加诉讼虽然维护一方当事人的主张，但在实质上是为了维护自己的民事权益。他与他所参加的一方当事人之间的关系，形式上利益一致，实质上又潜在着对立性。当他所支持的一方当事人胜诉时是统一的，败诉时往往又是对立的。①

（二）我国无独立请求权第三人制度在理论与实践中的困惑

由于《民事诉讼法》规定“人民法院判决承担民事责任的第三人，有当事人的诉讼权利义务”，学者往往基于此而对该制度提出责难；同时，此规定对无独立请求权第三人的法律地位表达较为含糊暧昧而导致

① 章武生：《我国无独立请求权第三人制度的改革与完善》，载《法学研究》2006年第3期。

在实践当中出现不少问题。

1. 无独立请求权第三人的法律地位含混不清。关于无独立请求权第三人是不是当事人，学术界尚有争议，其观点大致有三：（1）无独立请求权的第三人不是当事人。理由是：无独立请求权的第三人与案件争议的诉讼标的没有直接的利害关系，一般情况下，判决并不涉及他的权利义务。与案件处理结果有法律上的利害关系是无独立请求权第三人与诉讼标的的间接联系。（2）无独立请求权的第三人是当事人。其一，他是以自己的名义进行诉讼；其二，他与案件虽然无直接的利害关系，但是与案件的处理结果有法律上的利害关系；其三，他也受判决的拘束，因为第三人也有可能在一审判决中承担义务，既然要承担义务，从理论上当然也有可能享有判决中所确定的权利；其四，被判决承担民事责任的第三人享有上诉权，可启动第二审程序。（3）无独立请求权第三人是不确定的当事人，如果该无独立请求权的第三人在判决中承担义务，他就是当事人；如果不承担义务，就不是当事人。因此是不确定的当事人。[①] 在上述三种观点中，第三种观点已渐成学界主流。

但第三种观点也并不能完全摆脱被责难的命运：其一，在无独立请求权第三人参与诉讼时并不享有当事人的诉讼地位，而在其不享有当事人诉讼地位的前提之下判决其承担责任是缺乏理论正当性的。立法规定的无独立请求权第三人被判决承担责任之后方享有当事人的诉讼地位至少有“马后炮”之嫌疑。其二，如果认为无独立请求权第三人是当事人，就不能由法院通知不是本诉当事人的第三人参加诉讼，只能通过第三人或本诉的当事人提起诉讼。

2. 无独立请求权第三人申请或被通知进入诉讼，形成无诉之判。依照《民事诉讼法》的规定，无独立请求权第三人是通过申请或被人民法院通知的方式参与到原、被告之间的本诉。在无独立请求权第三人制度中，原告与被告之间已经有了一个法律关系，第三人与其中一方当事人（往往是被告）之间还存在另外一个法律关系，法院要审理这两

① 柴发邦主编：《中国民事诉讼法学》，中国人民公安大学出版社 1992 年版，第 261 页。

个法律关系。但是，无独立请求权第三人与本诉当事人之间的诉讼标的没有通过“诉”的方式表现出来，其不享有当事人的诉讼地位。“无独立请求权第三人虽与本诉当事人一样享有自己的诉讼权利，但是不能同被告一样享有管辖异议权，也不能与原告一样变更诉讼请求，也无权承认和放弃诉讼请求。”① 在这样缺乏应有的程序保障的前提条件之下，判决无独立请求权第三人承担责任是缺乏正当性的。判决无独立请求权第三人直接承担民事责任，却没有根据“诉”的原理和程序规则来进行，使无独立请求权第三人制度保障化为乌有。

可以发现，无独立请求权第三人法律地位的含混不清与无“诉”之判其实是同一个问题的两个方面，两者之间存在逻辑上的因果关系：无独立请求权第三人法律地位的含混不清是原因，无“诉”之判是结果。

3. 从滥用到几乎不用的司法实践。立法者设置无独立请求权第三人制度，其立法目的主要在于两个方面：一是实现诉讼经济，节约司法资源；二是便于案件事实的查明，以避免判决的相互矛盾。

无独立请求权第三人因与本诉的法律关系存在牵连，本诉的判决结果将直接或间接地影响到其利益，如果他所辅助的一方当事人败诉，最终的责任将很有可能要分配在他头上。因此，无独立请求权第三人参与到本诉的当事人之间以辅助一方，法院将对原、被告双方之间的法律关系以及无独立请求权第三人与他所辅助的一方当事人之间的法律关系同时审理，以达到一次诉讼彻底解决纠纷的目的。另外，当本诉当事人之间争议的法律事实是后诉的无独立请求权第三人与他所辅助的一方当事人之间法律关系的原因事实之时，两诉如果分开审理，将有可能导致审理结果不一致。

在立法设置无独立请求权第三人制度的伊始，由于对无独立请求权第三人缺乏应有的程序保障，司法实践中，人民法院对无独立请求权第三人的追加存在极大的随意性，进而沦落为地方保护主义的工具。为

① 常怡主编：《民事诉讼法学》，中国法制出版社2008年版，第158页。

此，《最高人民法院关于在经济审判工作中严格执行〈中华人民共和国民事诉讼法〉的若干规定》第九至十一条严格限制人民法院依职权追加无独立请求权第三人：受诉人民法院对与原、被告双方争议的诉讼标的无直接牵连和不负返还或赔偿义务的人，与原告或被告约定仲裁或约定管辖的案外人，或者专属管辖案件的一方当事人，不得作为无独立请求权的第三人通知其参加诉讼；在产品质量纠纷案件中，对原、被告间法律关系以外的人，有证据证明其已经提供了合同约定或符合法律规定的产品的，或者案件中的当事人未在规定的质量异议期内提出异议的，或者作为收货方已经认可该产品质量的，不得作为无独立请求权的第三人通知其参加诉讼；对于已经履行了义务，或者依法取得了一方当事人的财产，并支付了相应对价的原、被告之间法律关系以外的人，不得作为无独立请求权第三人通知其参加诉讼。然而，这样的规定使得实践从一个极端走向另一个极端，人民法院为防止被世人批评为搞地方保护主义，司法实践中有关无独立请求权第三人又大量减少，甚至沦为立法摆设。

二、对类似我国无独立请求权第三人制度的比较法考察

考察世界上其他国家或地区对类似我国无独立请求权第三人制度的立法规定，对于完善我国无独立请求权第三人制度大有裨益。

（一）德国辅助参加和诉讼告知

德国的第三人参加诉讼包括主参加、辅助参加和诉讼告知，其中主参加类似于我国的有独立请求权第三人制度。辅助参加是指，“在他人间已系属的诉讼中，因当事人一方的胜诉而有法律上的利益的人，可以为辅助该当事人而参加诉讼”。辅助参加分为简单的辅助参加和共同诉讼的辅助参加。简单的辅助参加是指在他人间已系属的诉讼中，因当事人一方的胜诉而有法律利益的人，可以作为辅助该当事人参加诉讼。共同诉讼的辅助参加是指按照民法的规定，主诉讼中所为的裁判对于辅助参加人与其对方的法律关系发生既判力时，辅助参加人视为当事人的共

同诉讼人，此时，辅助参加人作为主当事人的必要共同诉讼人，因此可以实施单独的诉讼行为。

“辅助参加人实施他人的诉讼，在该诉讼中受他支持的主当事人仍然是当事人，即使该当事人让他单独实施诉讼；他只是争讼辅助人，而不是共同诉讼人，并且不能自己变成当事人。因而他可以是证人，不能作为当事人接受询问；他不能被判给或剥夺任何东西，未经合法的起诉不能向他提出任何请求，也不应当判令他负担主诉的费用。”①

诉讼告知是指，“当事人认为，如诉讼结果对自己不利，自己可以对第三人提出担保或赔偿请求，或者第三人可以向自己提出请求时，即可在诉讼的判决确定前，将诉讼于审判上告知该第三人”。第三人在得到告知以后拒绝参加或不作表示时，当事人之间的本诉不受影响而继续进行。

（二）日本的共同诉讼参加、辅助参加、共同诉讼辅助参加和告知参加

在日本，类似于我国无独立请求权第三人制度的有共同诉讼参加、辅助参加、共同诉讼辅助参加和告知参加四种。

共同诉讼参加，是指“诉讼过程中，第三人作为原告或被告的共同诉讼人而参加诉讼的情况”。共同诉讼参加只限于参加后构成必要共同诉讼的情况。② 这种情况下，系属诉讼的诉讼对象只有在一方当事人与诉讼外第三人合一时才能确定，第三人作为共同诉讼人参加该诉讼，法院对该诉讼宣告判决时，无论参加人参加之时诉讼的进度，判决对共同诉讼参加人均产生效力。

辅助参加，是指他人间的诉讼进行过程中，对该诉讼的结果具有利害关系的第三人，辅助诉讼当事人的一方，为使诉讼得胜而维护自己的

① ［德］罗森贝克、施瓦布·戈特瓦尔德：《德国民事诉讼法》（上），李大雪译，中国法制出版社 2007 年版，第 325 页。

② ［日］三ケ月章：《日本民事诉讼法》，汪一凡译，台湾地区五南图书出版公司 1997 年版，第 267 页。

利益，因此而参加诉讼的现象。辅助参加人“与主要当事人不一样的是，辅助参加人非判决对象。由于其充其量系辅助当事人的第三人，故非当事人质询的对象，但可作为证人而对其质询”①。因此，日本的辅助参加人制度与上述德国的辅助参加人制度是一致的。

共同诉讼的辅助参加并非日本立法上的规定，而只是日本学者的一种理论学说。其理论渊源来自于德国立法的规定，认为在本诉的确定判决对辅助参加人和对方当事人的法律关系产生既判力的场合，该类辅助参加是共同诉讼的辅助参加，并承认该类辅助参加具有普通辅助参加所没有的独立性。日本有学者认为，之所以在德国立法上规定了共同诉讼的辅助参加而日本立法没有规定，是“由于德国民事诉讼法并不存在我国民事诉讼法中的第三人参加系属中诉讼而成为当事人的制度，而且所有类型的参加都被规定为辅助参加。为此，德国法对于此种情形就有必要作出特别的规定，从而产生了共同诉讼的辅助参加制度。我国《民事诉讼法》对于此种情形已有第52条的规定，即第三人可以作为必要的共同诉讼人参加诉讼，可以说这条规定已经足够应付这种情形，因而论述这种特殊类型的参加几乎无任何实益可言”②。

诉讼告知是指当事人将诉讼系属之事告知可参加诉讼的第三人。发生诉讼告知之后，被告知者并不必然地作为当事人参加诉讼，受告知的第三人可以依照参加的有关规定提出参加的申请，进而参与诉讼。“一旦发生诉讼告知，被告知者就处于一种知道发生涉及自身利益的诉讼，并在必要时可以参加诉讼实施维护自我权利诉讼行为的状态。于是对于因告知而形成的辅助参加关系的情形，当被告知者不参加时，诉讼法就视其在能够参加诉讼的时点已经参加诉讼，并依据46条规定使其承受

① ［日］三ケ月章：《日本民事诉讼法》，汪一凡译，台湾地区五南图书出版公司1997年版，第276页。

② ［日］中村英郎：《新民事诉讼法讲义》，陈刚、林剑锋、郭美松译，法律出版社2001年版，第98页。

判决的效力（判决的参加性效力）。”[①]

（三）我国台湾地区的辅助参加和诉讼告知

“诉讼参加者，谓就两造之诉讼有法律上利害关系之第三人，为辅助一造起见，于该诉讼系属中，参加其诉讼也。学者亦称之为辅助参加或从参加。”[②]

而所谓诉讼告知制度，依台湾地区学界通说，诉讼告知的性质，是将诉讼系属之事通知第三人的一种事实行为，而非要求第三人参加诉讼的请求行为，它是告知人的权利而非义务；诉讼告知的目的，一是促进第三人参加诉讼辅助告知人一方，二是致使第三人受到本诉判决结果的拘束。[③] 应当指出的是，“第三人受到本诉判决结果的拘束”是指第三人参加的效力。“判决之效力，原则上仅及于当事人及其继受人，然参加人既于诉讼中，得为其辅助之当事人为一切诉讼行为，则本诉讼之裁判，应使其对参加人发生某种效力，始符诉讼参加之本旨。本法规定为参加人对于其所辅助之当事人，不得主张本诉讼之裁判不当。换言之，参加人声明参加诉讼以后，不得以日后之他诉讼，主张本诉讼之裁判不当，即所谓参加的效力。”[④]

三、完善我国无独立请求权第三人制度的主要路径

通过考察上述几个典型国家和地区关于无独立请求权第三人制度的立法规定可以发现，它们总体而言是大同小异的。基本上都可以归结为两类：辅助参加人和诉讼告知。由于共同诉讼的辅助参加制度在我国与日本的情形相似，被纳入到必要共同诉讼制度的范畴。因此，笔者以

---

① ［日］中村英郎：《新民事诉讼法讲义》，陈刚、林剑锋、郭美松译，法律出版社 2001 年版，第 100 页。

② 陈计男：《民事诉讼法论》（上），台湾地区三民书局 1994 年版，第 129 页。

③ 罗飞云：《无独立请求权第三人制度：比较、借鉴与重构》，载《甘肃社会科学》2007 年第 5 期。

④ 陈计男：《民事诉讼法论》（上），台湾地区三民书局 1994 年版，第 139 页。

为，以辅助参加人和诉讼告知制度的思路对我国无独立请求权第三人制度进行立法完善是较为可行的。

（一）确立无独立请求权第三人的辅助参加人地位

由于辅助参加人既可以参与到当事人双方已经系属的本诉当中以维护自身的直接或间接利益（通过辅助一方当事人参与本诉讼的方式），又能够避免法院对自身责任的判决。倘若法院经过审理查明，最终的责任果真在于辅助参加人，此时只有通过另外的"诉"加以解决。

通过这样的方式，无独立请求权第三人的角色就真正地回落到了"辅助"的地位。[①] 从而既避免了法院有可能作出相互矛盾的判决，又保障了无独立请求权第三人的程序权利，化解了"无诉之判"的问题。

（二）确立主参加人的诉讼告知制度，取消法院的职权通知参加

大陆法系国家或地区辅助参加人的参诉方式主要有申请参加和诉讼告知两种，但无论如何都不是由法院依职权追加。

因此，辅助参加人进入诉讼以本人申请为原则，以本诉当事人的诉讼告知为补充，受诉讼告知人可再向新的案外人作诉讼告知。取消法院依职权通知参加的方式。

（三）确立无独立请求权第三人参加诉讼的效力

如果辅助参加人参加了本讼或视为参加了本诉，并且在本诉中获得了充分的程序参与机会，那么本诉判决对辅助参加人产生辅助参加的效力。以此规定督促辅助参加人参与当事人之间的诉讼。

（责任编辑：董勇）

① 有学者主张把我国的无独立请求权第三人制度分解为第三方被告和辅助参加人两种。笔者以为，在无独立请求权第三人分解为第三方被告的情况下，已经构成了诉的合并，第三方被告已不是真正意义上的无独立请求权第三人，因此笔者此处不作此划分。

专家法律意见书刍议

陈治民*

在万科股权大战正酣之际，万科与宝能、万科与华润混战之时，以法学界泰斗级人物江平老先生领衔的一众13位在中国法学界有影响的专家学者撰写的《万科公司股权争议论证会专家意见书》横空问世，一时间在证券界、舆论场吸引了全国老百姓的眼球。对这份出生突兀、立场完全偏向华润的专家法律意见书，贬骂之声不绝于耳，说那些个法学泰斗为了蝇头小利，丢失一世英名者有之；说偏听偏信，未做深入调查研究，轻率发表意见者有之；说利用自身影响力，占据优势话语权，企图误导监管当局，以打击对手者有之。此处唱罢，那边在广东高院的法庭上，广药和加多宝这对广为大众知晓的宿敌各自动员了史上最强阵容的知识产权专家，分别向法庭提交了观点完全对立的专家法律意见书，企图让己方占据法律高地并置对方于不利。

在此之前，如果说专家法律意见书还像一位隐居深闺，仅在诉讼程序中为法律人所知的话，那么在万科股权大战和广药、加多宝知识产权大战之后，专家法律意见书已被撩开面纱，成为了街头巷尾大众皆知的“丑妇”。

专家法律意见书到底是个什么东西？既然它在司法审判活动中被经常运用且出现频率有日趋上升之势，它的性质是什么？它的作用是什

* 广东晟典律师事务所律师、高级合伙人。

么？对它的使用应当遵循什么程序？既然存在巨大争议，它的命运是存还是废？应当如何对其进行规范？如此等等问题，我们认为有必要进行深入探讨。

一、专家法律意见书的前世今生

专家法律意见书在我国的司法审判活动中出现的时间并不太长，在《刑事诉讼法》《民事诉讼法》实施相当长的一段时间内，辩护人、诉讼代理人、当事人在刑事诉讼和民事诉讼中没有借助专家法律意见书来获得诉讼优势。从上世纪 80 年代末开始，尤其是近些年来，随着中国律师业的快速发展以及律师制度逐渐与国际接轨，专家法律意见书在诉讼中的出现频率才不断增多，法律实务界和法学理论界对专家法律意见书的研究也才逐步深入。我国诉讼中的专家法律意见书是否脱胎于美国诉讼中的“法庭之友”，对此也认识不一。不过，比较一致的观点是，在美国诉讼中已广泛使用并且规则完善的“法庭之友”制度中的一些做法值得我们好好研究和吸纳。

（一）什么是“法庭之友”

“法庭之友”发端于古罗马法，发展于英国普通法，而后被移植到美国法中并得以繁荣，成为美国的一项重要司法制度。该制度的核心内容是指法院在审理案件的过程中，允许当事人以外的个人或组织利用自己的专门知识，就与案件有关的事实或法律问题进行论证并作出书面论证意见书，即“法庭之友陈述”，向法官提供尚未知悉的证据事实及与法律问题有关的信息，以帮助法院作出公正的裁决。①

美国司法史上第一例引入“法庭之友”制度的案件是发生于 1823 年的 Green v. Biddle 案，而自 1854 年的 Florida v. Georgia 一案后，美国政府开始作为“法庭之友”出现在诉讼中。由政府担任“法庭之友”的角色是该制度最常见的表现形式，其主要目的是维护社会公众的利

---

① “法庭之友”相关内容，参见吴如巧：《“法庭之友”制度及其借鉴》，载《河北法学》2009 年第 2 期。

益。随着“法庭之友”制度的发展，由个人、社会组织或者利益集团以“法庭之友”的身份进入诉讼的做法也逐渐受到司法实践的认同。20世纪中后期以来，在美国的司法审判中，绝大多数案件中有“法庭之友”的介入；在美国联邦最高法院受理的案件中，有一年收到“法庭之友”陈述的案件比例高达95%。由此可见，该项制度在司法审判中运用非常频繁。在美国，“法庭之友”制度并非由立法机关所确立，而是由联邦最高法院颁布规则得以形成。

1.“法庭之友”的主要内容。在美国联邦上诉法院和最高法院，作为“法庭之友”介入诉讼的主体一类是联邦或州政府，另一类是个人、社会组织或者利益集团。在当今，“法庭之友”主要是由各种利益集团充当。利益集团作为“法庭之友”主要有两种情形：一是中立的“法庭之友”。中立的“法庭之友”与案件的处理结果没有任何利益关系，其参与诉讼的目的是从公众利益出发，提供不为法院知晓的案件事实或者专门性知识，以帮助法院作出公正的裁决。中立的“法庭之友”一般由从事法律事务的专业人士担当。二是与案件有利益关系的“法庭之友”。这些利益集团作为“法庭之友”的最终目的是提供有关信息，帮助法院正确裁判案件，但其立场是支持一方当事人的主张。虽然法院的判决并不一定直接影响利益集团的利益，但利益集团介入诉讼却受一定的利益驱使。

“法庭之友”制度设立的初衷是通过“法庭之友”所提供的信息以帮助法庭作出公正的裁决。基于这个目的，早期的司法实践对“法庭之友”提出了中立性的要求。只有保持中立，“法庭之友”才能毫不偏颇地作出判断，也才能更加有效地保证法庭所作裁决的公正性。但随着“法庭之友”的演变以及众多利益集团纷纷以“法庭之友”的面目出现在法庭之上，“法庭之友”已经从“法院的朋友”转变成了“当事人的朋友”，其中立性已难觅踪影。

2.“法庭之友陈述”的提交程序。“法庭之友”向法庭提交陈述书的方式主要有三种：一是“法庭之友”应法庭的要求而被动提交；二是“法庭之友”对某些案件感兴趣而主动提交；三是“法庭之友”应当事人的邀请，为支持当事人的利益而提交，这种“法庭之友陈述”是目前最常见、运用最多的一种陈述类型。

“法庭之友”向法庭提交陈述书时，如果利益集团是基于法庭的邀请而以“法庭之友”身份向法庭提交陈述书参与诉讼，则不需要征得一方或者双方当事人的同意；如果联邦政府或者州政府基于公共利益的需要以“法庭之友”身份参与诉讼的，无须征得任何一方当事人同意即可向法庭提交“法庭之友陈述”；如果利益集团的代表希望以“法庭之友”身份参与诉讼而被当事人一方或双方拒绝的，他们可以向法院提出申请，由法院决定是否允许他们参与诉讼。

3. “法庭之友”的规则。美国“法庭之友”规则并非由国会制定，而是由美国联邦最高法院颁布。按照该规则，“法庭之友陈述”的内容和形式要符合一定的形式要求，并且要在规定的时间内提交。法庭接受“法庭之友陈述”要兼顾司法公开原则和司法效益原则。上世纪 90 年代，美国联邦最高法院对“法庭之友陈述”规则作了两次修改：一次修改内容是规定“法庭之友”不得重复提交和与案件无关的“法庭之友陈述”；另一次修改内容是规定在提交的“法庭之友陈述”书状中，必须揭示作为“法庭之友”的个人或组织与案件当事人之间的关系，明确要求每一份“法庭之友陈述”书状都必须在正文第一页的第一个注释中标明该书状的全部或者部分是否为当事人的律师所撰写。

（二）我国诉讼中的专家法律意见书的缘起及现状

专家法律意见书的产生，与诉讼制度的建立相一致，没有诉讼制度的建立，就没有专家法律意见书赖以存活的土壤；专家法律意见书的兴起，则是在诉讼制度建立之后，伴随着律师业的蓬勃发展而发展。律师业的发展速度取决于经济的发达程度，我国东南沿海省份是中国经济最发达的省份，同时，也是中国律师业发展最快的省份。从这个角度来看，经济发达的程度高低也决定了在三大诉讼中专家法律意见书出现的频率高低。按照经济和诉讼两个指标来考察专家法律意见书在我国诉讼中的发展历程，可以将之分为如下阶段：

1. 专家法律意见书的萌芽阶段（上世纪80年代初至90年代中期）。1979年7月，《刑事诉讼法》颁布施行；1982年1月，《律师暂行条例》（已失效）施行；1982年10月，《民事诉讼法（试行）》施行；1990年10月，《行政诉讼法》施行。随着《刑事诉讼法》的率先颁布实施以及律师制度的建立，刑事辩护在刑事审判中开始发挥一定作用。随着上世纪80年代初和90年代初《民事诉讼法》和《行政诉讼法》的先后颁布实施，我国刑事、民事、行政三大诉讼法齐备，三大诉讼制度为律师业的发展提供了广阔的空间。但整体来讲，在这个阶段，律师除在刑事辩护中发挥了有限作用之外，在民事诉讼和行政诉讼领域发挥的作用不大，也不太被司法体系重视。最主要的原因有三：一是中国的法制建设处于初创阶段，法律人才奇缺，律师队伍缓慢成长；二是这个时期的律师被定位为国家的法律工作者，与检察院、法院两家同为体制内人士，律师的辩护权受到体制的较大限制；三是改革开放处于初期，经济发展处于低水平，经济活跃度不够，律师代理的民商事法律事务较为简单，绝大部分律师和律师事务所以刑事辩护为主要业务。

在这一阶段，律师业务和当事人对专家法律意见书的需求度不高，进行辩护业务和代理业务的律师还未感知到专家法律意见书的作用。在这一阶段，专家法律意见书已经在刑事诉讼领域出现，有据可查的专家法律意见书是上世纪80年代末浙江的戴晓忠投机倒把案。在该案中，法大律师事务所的辩护律师在庭审前组织著名刑事、民事专家召开讨论会，形成专家意见，由辩护律师将该专家意见提交给了法庭，法庭判决戴晓忠无罪。这次专家论证研讨意见虽非真正意义上的专家法律意见，但应是中国司法史上第一份专家法律意见书的雏形。因此，戴晓忠案专家论证意见在专家法律意见书发展历程中具有里程碑的意义。

2. 专家法律意见书的发展阶段（上世纪90年代中期至2005年左右）。1996年3月，《刑事诉讼法》进行了第一次修改，律师在刑事诉讼中的法定活动比修改前大大提前，即律师的辩护活动从之前规定的检察院向法院起诉才能介入到修改后的《刑事诉讼法》规定犯罪嫌疑人第一次被侦查机关讯问后就可介入。《刑事诉讼法》的修改，大大丰富了律师的辩护活动，这为辩护律师借助专家法律意见书来办理重大刑事案件提供了客观需求。1994 年初，深圳率先进行律师体制改革，律师事务所由国办改制为合伙制，律师由国家干部身份变为依法执业的专业人士。深圳律师体制改革的试点成功极大地推动了全国律师体制改革，自此，全国尤其是发达地区合伙制律师事务所如雨后春笋般兴起，律师队伍不断壮大。与此同时，中国改革开放不断深入，经济腾飞。伴随经济的发展和社会转型，社会矛盾和经济纠纷日趋复杂。利益诉求和社会矛盾反映到司法活动中，就是当事人对诉求利益的期望值越来越高，对支撑诉求的律师群体的服务水平要求越来越高。在刑事、民事和行政诉讼等重大利益冲突解决过程中，专家法律意见书在三大诉讼中全面呈现。这一阶段，比较有代表性的专家法律意见书有如下几份：2001 年辽宁省高级人民法院审理刘涌涉黑案件中，该案辩护律师组织北京的著名刑法、刑事诉讼法、法医学专家召开专家论证会并出具专家法律意见书，专家的法律意见一定程度上导致刘涌二审判决由死刑立即执行改为死刑缓期两年执行；2006 年 7 月，江平、王利明等国内著名法学教授出具法律专家论证意见书，论证并认定湖北天发集团的性质不属于国有独资企业，而属于民营企业，帮助天发集团在荆州市工商局进行了工商登记变更；① 2007 年 4 月，应松年、马怀德、杨立新教授应张海的代理律师的邀请出具《健力宝公司前总裁张海与三水区工商局股权变更登记行政诉讼案专家论证意见》。该专家意见书直指健力宝前总裁张海状告三水工商局案中三水工商局登记程序违法，但最终法院判决张海败诉。②

3. 专家法律意见书的勃兴阶段（最近 10 多年）。最近 10 多年，国家层面发生的几件大事是专家法律意见书蓬勃发展的直接推动因素。2004 年 3 月，全国人大修改《宪法》，明确规定“国家尊重和保障人权”。将人权概念载入国家的根本大法——《宪法》，是一件惊天动地的大事；2007 年 3 月，全国人大通过《物权法》，对公民的私有财产所

---

① 参见《中国经济时报》2011 年 10 月 31 日。

② 参见《第一财经日报》2007 年 4 月 30 日。

有权与公共财产所有权进行平等的法律保护。《物权法》的颁布实施，是对公民私有财产权保护意识的一次唤醒。除此之外，一大批诸如《侵权责任法》等民商事法律颁布实施，促使公民、法人的人身权利、财产权利保护意识在近十年得到了前所未有的提高。与此同时，中国的经济发展突飞猛进，2010 年中国 GDP 总量超过日本，成为仅次于美国的世界第二大经济体。中国律师业与国家经济和社会的高速发展齐头并进，律师队伍的服务水平、律师业务的深度和广度都得到了实质提升。公民、法人的维权意识强烈提升，客观上推动了作为维权专业队伍主力军的律师队伍对专家法律意见书更加强烈的需求。这个阶段，专家法律意见书在三大诉讼程序全面得到运用，在同一诉讼中，对立双方各自提交专家法律意见书形成对垒之势的也不罕见。比较典型的案例是 2013 年 5 月广东省高级人民法院审理的广州制药王老吉品牌对加多宝集团加多宝品牌广告语侵权二审案件。在二审庭审中，广药和加多宝的代理人分别向法庭提交了由全国著名知识产权学者和实务专家撰写的专家法律意见书。该案虽然以加多宝败诉告终，但该案对垒的双方动员的专家阵容将专家法律意见书的运用推高到了登峰造极的地步。[①]

（三）“法庭之友”与专家法律意见书比较分析

“法庭之友”制度从欧洲传入美国并被美国司法制度吸收运用已将近 200 年，经过不断发展和变革，已演变成成熟的制度，并成为美国司法制度的一部分。中国诉讼中的专家法律意见书活动是随着我国司法制度的建立和改革开放的进程而自发产生的，从第一份有记载的专家法律意见书雏形到今天也不过 20 多年。对二者进行比较，不难找出他们的异同。

二者的相同之处表现为，“法庭之友”通过向法庭提交“法庭之友陈述”，希望影响到法庭的判决结果，即希望法庭作出对一方有利的裁判或者作出对公众有利的裁判；专家法律意见书的撰写者通过当事人、

---

① 《广药加多宝高院再对垒，双方各提交法律专家意见书》，载《广州日报》2013 年 5 月 9 日。

代理人向法庭提交意见书，希望法庭作出有利于委托人的裁判。

二者的不同之处在于：第一，从规则上来考量。“法庭之友”已经形成规则完善的制度，该项规则由联邦最高法院制定，“法庭之友”参与者必须按照制度履行职责；专家法律意见书活动到目前为止仍然是一项自发性的活动，目前尚无任何规则对专家出具法律意见书进行规定。第二，从参与主体上来考量。“法庭之友”的参与者既可以是个人、团体，也可以是政府；专家法律意见书的参与者基本是个人。第三，从参与主体的意识意志来考量。“法庭之友”的参与者既可以不受任何一方聘请主动参与诉讼提供意见，也可以受一方聘请提供意见，甚至有时是由法庭聘请来参与诉讼提供意见；专家法律意见书的参与者目前都是受一方聘请出具法律意见。第四，从参与主体的目的性来考量。“法庭之友”的参与主体提供意见的目的既可以是为一方当事人利益，也可以是为社会公众的利益；专家法律意见书的参与者单纯是为委托方的利益。第五，从参与主体是否获得利益来考量。“法庭之友”的参与主体既有利益因素，也有非利益因素；专家法律意见书的参与者大多会以劳务费的名义获得报酬。

二、专家法律意见书的性质

专家法律意见书最先出现在刑事诉讼中，而后在三大诉讼中都有频繁出现，近些年出现的频率越来越高。迄今为止，该项法律活动尚无任何机构和权威文件对其进行性质界定，故在司法实务界和法学界目前仍是见仁见智，莫衷一是。只有对诉讼中的专家法律意见书的性质进行了明确界定，才能正确对待专家法律意见书，并且发挥其在诉讼中应有的积极作用。

关于专家法律意见书的性质，比较一致的意见大致是：

（一）专家法律意见书不是证人证言

按照三大诉讼法的规定，证人必须亲历案件客观事实，能够还原案件事实真相；而出具法律专家意见书的专家并不在案发的第一现场，也不是亲历案件事实的人，其不具备作为证人的要件。同时，证人要出庭作证，并接受质证，还要承担相应的法律责任；出具专家法律意见书的专家，既不出庭作证，也不接受质询，更不承担任何法律责任。因此，专家法律意见书不是证人证言。

（二）专家法律意见书不是鉴定结论

在民事诉讼中，鉴定结论是受当事人委托或法院指定的鉴定部门或鉴定人，就案件事实中的专门性问题，运用专门知识和技能所作出的分析和鉴别结论。在刑事诉讼中，为了查明案情，需要解决案件中某些专门性问题的时候，应当指派、聘请有专门知识的人进行鉴定。在诉讼中，司法机关对一些专业性、技术性很强的问题，往往会委托具有鉴定资格的专业人员进行鉴定，其鉴定结论在没有相反证据推翻的情形下，可作为定案的依据。比如在 2016 年 5 月发生在北京昌平的雷洋案件，北京市人民检察院第四分院委托北京明正司法鉴定中心对雷洋尸体进行解剖鉴定，以查明雷洋的死因。该司法鉴定中心出具的并由鉴定人签名的鉴定意见就是《刑事诉讼法》规定的鉴定结论。显然，专家法律意见书不是对专门的技术问题出具的意见，而是对法律适用问题出具的意见，故专家法律意见书不是鉴定结论。

（三）专家法律意见不是专家证人意见

《民事诉讼法》第七十九条规定：当事人可以申请人民法院通知有专门知识的人出庭，就鉴定人作出的鉴定意见或者专业问题提出意见。《刑事诉讼法》第一百九十二条第二款规定：公诉人、当事人和辩护人、诉讼代理人可以申请法庭通知有专门知识的人出庭，就鉴定人作出的鉴定意见提出意见。《最高人民法院关于民事诉讼证据的若干规定》第六十一条规定："当事人可以向人民法院申请由一至二名具有专门知识的人员出庭就案件的专门性问题进行说明……审判人员和当事人可以对出庭的具有专门知识的人员进行询问。经人民法院准许，可以由当事人各自申请的具有专门知识的人员就有关案件中的问题进行对质……"

以上法律和司法解释规定的有专门知识的人员是专家证人，他们运用自身的专门知识，主要针对鉴定结论提出意见；专家证人之间还可就专门问题进行对质。从法律和司法解释的规定来看，专家证人的地位相当于证人，专家证人的意见属于证据范畴。

专家法律意见书的出具者仅为法律专家，并不是法律规定或者司法解释规定的具有专门知识的人员，他们也不出庭就专门问题进行对质。因此，专家法律意见也不是专家证人意见。二者有本质的差别。

（四）专家法律意见不是律师的代理意见或者辩护意见

三大诉讼法对律师代理或者辩护履行职责有明确的规定，《律师法》对律师依法履行职责有更加明确具体的要求，律师在法庭上发表辩护意见或者代理意见以及向法庭提交辩护词或者代理词，法庭应当认真听取并且要保障律师的辩护权或者代理权。专家出具的法律意见书法庭可以接受，也可以不接受；专家在三大诉讼中也没有任何诉讼地位，更加不存在权利保护问题。因此，专家法律意见不同于律师发表的代理意见或者辩护意见。

按照三大诉讼法，证人证言、鉴定结论是证据的重要组成部分，专家证人的意见虽然不能归类于证据种类，但由于诉讼法对其资格、程序、运用进行了明确规定，且赋予了其对质义务，其功能相当于证据。专家法律意见书在诉讼中虽频繁出现，但因缺少法律依据，不能将其归类为证据或者类似证据范围。

专家法律意见书既然不属于证据范畴，提供法律意见的专家也不是诉讼中的法定参与主体，那么，专家法律意见书到底是一个什么性质的文书呢？

有一种观点认为，专家法律意见书的性质属于学理解释。学理解释是学者对于法律文本从理论上进行的解释。学理解释是并无法律拘束力的解释，它不同于具有法律拘束力的法律解释。法律解释是作为法律适用环节之一的有效解释。虽学理解释属于无权解释，但学理解释对立法解释和法律解释具有参考和辅助作用，法官解释法律时常常参考学理解释的结论。法律解释的主体主要是具体裁判个案的法官。因此，法官对个案进行的法律解释是有权解释，是具有法律拘束力的解释。因法律专家对具体的个案不享有裁判权，故进行的解释当属于无权解释，为学理解释。法律专家意见书对法官进行个案的法律解释有着举足轻重的作用。①

我不赞同专家法律意见书属于学理解释。所谓学理解释，是指教学科研单位或学者、专家、法律工作者等非官方主体对法律规范所作的阐明与解释。相对于立法解释和司法解释两种有权解释，学理解释因缺乏法律上的授权，故不具有法律的约束力，因此又称无权解释。学理解释的解释对象是法律规范，专家法律意见书的内容并不仅仅针对法律规范进行解释，它主要是针对案件的事实认定、证据甄别、法律适用进行论证并得出结论，其范围远远超出对法律规范解释的范围。因此，把专家法律意见书归类为学理解释的观点不全面。我认为，在法律、法规未对专家法律意见书进行规范之前，把专家法律意见书归类为法律专家咨询意见比较符合该项活动的本质特征。

三、专家法律意见书利弊分析

专家法律意见书从出世到今天，在法律层面既无名分，也无规则，它长期以来在三大诉讼中野蛮生长，社会各界尤其是司法审判实务部门对其作用褒贬不一，肯定者有之，贬损者更多。

（一）对专家法律意见书持否定意见

否定专家法律意见书积极作用的理由是：

1. 专家法律意见书没有证据效力。从我国现行三部诉讼法的规定来看，所谓的专家法律意见书既不是书证、证人证言，也不是鉴定结论，它不能作为证据在诉讼中使用，不具有任何证据效力。另外，专家法律意见书也不同于律师的代理词或辩护词，它只不过是法律专家或学

① 庞景玉：《为法律专家意见书把脉》，载南阳市中级法院网，访问时间：2012 年 5 月 10 日。

者对案件如何处理（包括案件事实的认定和法律适用问题）提出的一种学理意见或者专业咨询意见，因而它对案件的审理仅具有一种参考作用，并不具有法律上的约束力。

2. 专家未做深入调查，就轻易出具法律意见，其结论值得怀疑。委托人提供给专家的法律资料和信息很可能是不全面的，委托人可能只提供了有利于自己的资料和信息。专家们没有参与庭审，没有经历法庭辩论，没有听取各方当事人对证据的真实性、合法性、关联性进行的法庭质证和辩论，他们作出法律意见所依据的资料从一开始就可能是不真实、不客观、无关联的。如果是在庭审前就出具法律意见，那么这样的法律意见的可信度就更加低下。

3. 专家收取报酬，唯钱是图，所出意见不中立、不公正。法官不能和一方当事人有任何的利益交易，但是出具法律意见的专家们可以公开收受当事人的钱财、接受当事人的宴请和由当事人提供的各种好处。这使得专家的意见可能不是以追求公正为第一目的，而是站在委托方的利益和立场来说话，是一方出钱，另一方兜售自己的法律观点，以帮助一方当事人胜诉为第一目的。可以肯定的是，如果法学专家出具的法律意见书不利于委托人，这样的法律意见书不可能被提交到法庭。由于其与一方当事人是委托人与受托人的关系，就算是根据法律和良心而出具的意见，亦难以给人以一种客观、中立、公正的感觉。

4. 专家法律意见书有挟名影响裁判，挟情影响裁判，干预司法的嫌疑。作为知名的大学教授，作为言行举止能够产生社会影响的公众人物，专家们应当慎重对待自己的身份和言论，要认识到自己在法治建设中的重要领军人物地位，如果基于利益，受人之托就轻易出具法律意见，就可能无意中干扰了司法机关依法独立行使职权。另外，主持司法审判的法官、检察官有可能就是知名教授的昔日学生，老师出具法律意见，学生该如何面对。如果这样的专家意见客观上对法庭判决产生了影响，则有干预司法之嫌。

5. 专家法律意见书有违程序正义。专家法律意见书由一方当事人委托的专家独自完成，既不在法庭上出示，亦不向对方当事人公开，使得对方当事人无法对该意见书的见解进行辩论。更为重要的是，该意见书一定是有利于当事人本身的，在法官或者检察官阅读后，可能会产生有利于一方当事人的倾向，不利于对方当事人，并会让对方当事人失去平等行使诉讼权利的机会，严重违背了程序公正。

(二) 对专家法律意见书持肯定态度

针对上述反对的声音，司法实务界和法学界也提出了不同意见，对目前诉讼程序中出现的专家法律意见书表示支持：

1. 禁止诉讼中使用专家法律意见书于法无据。当事人向法庭提交的专家法律意见书虽然不属于证据范畴，没有任何的证明效力，但“法无明文禁止即可为”，当事人对专家法律意见书有需求，法律专家愿意为之，司法审判有所吸收，如浙江省高级人民法院研究室在2003年曾就“专家法律意见书对审判工作的影响”作过一次专题调研。调研结果显示，在收集到的21份专家法律意见书中，被法院最终采纳的专家意见不到20%。[①] 虽采纳率不算高，但倘若个案中未采纳法律专家的意见，恐怕酿成“冤假错案”在所难免，对个案来说就是100%的错案。

2. 专家法律意见书作为一种法院被动接受的咨询意见，可以降低法官的误判机率。法律专家是基于业务素质的精深才得以成为学术权威，代表该领域的顶尖水平。而我国法官尤其是基层法官的业务水平不尽如人意，专家水平要明显高过法官水平。因此，由法律专家向法院出具意见书，能够帮助法官理清思路，作出更接近真理的判决。对法律专家意见书的参考和鉴别，有利于法官更严密地论证其判决的正确性，有助于提高法院的办案质量。法律专家参与诉讼可以在一定程度上降低法官作出错误判决的机率，同时亦可以提高法官的素质。不可否认，法律专家参与诉讼确实可以发挥积极的作用，其在司法实践中所扮演的角色也不可替代。

3. 专家法律意见书无损审判独立。在社会快速发展的背景下，立

① 浙江省高级人民法院研究室：《专家法律意见书对审判工作的影响》，载《法律适用》2003年第10期。

法滞后于社会生活，滞后于司法审判，为法律专家进行法律解释留出了空间。而法律专家对法律进行分析和解释，是法学理论研究的重要目标，也是主要功能之一。这种学理解释不具有当然的法律效力，是一种无权解释，从而无损审判的独立。专家法律意见书作为一种学理解释，作为一种来自庭外的专业咨询意见，对于审判的法官来说，其对专家法律意见书采取的是“拿来主义”，吸收其精华。因此，何谈法律专家意见书妨碍审判独立。专家法律意见书对法院独立行使审判权有利无害。

4. 专家法律意见书有助于司法公正。司法必须以其决定过程和结果的公正、合理性来说服涉案人员以及社会公众，从而获得人民对司法的信赖——“正义根植于信赖”，这是司法理性权威的最终来源。法律专家意见书对症下药，解答法官审理案件时所遇到的疑难问题，帮助法官正确适用法律，及时迅速地解决纠纷，无疑有助于法官作出公正判决。法律专家出具法律意见书的过程是参与司法民主的过程。因此，从这个角度来看，亦应当支持专家法律意见书的存在。

（三）我们对专家法律意见书的态度

既然至今没有司法机构为专家法律意见书发放“出生证”，短时期内也不会有立法对专家法律意见书进行规范，因此，对专家法律意见书的正反意见、存废之争还会继续存在。浙江省高级人民法院研究室的调研报告对专家意见书开出的药方是：专家应将自己对案件事实和法律适用的意见纳入一方当事人的代理或辩护词，在诉讼中接受对方当事人质证、辩驳。[①] 对此，我们认为，专家法律意见书在司法裁判中的积极作用毋庸置疑，关键在于立法机关、司法机关以立法或者规则的方式对专家法律意见书进行规范，扬长避短，更好地发挥专家法律意见书在司法审判中的积极作用。

---

① 浙江省高级人民法院研究室：《专家法律意见书对审判工作的影响》，载《法律适用》2003 年第 10 期。

四、专家法律意见书的规范

多年来，司法实务界和学术界之所以对专家法律意见书褒贬不一、争议不断，主要原因是没有规则。“法庭之友”之所以在美国法院审理案件中发挥重要作用，就是因为其在历史长河中已形成一整套完整程序；同时，它已被美国最高法院的成文规则予以明确规定。我国诉讼引入“法庭之友”制度虽然不太现实，但“法庭之友”制度的一整套合理规则对完善我国诉讼中已经存在多时的专家法律意见书还是有借鉴意义的。我国诉讼中既然没有禁止使用专家法律意见书，而且专家法律意见书在三大诉讼中的使用频率又有不断上升的趋势，那么，对专家法律意见书进行规范以发挥其正面积极作用就非常必要。

（一）对专家法律意见书内容的规范

法律专家不参加调查取证，不参加案件庭前质证和庭审活动，其获取案件事实只有两个途径：如果专家法律意见书是在案件庭审前形成，则法律专家的案件事实来源于案件代理人或者当事人；如果专家法律意见书形成于庭审之后，则法律专家的案件事实来源于法庭查证的事实。鉴于法律专家获取案件事实的局限性，应当规定法律专家不能对案件事实发表意见，但其应在专家法律意见书的篇首章节明确罗列出法律意见书所依据的案件事实来源和目录，此其一。其二，规定法律专家只能就现有事实如何适用法律、适用何种法律以及适用法律产生的结论发表意见。

（二）对专家法律意见书形式的规范

专家法律意见书可以是论证会纪要式，即该意见书客观记载每一位专家发表的法律意见，专家签名仅表明其对自己发表的意见负责，不表明其赞同其他专家的意见。

专家法律意见书也可以采用统一意见式，即该意见书不记载各专家意见，只记载专家共同统一意见，专家签名表明其对整个法律意见书赞同并负责。

（三）对专家法律意见书程序的规范

在刑事诉讼中，应当允许被告人有权单方面向法庭提交专家法律意见书；在行政诉讼中，应当允许原告有权单方面向法庭提交专家法律意见书；但在民事诉讼中，除对立的双方当事人都向法庭提交专家法律意见书之外，如果仅有一方当事人向法庭提交专家法律意见书，法庭应当征询另一方当事人的意见；如果另一方当事人不同意法庭接受对方当事人提交的专家法律意见书，法庭应当拒绝接受，以免造成当事人在诉讼程序中的不公平。在法庭拒绝接受当事人专家法律意见书的同时，法庭应告知当事人的代理人可将专家法律意见融入其代理意见之中。

专家法律意见书的提交时间应当规定在开庭前或者庭审后一定时间之内，超过规定时间的意见书法庭可以拒绝接受。

专家法律意见书应当向对方当事人公开，双方当事人可以就专家法律意见书中的观点发表意见。

（四）对专家法律意见书主体的规范

专家法律意见书的签字人必须是个人，不能是法人、团体或者组织。“法庭之友”可以以个人、团体、法人名义出现，我国诉讼中只能以个人名义出现。

出具法律意见书的专家应当具有的一定的资格，即至少应当具备副高级以上的专业职称，并且没有道德品行和法律上的瑕疵。

专家法律意见书的提交人可以是专家本人，也可以是当事人或者当事人的代理人。

（五）对专家法律意见书范围的规范

在民事诉讼和行政诉讼中，当事人可以在开庭前和开庭后一段时间内向法庭提交专家法律意见书。在刑事诉讼过程中，犯罪嫌疑人、被告人及其辩护人在侦查阶段、起诉阶段和审判阶段都可以向侦查机关、公诉机关和审判机关提交专家法律意见书。在民商事仲裁程序和劳动争议仲裁程序中，应当允许当事人向仲裁庭提交专家法律意见书。

（六）对重大公益诉讼和涉及公众利益的重大集团诉讼中的专家法律意见书的规范

“法庭之友”制度之中，对于涉及重大公共利益的诉讼案件，“法庭之友”可以主动介入诉讼并向法院提交“法庭之友陈述”，利害关系当事人无权请求法院拒绝接受这类陈述。我国《民事诉讼法》已引入公益诉讼制度，相关法律专家针对公益诉讼主动提交专家法律意见书或者专家受公益团体委托出具专家法律意见书，法院可借鉴“法庭之友”做法，不理睬利害关系当事人的意见直接接受专家法律意见书。当然，公益专家法律意见书也应公开并接受另一方当事人的质询。

（七）对专家法律意见书如何规范，由谁规范

我们建议在立法规范之前，可以借鉴美国“法庭之友”的做法，由最高人民法院进行规范。从过去20多年专家法律意见书出具的实践来看，专家法律意见书基本出现在诉讼领域，建议由最高人民法院以司法文件的形式对专家法律意见书进行规范。

黑格尔在《法哲学原理》的序中说：“凡是合乎理性的东西都是现实的；凡是现实的东西都是合乎理性的。”专家法律意见书在我国诉讼中已经存在并广泛使用20多年，其现实性、必要性、积极性、合理性都无须怀疑。我们建议，最高人民法院可借鉴美国最高法院对“法庭之友”制度进行规范的做法，尽快制定专家法律意见书的系列规则。当这些规则适用成功之后，将来可考虑上升到立法当中，分别在三大诉讼法中对专家法律意见书进行立法规范。

（责任编辑：代晴）

家事案件中法官的诉讼释明制度研究

李 龙*

一、法官释明权的基本理论

（一）法官释明权概述

法官释明权作为一项制度，在我国民法上并无明文规定。随着实践的不断发展，我国的民事诉讼模式逐渐由职权主义向当事人主义倾斜，但就目前来讲，职权主义诉讼模式在我国的民事诉讼实践中仍有相当大的影响力，法官的诉讼指挥权在民事诉讼中起着主导性的作用。虽然，这在一定程度上可以帮助当事人知晓事实和法律上的争议，提高诉讼效率，但是，我国民事诉讼制度并没有对法官的诉讼指挥权的限度作出规定，法官诉讼指挥权的过度行使，会使庭审中双方当事人的力量对比出现明显不平衡的现象，严重的话还会影响实质正义的实现，损害法律的权威。为了弥补这一缺陷，1991 年修改后的《民事诉讼法》逐渐向当事人主义即辩论主义倾斜。日本法学家兼子一认为，辩论主义要求在诉讼中，直接决定法律效果发生或消灭的必要事实必须在当事人的辩论中出现，法官应将当事人双方之间没有争议的事实作为判决的事实依据，法官对证据事实的调查只限于当事人双方在辩论程序中所提出的事实；

* 西南政法大学教授，研究方向民事诉讼法。

对于当事人未在辩论中主张的事实，即使法官通过职权调查得到了心证，仍不能作为裁判的依据。[①] 如果诉讼当事人的陈述不明确、不充分、不适当，没有提交应当提交的证据材料，或者提交的证据材料不充分，那么当事人的陈述与提交的证据所形成的法律事实就与客观真实相违背。法官依据这样的法律事实所作出的裁判则难以保持公正，当事人的合法权益也很难得到保障。法官释明权正是在这一问题的基础上产生的，其产生是为了弥补辩论主义的不足。

法官释明权最早出现于1877年《德国民事诉讼法草案》，[②] 在这一概念出现以后，大陆法系的其他国家和地区也陆续推出类似的概念和规定。就法官释明权的概念来讲，理论界说法不一。在日本，以兼子一先生为代表的学者认为，所谓法官释明权是指在具体的审判实践中，在当事人的陈述存在矛盾、不充分或不清晰时，法官应当从法律和事实两个方面对当事人进行发问，指出不恰当之处，同时赋予当事人修正错误的权利以及给予当事人再次提出证据的机会。[③] 我国有学者认为，所谓释明权，是指“在民事诉讼中，法官以询问、告知等方式，指导当事人进行诉讼，使当事人在实施主张、举证责任、诉讼请求等方面对其不知晓、陈述不明确、举证不充分或者处置不当的事项加以说明、补充或修正的职权”[④]。笔者赞同后一种，法官的释明权可以修正当事人主义诉讼模式下所出现的上述问题，使其更好地达到诉讼制度设置的目的，使当事人双方能够更好地发挥其主观能动性，从而发现真实事实，交由法院进行裁判。

① 张卫平：《程序公正实现中的冲突与衡平》，成都出版社1992年版，第3页。

② 1877年的《德国民事诉讼法草案》第126条第1项规定：“审判长可以向当事人发问，释明不明确的声明，促使当事人补充陈述不充分的事实，声明证据，进行其他与确定事实关系有必要的陈述。”第2项规定：“审判长可以依职权要求当事人对应当斟酌，并尚存疑点的事项加以注意。”

③ ［日］兼子一、竹下守夫：《民事诉讼法》，白绿铉译，法律出版社1995年版，第72页。

④ 梁书文：《关于〈民事诉讼证据的若干规定〉新解释》，人民法院出版社2006年版，第370页。

（二）法官释明权性质

关于法官释明权的性质，自法官释明权产生至今，随着其理论的发展，逐渐产生了权利说、义务说、权利义务说等不同的争论。权利说认为释明权是法官的一项权利，该说以法国为代表。① 其认为，是否行使释明权取决于法官自己，法官可以选择放弃与否。其缺陷在于，当法官不当行使释明权，对当事人的诉讼活动产生不良影响时，当事人能否救济以及如何救济的问题。而义务说则认为，释明权是法官的一项义务，法官如果在诉讼过程中怠于行使或者不当行使释明权时，将产生不利的法律后果，当事人可以通过上诉、再审等手段予以救济。权利义务说则综合权利说与义务说的优点，认为释明权对于法官而言，不仅是一项权利，同时也是一项义务。日本谷口安平教授说过："法院进行阐明在某一程序内是义务，在该程序以上便成为权限，再过一定限度时则为违法（违背辩论原则）。"② 该学说认为，对于法官来讲，释明权可以看作其诉讼指挥权的一部分，可以指挥诉讼程序高效有序地进行。对于当事人来讲，法官释明权的适当行使，能够有效保障诉讼当事人的合法权益，促使当事人在法律武器平等原则下进行诉讼，在一定程度上能够促进实体正义的实现。结合以上分析，笔者认为，权利义务说更能够体现出法官释明权的性质，法官进行诉讼释明的目的就是为了更好地促进诉讼活动的顺利进行，提高诉讼效率，最终归结于更好地维护当事人的公平正义。释明权的行使着眼于法官，立足于当事人，本质是为了促进公平正义，因此，权利义务说能够更好地体现出释明权的本质。

---

① 《法国民事诉讼法》第 442 条规定："法官可以要求当事人对事实提供为解决争讼所必要的说明。"可见，法国将释明权作为法官的一项权利。

② ［日］谷口安平：《程序的正义与诉讼》，王亚新、刘荣军译，中国政法大学出版社 2002 年版，第 116 页。

二、家事案件中法官释明权行使的现状

（一）家事案件中法官释明权的立法现状

我国的民事诉讼制度中并没有对法官的释明权进行明确统一的规定，更没有明确的关于家事程序法中释明权的规定，只是在相关的司法解释和规定中有所体现。最早出现的具体规定是在《最高人民法院关于民事诉讼证据的若干规定》（以下简称《民事诉讼证据规定》）之中，其第三条规定："人民法院应当向当事人说明举证的要求及法律后果……"这是对当事人在举证方面的释明。其后，在第八条第二款、第三十三条、第三十五条等都规定了法官在举证责任、拟制自认等方面的释明。[①]

而家事案件法官释明权的规定只散见于一些地方性的司法文件之中。比如，上海市高级人民法院《婚姻家庭纠纷办案要件指南》中规定：经审查确属无效婚姻的，应当将婚姻无效的情形告知当事人，并依法作出宣告婚姻无效的判决；条例实施后，男女双方符合结婚的实质要件的，应告知其在案件受理前补办结婚登记之后，方可行使离婚请求权。综上所述，法官的释明权在我国的立法中并没有形成一套完整的制度体系，尽管法律已经注意到了法官释明权在家事案件中的应用，但其规定的不完整、不具体，导致了其在民事诉讼特别是在家事案件中仍处于可有可无的状态，不利于法官的适用，不能很好地达到立法目的。

（二）家事案件中法官释明权行使的实践困惑

法官释明权体现在家事案件的各个环节当中：从对立案阶段案由的

① 《民事诉讼证据规定》第八条第二款规定，对一方当事人陈述的事实，另一方当事人既未表示承认又未表示否认的，经审判人员充分说明并询问后，其仍不明确表示肯定或者否定的，视为对该项事实的承认。第三十三条规定了举证通知书告知当事人举证责任、举证期限等内容，第三十五条规定了人民法院告知当事人可以变更诉讼请求，变更诉讼请求的应当重新规定举证期限。这些规定都是法官释明权在诉讼过程中的体现。

释明到对诉讼标的、证据问题、证明责任、庭审中双方当事人权利义务的释明等。随着当事人主义的诉讼模式在我国的逐步确立，释明权理论在我国也得到了引入及发展，我国的法官释明权也取得一定的成效，但也存在着不少的问题。

在我国的家事诉讼中，参与诉讼的当事人往往是不太熟悉法律的普通民众，受教育程度也参差不齐，诉讼当事人的文化素质和法律水平的不足及缺陷。往往也导致了当事人诉辩能力的不足及缺陷，加之我国并没有实施律师强制代理制度，导致家事案件的当事人往往处于法律上的弱势地位。因此，法院在庭审过程中，适度地参与诉讼，通过发问和告知的方式以澄清当事人陈述的某些事实，并引导和协助其进行诉讼是很有必要的。但是在司法实践中，法官释明权的行使，特别是在个案中的行使，往往具有较大的随意性，要么吝于释明，要么释明过度：在部分案件中，部分法官认为释明是一项权利，任意行使，超出了释明的限度，当事人陈述的事实已经清楚明确的，还进行主观诱导式的启发，引发对方当事人的不满，偏离了诉讼的公正。学者王泽鉴说过：“法官的事情就是听取证词，只有在需要澄清任何被忽略的或不清楚的问题时，在需要排除与案情无关的事情与制止重复时，在需要通过巧妙地插话以确保法官明白律师阐述的问题以便做出估价时，以及最后在需要断定事情所在时，法官才能亲自询问证人，假如他超越此权限，就等于是自卸法官责任，改演律师角色。”① 要么释明不足：一些案件中，部分法官往往无视法律有关释明制度的规定，将释明流于形式，甚至干脆不释明。要么错误释明：法院由于对法律的错误认识，或者对案件法律关系产生的错误判断，依据这种错误的判断要求当事人变更诉讼请求。当事人基于对法官的信任以及不变更诉讼请求可能产生的败诉风险，变更了诉讼请求，但是当事人承担了不利的法律后果。无论是法官因严守当事人主义的诉讼模式而怠于行使释明权，或是为了保持法官中立的形象而惧于行使释明权，还是由于认识水平的不足而错误行使了释明权，这都

---

① 王泽鉴：《法律思维与民法实例》，中国政法大学出版社 2001 年版，第68 页。

将可能导致当事人因疏忽等原因，未提出相应的主张或错误地变更了自己的主张，从而承担了不利的诉讼后果。这样的结果实质上是背离了公平正义的制度设计目的，从而使家事诉讼变得带有投机的色彩，极大损害了法律的尊严。

三、家事案件中法官释明权的价值分析

对家事案件法官释明权的价值进行分析，将有助于我们更加精准地定位法官释明权在家事案件中的地位及作用，让其更好地发挥制度的功能，为家事案件高效科学地解决问题奠定坚实的理论基础。具体分析如下：

（一）有利于有力维护家事案件当事人的公平正义

如前文论述，在家事案件中，当事人的诉讼能力都很弱，相当一部分的当事人法律水平低，对案件审理的各个流程不清楚，更不会利用诉讼技巧去实现自己的诉讼权益。当事人通过提供证据证明其诉讼请求的行为直接决定了其诉讼的结果，尤其是双方当事人在法律知识储备能力、诉讼水平等方面差距较大时，可能会因为举证的不充分、不恰当或者陈述的不清楚而导致其承担败诉等不利的法律后果，不利于实现当事人的实体正义。若此时法官能恰如其分地行使释明权，将有助于案件实体正义的实现。正如学者张卫平所提出的："法官释明权并不是基于法院拥有调查和查明案件客观真实的权力而产生的职权，而是法院为了原告或被告所主张的请求和事实情况而对当事人的主张和举证活动加以引导的一种诉讼程序上的指挥权；法官释明权理论是实现民事诉讼目的的修正器，如果没有法官释明权，民事诉讼便不能按照他们所预定的目的运行。"①

（二）有利于提高家事案件审理的效率，节省诉讼资源

随着当今社会经济的飞速发展，人们通过诉讼方式解决家庭纠纷的

---

① 张卫平：《程序公正实现中的冲突与衡平》，成都出版社 1993 年版，第 9 页。

观念正在不断地增强。在此情形下，以离婚、继承、抚养权等为主的家事案件，在法院案件总量中所占的比例，每年都在不断地攀升，案件标的及案件复杂程度也在不断地增大，这使得家事审判庭的法官承受着巨大的压力。若当事人不具备基本的法律知识，对诉讼流程也不熟悉，势必无法实现自身的诉讼利益，也在一定程度上浪费了司法的资源。此时，恰如其分地发挥释明权的作用将有利于保护当事人的合法诉讼权利。以广东省深圳市宝安区人民法院为例，为了积极发挥释明权在诉讼中的作用，宝安区人民法院在立案大厅分发《诉讼须知》《举证须知》等宣传册，安排专门人员进行接待，提供专业的法律咨询，使当事人在立案阶段就能了解诉讼所要求的基本要素、证据的提交方式及诉讼的流程等；关于对举证责任的分配、举证的实现以及举证不能的后果等，也通过《举证通知书》等形式予以释明，或通过法官在庭审现场予以口头释明，其目的都是引导当事人了解诉讼程序，选择合理的纠纷解决方式，从而提高诉讼的效率，节省司法资源。法官适当地行使释明权，可以避免将一个民事纠纷割裂为数个诉讼标的带来的司法资源的浪费，实现纷争的一次性解决，最大限度地实现诉讼效益。法官在尊重当事人意思自治的基础上行使释明权，在协助家事案件当事人尽快确定争议焦点、科学充分举证、查明案件事实等方面有举足轻重的作用；同时，可以避免由于当事人缺少法律知识和疏漏所导致的无效诉讼程序。此外，法官释明权的行使可以增加当事人对裁判结果的可接受性，从而减少不必要的上诉、申诉。因此，从长远来讲，法官释明权制度的设立，既能节约司法资源及诉讼当事人的经济成本，又能提高民事诉讼的整体效益，维护社会的稳定发展。

（三）有利于维系家事案件当事人的感情色彩和人伦特点

家事案件不像财产纠纷等一般民事案件，其具有高度的情感色彩和人伦特点，需要审判法官花更长的时间及更大的耐心来处理，不能简单粗暴，一味地追求效率。法官积极适当地行使释明权，将有效地引导当事人进行诉讼，避免当事人由于反复地诉讼导致彼此之间的隔阂甚至仇恨的加深。就离婚案件来讲，如果法官的释明权行使得恰当，可以使离婚案件的当事人理智地对婚姻的解除、财产的分割和子女的抚养作出妥善的安排。在法官的释明权运用得较为成功的情形下，当事人一般都能达成调解，达到息诉止争的目的，从而最大限度地维系当事人之间的感情及人伦关系的稳定。

（四）有利于家事诉讼目的多元化的实现

随着家事案件深度及广度的不断拓展，各种新类型的家事案件不断地涌现，对当事人的诉讼能力、举证能力、表达能力等都提出了新的要求。在面对新的问题、新的诉求的情况下，为了使当事人更好地实现自己的诉讼目的，法官恰当地行使释明权可以使当事人少走弯路。正如美国学者博登海默所说的："目的是全部法律的创造者。每条法律规则的产生都源于一种目的，即一种实际的动机。法律是根据人们欲实现某些可欲的结果的意志而有意识地制定的。"[①] 面对日益复杂化和多元化的家事案件，建立一个完善的法官释明制度，将更加有助于对家事案件的解决，通过最低的诉讼成本尽可能地达到家事诉讼的目的，能够有效地减轻家事纠纷当事人的讼累，节省司法资源。某种程度上，释明权制度在民事诉讼中的普遍存在，也正是民事诉讼目的的具体体现。同样，对家事纠纷而言，法官的诉讼释明制度的构建，也是满足家事诉讼目的多元化的需要。

四、家事案件中法官诉讼释明制度的构建

（一）法官释明权行使的原则

1. 非公开审理原则。根据《民事诉讼法》第十条之规定，普通的民事诉讼案件的裁判程序是以公开审判为原则，非公开审判为例外。该

① ［美］埃德加·博登海默：《法理学：法律哲学与法律方法》，邓正来译，中国政法大学出版社2004年版，第114页。

规定的目的在于防止法官恣意裁判而损害当事人的实体利益和程序利益。然而，家事诉讼案件的裁判大多涉及当事人的隐私、名誉、未成年人的切身利益等，如果公开裁判，不仅不利于案件事实的发现，而且无法实现对当事人权益的保护。家事案件的特殊性决定了法官在审理家事案件行使释明权的过程中，必须充分尊重当事人的隐私和名誉等双方当事人至关重要的人格权内容，通过创造一个相对“封闭”的纠纷解决环境，使当事人能够排除外界的不适当干扰，真正地回归案件本身，通过法官的诉讼释明，合理地引导当事人进行诉讼，以便于迅速地解决纠纷，尽量地减少对家事纠纷当事人特殊的感情纽带的伤害，维护双方当事人之间的和谐，真正达到解决纠纷的目的，促进诉讼实质正义的实现。

2. 中立原则。法官中立原则是指法官在民事诉讼过程中，对争议各方当事人保持一种超然无偏袒的态度和地位，即不偏不倚、客观公正地审判案件。[①] 中立原则是法官在审判活动中必须恪守的基本原则，也是民事诉讼制度对法官的基本要求之一。中立原则行使得好坏，直接关系到具体案件能否得到公平公正的审理，关系着法律的尊严。法官释明权的行使作为家事诉讼活动中的重要内容之一，同样也必须恪守法官中立原则。在家事案件中，法官往往会对弱势一方的当事人产生同情心和怜悯心，在这种心理下，法官在通过释明引导诉讼程序进行的过程中，通常也会倾向于弱势一方当事人。这往往是无可厚非的，很多时候也是必要的。这样可以使双方当事人在诉讼过程中具有较为平等的抗衡能力，从而实现实质平等，从诉讼目的论层面来讲，这是与中立原则不相违背的。但是，如果法官的同情心超出一定的限度，过分偏袒弱势一方当事人，超越应有限度行使释明权，在该行使释明权时不行使，不该行使释明权时乱行使，大包大揽代替其诉讼，从而使另一方当事人产生合理怀疑，这从根本上是有违中立原则的。总而言之，在家事案件中，法

① 贺小荣、王松：《法院释明权的方法及其合理限制》，载《民事审判指导与参考》(2005 年第 3 集)，法律出版社 2006 年版，第 84～91 页。

官在行使释明权的时候，必须时时刻刻以中立原则为基础，以有限适度原则为前提，以实质公平为目标，最大可能地维护双方当事人的合法权益，科学理性审判，从而迅速彻底地解决纠纷，维护社会关系的稳定。

3. 发现真意原则。在家事案件中，法官释明权的行使从本质上讲是为了发现当事人的真意，从而使诉讼程序公正有效地进行下去，不会偏离方向，而不是以案件本身的迅速审理为目的。法官在审理家事案件的过程中，通过释明权的行使，探知和把握当事人的真实意图，促使其进一步地说明、补充和完善，从而发现案件真实，适用法律进行裁判。法官不能为了案件的迅速审理依照自己的单方意志进行释明，法官必须明确当事人之间的诉辩权利和举证权利均属于当事人本身，是当事人可以自由处分的，当事人自己可以选择是否行使，而不能由法官代替当事人进行判断。法官进行释明所要达到的效果是使当事人明白自己的诉求与法院所能够满足的诉求是有差异的。法官应遵循当事人的意旨和尊重当事人的选择，通过释明权的行使，发现当事人的真意，从而使当事人进行有方向性的诉讼，避免做无用功，导致司法资源的浪费和诉讼的不经济。

（二）释明的范围

前文已论述，法官释明权的行使犹如一把“双刃剑”，确定法官释明权行使的范围不是一件容易的事情，范围过于宽泛，容易陷入职权主义；范围过于狭窄，又不能弥补当事人主义的缺陷，[1] 甚至妨碍当事人的处分权，有损诉讼公正的实现。因此，界定法官释明权的范围显得尤为重要。对于法官释明范围，大多学者从诉讼请求、诉讼行为、证据资料、法律观点等方面，使用列举的方式，尽可能详细地界定法官释明权

---

① 江伟、刘敏：《论民事诉讼模式的转换与法官的释明权》，载《诉讼法论丛》2004 年第 6 期。

的行使范围。[①] 本文则在学者们研究的基础上，以对家事诉讼案件有重要影响的诉讼节点为出发点，试图进一步阐述法官释明权在家事诉讼中的适用范围，具体如下：

1. 对诉讼程序的释明。程序释明是对诉讼程序的常识说明，是使当事人合法规范地参与诉讼程序、实现诉讼目的的过程，从而引导当事人依据法律规定提出诉讼请求、事实和材料，促使其在法律规定的期限内全面、充分地完成举证、质证，保障诉讼程序的有序进行。家事案件中相当一部分的当事人对于法律的理解是有限的，其一般都不具有很高的法律水平，无法独立完成整个诉讼程序。但是，不能因为当事人不懂法，就将其排除在法律救济大门之外。此时，法院应当行使最基本的释明权，针对诉讼程序的进行，包括对当事人适格、诉讼请求的明确、当事人陈述的明确等诉讼的基本权利义务、诉讼程序的进程等进行释明，引导当事人正确行使诉讼权利。只有这样，才能更好地保护家事诉讼当事人的合法权益，达到诉讼程序设置的目的。

2. 对诉讼风险的释明。家事诉讼当事人参与诉讼的目的是维护自身的合法权益，简言之，就是为了赢得诉讼。但有诉讼就有风险，即有败诉的可能。像家事案件这类与当事人自身命运密切相关的案件，一旦诉讼的结果超出当事人的心理预期，或者直接败诉，对当事人的心理冲击是巨大的，甚至会超过经济上损失的冲击。因此，在家事案件中，法官要特别注重对诉讼风险的释明。实践中，很多基层法院都开始重视家事案件的诉讼释明。在立案阶段，通过口头或者《诉讼风险告知书》等形式，告知当事人可能存在的风险，这也是法官释明权的表现之一。即使如此，仍存在不少的问题：首先，诉讼风险的释明较为单一，除了立案阶段的释明外，在诉讼的进程中很少再次进行释明；其次，释明内容不彻底，部分法院为了提高结案率等，对于某些重要的诉讼风险不予

① 具体内容，参见张卫平：《诉讼构架与程式——民事诉讼的法理分析》，清华大学出版社2000年版，第189~190页；高桥宏志：《民事诉讼法——制度与理论的深层分析》，林剑锋译，法律出版社2003年版，第358页；骆永家等：《阐明权》，载《民事诉讼法之研讨(四)》，台湾地区三民书局1993年版。

释明或者一笔带过。例如在离婚案件中，法律明文规定，双方调解和好或者撤诉的案件，如果没有新的理由，6 个月内不得再次起诉。对于这些重要的诉讼风险，如果提前告知，很有可能影响当事人前期的选择，对案件的后期发展也产生巨大的影响。

3. 对举证责任的释明。当事人主义的诉讼模式要求当事人自主决定审理对象，自己主张事实，自主提出证据，法官基本不介入，这是我国民事诉讼模式的发展方向。具体就家事诉讼而言，其特殊性决定了其是相当复杂的法律专业性活动，举证活动对案件的裁判活动有至关重要的影响。举证责任是举证的前提，只有明确了举证责任的分配，才能使当事人有目的地去收集和提供证据。为此，法官应当对家事案件的当事人阐明举证责任的分配；同时，应当说明理由，使当事人能够充分地理解诉讼，最高人民法院发布的《民事诉讼证据规则》第三条第一款①就有相关规定。

4. 对法律适用的释明。虽然学界对于法律适用是否属于法官释明的范畴争论不已，但是针对家事案件中，部分当事人法律知识的匮乏、诉讼能力的缺失以及对法律规定的实质内涵理解偏离等现实情况，应当允许法官对法律适用进行一定程度的释明，这样有助于在促进案件实体审理的同时，增强当事人对法律的深层次认识，便于其接纳可能的裁判结果。因此，在家事诉讼中告知当事人相关法律规定的同时，对法律条文的内涵予以阐释，能有效地提高人们认识法律与接近司法的能力，从某种程度上有效避免矛盾的激化。

（三）释明的方式

法官释明权的方式各个国家规定不同。德国民事诉讼法规定了发问、晓谕和过议三种方式；日本民事诉讼法只是明确规定了发问一种方式；我国台湾地区的“民事诉讼法”规定了发问和晓谕两种方式。所

① 《民事诉讼证据规定》第三条第一款规定：“人民法院应当向当事人说明举证的要求及法律后果，促使当事人在合理期限内积极、全面、正确、诚实地完成举证。”

谓的晓谕是指提示或提醒，无论从形式上还是实际作用上，均比发问轻一些，一般发生在举证方面。[①] 结合我国家事诉讼的实际以及《民事诉讼证据规定》的相关规定，笔者认为，在家事诉讼中，法官行使释明权的方式应当为发问和告知。发问是为了明确当事人的主张等，在法定情形下对当事人陈述不明的内容通过提问的方法进行明确，是一种比较基本的释明手段；告知被称为积极释明，考虑到司法的中立性和消极性，它在法官的释明活动中只能起到辅助的作用，其主要目的是平衡当事人之间诉辩能力的差异性，从而避免由于能力的差异而导致的对实体正义的偏离。但同时必须明确的是，告知作为一种积极的释明手段，必须在当事人的主张或者诉讼请求不完整、不明确的情况下，或者是针对法律规定需要公开的基础事项，才可以使用，不能无视法律规定，盲目扩大告知的适用范围，对当事人诉讼权利进行干预，致使程序不公，有悖于公平正义的司法理念。

（四）不当释明的救济

前文已论述，法官释明权的行使必须保持在合理范围内，不偏不倚，若行使过当会对诉讼程序本身以及参加诉讼的当事人产生不良的影响。“有权力必有救济。”法官释明权的行使在某种程度上可以看作是法官的一项权力，有权力就有滥用的可能性，只有事先建立相关的救济保障措施，才能有助于其更好地实行。大陆法系国家对此一般都有规定，如《德国民事诉讼法》第140条规定：“参与辩论的人，如果认为审判长关于指挥诉讼的命令，或者审判长或法院成员所提的发问为违法而提出异议时，由法院裁判之。”[②] 为防止法官释明权的不当行使，笔者认为，结合我国家事审判的实践和各国的普遍做法，应建立如下的救济措施：

首先，赋予当事人异议权。当当事人认为法官行使释明权明显不

---

① 周利民：《试论阐明权》，载《政法论坛》2001年第3期。

② 谢怀栻：《德意志联邦共和国民事诉讼法》，中国法制出版社2001年版，第37页。

当，导致其认为法官偏离了中立性时，当事人可以直接对法官的释明行为进行发问，法官应当给予答复，并记载于庭审笔录中；或者，当事人可以以书面的形式向法官提出异议，必要的时候，法官应当以裁定的形式给予书面的答复。这对家事诉讼的当事人来讲尤其必要，只有赋予当事人提出异议的权利，才能使这些前途、命运与案件结果密切相关的当事人相信法院并依赖法院，感受到裁判的公正，达到息诉服判的效果。

其次，赋予法官对其释明修正的权利。如果法官在行使释明权的过程中自己意识到释明有误，应当允许其在法律的范围内主动进行修正，并送达给双方当事人。通过法官主动对释明进行修正，能够更迅速地消除不当释明带来的不良影响，消除当事人因诉讼不公再起诉争的隐患。

最后，赋予当事人上诉或申请再审的权利。如果法官放弃行使释明权或过度行使释明权，使当事人的诉讼权利受到较大影响，并可能影响到公正裁判，就应当构成当事人上诉或再审的理由，经二审法院查明属实的，应作为违反法定程序的情形，裁定撤销原判，发回重审。只有这样，才能真正有效地给予当事人以救济，给行使释明权的法官以制度上、心理上的威慑，敦促其更好地行使手中的权利。

五、结语

家庭的和睦与稳定是社会稳定发展的基础与保障。在家事案件的数量及类型爆炸式增长的今天，如何有效地处理家事案件，不仅关系到法院自身的审判业绩，也关系到家庭的和谐及社会的稳定。因此，家事纠纷诉讼也逐渐成为了法院工作的重心之一，在面对家事案件出现的新情况、新问题、新诉求时，法院需要在家事诉讼审判方式上进行创新。家事诉讼法官释明权制度作为家事诉讼审判方式改革的创新制度之一，需要在实践中不断地探索并完善。

（责任编辑：赖立明）

破产程序中债权人利益最大化的实现

吴　波[*]　瞿　渊[**]

债权人利益最大化是破产程序中特有的原则，笔者理解其含义是：在破产程序中，通过对债务人财产的界定，撤销权、取回权、抵销权的行使，债务人财产的保全解除和执行中止以及有关债务人衍生诉讼的审理等，准确把握债务人财产范畴，最大限度扩大债务人清算价值，相对应地令债权人利益尽可能得到最大的保护。

上世纪80年代中期，我国制定并通过了第一部《企业破产法（试行）》（已失效，以下简称《试行破产法》），尽管这一破产法的适用范围极为有限，仅限于全民所有制企业，然而，其意义不容忽视，因为该部法律确定了债权人利益最大化原则，可谓是进步与突破。

随着我国改革开放的不断深入，《试行破产法》已无法与快速发展的社会经济同步，2006年8月27日颁布的现行《企业破产法》，适用范围扩大到我国境内的所有企业，其积极而有效的债务处理方式，日益受到社会的广泛认可与重视。随后，最高人民法院分别于2011年9月9日和2013年9月5日，发布了《最高人民法院关于适用〈中华人民共和国企业破产法〉若干问题的规定（一）》和《最高人民法院关于适用〈中华人民共和国企业破产法〉若干问题的规定（二）》两部司法解释，

* 广东宝城律师事务所合伙人、律师，西南政法大学法学学士、吉林大学经济法硕士。

** 广东宝城律师事务所律师助理、西南政法大学法学学士。

对人民法院办理破产案件的程序和涉及债务人财产的相关问题作出进一步规定。

毫无疑问，市场经济越发达，对破产制度的需求就越迫切。随着立法进程的不断推进、法律规定的日趋完善，对债权人利益的保护也更加到位与充分。

一、债权人利益最大化在立法中的体现

（一）《试行破产法》立法中的萌芽

改革开放早期，市场经济快速发展，私营企业迅速崛起，国有企业在市场竞争中逐渐落后，不少国企存在经营管理不善、亏损严重、资不抵债等情形，政府利用国家财政和行政手段把穷厂并到富厂，继而又把富厂吃穷，形成了恶性循环。《试行破产法》在这种背景下应运而生，意在通过建立企业破产制度，“倒逼”国有企业改革，改善管理，提高效益。该部法律的立法原意是确立一个优胜劣汰的企业退出机制，保障公平竞争稳定市场秩序，维护相关当事人的合法权益，而这则给予债权人利益最大化原则生存的土壤与空间，为日后这一原则的进一步提升奠定了基础。

（二）《企业破产法》的继承和发展

随着市场经济体制从单一走向多元的格局逐步确立和国有企业改革的深化，有着明显计划经济体制烙印的《试行破产法》，越来越不能适应多元市场主体经营带来的新情况和新要求，《企业破产法》的起草工作便被提上议程。经过十多年的征求意见与反复修改，《企业破产法》于2006年8月27日通过。《企业破产法》借鉴了国外先进的立法经验，结合陷入困境企业的最新发展趋势，以司法手段干预市场主体的存亡，既注重对债权人的保护，又充分尊重债务人，同时兼顾社会公共利益。相较于《试行破产法》，《企业破产法》侧重于通过企业重生、再建，促进债务人复兴，提高债务的清偿率，使债权人利益最大化获得更全

面、更实质性的保障。

二、债权人利益最大化的价值取向

企业破产的价值，不仅在于“破”，更在于“立”。通过“破”，确保公平清偿债务，淘汰落伍的市场主体，优化社会资源配置；通过“立”，为危困企业制造重生机会，盘活资产，增加清算价值，令债权人在公平受偿中实现利益最优，推动建立现代企业制度，激发市场活力。

从法律层面看，《宪法》明文规定合法财产权不受侵害，这无疑是确定债权人利益最大化原则的根基。纵观《企业破产法》，无论清算程序、重整程序，还是和解程序，都是围绕如何最大限度地提高债权人的受偿率来展开清算事务。而从关于对债务人财产界定或清算手段的相关规定来看，也不难发现，在同等背景情况下，相关规定的价值定位更偏向于维护全体债权人的利益。

从经济层面看，《企业破产法》的立法宗旨是公平清理债权债务，保护债权人和债务人的合法权益，实现破产程序中各方利益的平衡保护，而债权人利益的保护无疑是破产程序的核心经济价值。企业进入破产程序后，首先是止损，防止债务继续扩大；其次是穷尽各种有效的途径将债务人清算价值提高；最后是对债务人的资产依法处理和分配，使其发挥更大的经济价值，从而更充分地保护债权人。

从社会层面看，社会本位所追求的价值是要求个体或者小群体利益必须服从大群体或弱势群体利益。在破产程序中，各方当事人作为对立的利益群体，相互之间既矛盾排斥，又相互制约影响，统一共存于整个破产程序中；而债权人利益最大化的社会价值取向在面对不同的当事人以及在不同的破产程序中则有不同的表现形式。就债务人与债权人而言，“它把企业置于中心地位时，并不仅仅着眼于包含在企业关系中的各方当事人利益，而且着眼于企业在社会经济生活中的地位以及企业的兴衰存亡对社会生活的影响。”[①] 所以，企业一旦进入破产程序后，应对债务人进行全面清算，尽可能地维护债权人的利益，减少对债权人的消极影响，令众多债权人不至于被拖累，避免多米诺骨牌效应在社会更广泛层面的产生。就债权人群体本身而言，可能同时存在有财产担保的债权人、职工债权人和普通债权人等利益不一的组别。一般来说，债务人的职工债权人处于相对弱势的地位，出于社会本位的目的考虑，《企业破产法》在设计时便将职工债权作为相对优先的债权，在债务人偿付时可以获得优先受偿，普通债权人需要对职工债权人的利益作出让渡。可以说，这也是债权人利益最大化社会价值取向的另一体现。就破产重整程序而言，其本质上是为了挽救濒临死亡的债务人，增加债务人的资产价值。因而在重整期间，以公权力限制有担保物权的债权人对债务人行使别除权，限制传统民法“物权优于债权”原则的适用，[②] 防止担保物权的行使架空债务人用于复苏的资本，其价值取向明显在于保护大多数普通债权人的利益，实现债权人这个群体的整体利益最大化。

三、债权人利益最大化的意义

《企业破产法》的立法理念经历了由债权人本位到债务人与债权人的利益平衡本位再到社会利益与债权人、债务人利益并重的变化和发展，[③] 这一演变过程彰显了债权人利益最大化的现实意义。

（一）化解矛盾

进入破产程序的企业无一例外已陷入困境，必然面临各种各样的难题，或是资不抵债，或是到期不能偿还债务，或是经营危机导致缺乏清偿能力。企业的这些问题势必波及方方面面，损害社会利益。进入破产

① 付翠英：《破产法比较研究》，中国人民公安大学出版社 2004 版，第 213 页。

② 常琳：《破产重整计划批准制度的价值与运用——以中美立法制度为比较》，载 http：//www. doc88. com/p－295580903578. html，访问时间：2016 年 7 月 5 日。

③ 刘颖：《论破产法中的债权人最大利益原则——兼析〈企业破产法〉第 87 条第 2 款》，载 http：//www. docin. com/p－1148836627. html，访问时间：2016 年 7 月 5 日。

程序后，虽然问题依然存在，但法院以及管理人介入后，将从维护全体债权人利益的角度，对债务人全面接管，依法清算，防止债权人与债务人、债权人与债权人、债权人与第三人、债务人与第三人等各种关系之间矛盾继续发酵、扩大，在不损害债权人权益的前提下，平衡各方权益，化解利害关系人之间激烈的矛盾，实现社会稳定。

（二）净化市场

一直以来，我国企业退出市场的机制并不健全，造成部分有恶意的企业拖欠大量债务并转移资产后，故意“人间蒸发”。这不仅放纵了无良股东，令善意的债权人权益受损，更是在无形中助长了此恶行的反复出现，积攒了大量僵尸企业，严重损害市场经济的良性竞争，导致诚信危机，阻碍经济健康发展。而破产程序在最大限度维护债权人利益的同时，让市场主体依法退出，净化了市场经营环境。

（三）均等共赢

企业陷入困境后，受到的冲击是双向的，债务人本身落入谷底，而债权人也因此受到连累。破产程序则尽可能在有限空间中给予双方机会。以重整程序为例，债务人具有营运价值的，通过使债权人让渡部分利益，帮助债务人重建，反过来惠及债权人，令债权人能够获得比破产清算更高的受偿率，从而达到双赢。重整程序从以牺牲债权人的利益为代价促进债务人复兴或谋求所谓的“社会利益”，进而发展为通过挽救那些具有营运价值的债务人，给予债权人获得更高受偿率的合理预期，强化了对债权人保护的观点。[①] 重整相互让步、共同获利的终极目标正是对债权人利益化原则的完美诠释。

四、债权人利益最大化的法律支持

《企业破产法》的相关规定中，明确规定规范破产程序中可操作的

① 王劲松：《问题证券公司的退出机制（上）》，载 http：//www. 360doc. com/content/15/0918/08/20041187_ 499863248. shtml，访问时间：2016 年 7 月 5 日。

法定规则，有效地清理债务人财产，合理地确定债权，避免企业在混乱无序的状态中被随意处置，从而实现债权人利益最大化。对此，笔者择有代表性的规则予以说明。

（一）个别清偿无效

《企业破产法》第十六条对陷入困境后的债务人向个别债权人清偿债务行为的效力进行了规定。人民法院受理破产申请，标志着破产程序开始，所有债权均须通过破产程序获得清偿。在清偿时，同一顺序的所有债权人地位平等，按债权数额的比例分配。如果人民法院在受理破产申请后，仍然允许债务人对个别债权人的债权进行清偿，就会造成个别债权人与其他债权人实际受偿的不平等，使得个别债权人能够全部或大部分得到清偿，而其他债权人的债权则较少得到清偿甚至得不到清偿。为保障债务人进入破产程序后，所有债权人都能平等受偿，必须禁止债务人对债权人个别清偿，防止债务人以清偿为名转移或转让企业的财产，最大限度保护大多数债权人利益。

（二）行使抵销权

依据《企业破产法》第三十条的规定，任何人对债务人负有的债务，均为债务人财产的一部分。债权人行使破产抵销权的结果，实际上用债务人财产直接全额清偿了其债权，从而避免了债权人因接受破产财产分配的比例清偿而受到的损失，使得享有抵销权的债权人获得了优先于其他债权人的地位。从表面上看，这似乎违反了破产程序平等处理债权债务的原则。但是，各国破产法之所以都对破产抵销权进行规定，笔者认为主要基于以下原因：第一，破产抵销权可以减轻管理人追索债务的工作。在破产程序中，债权人对破产人所负的债务属于破产财产，管理人有义务向其追索，然后再按照破产财产分配方案分配给债权人。而通过行使破产抵销权，可以同时免除破产管理人对该项抵销中的债务和债权的追索、分配，大大减轻工作量，也可以节省破产费用，最终有利于其他破产债权人；第二，如果不允许债权人行使抵销权，直接结果是，破产管理人有权要求债权人全额履行债务，而债权人只能接受破产财产的比例清偿，这样的结果对于债权人来说无异于是另一次剥夺。

在破产程序的实践中，破产案件的审理时间往往超过其他诉讼案件的审限，究其原因，正是管理人调查和处理债务人债权债务关系及债务人财产周期过长。有条件地行使抵销权，既可以保护与债务人互负债务的债权人利益，又可以减轻管理人工作量，节省破产费用和办案时间，对大部分债权人来说，缩减的时间成本也是利益最大化的具体体现。

（三）付息债权止息

《企业破产法》第四十六条第二款规定："附利息的债权自破产申请受理时起停止计息。"在民事活动中，附利息的债权到期后，债务人不仅应当清偿本金，还应当清偿利息。但在破产程序中，债权人依照《企业破产法》规定申报的债权为破产申请受理时对债务人享有的债权，即破产债权。破产申请受理后发生的利息则不属于破产债权。这是因为，通常情况下，债务人所负债务利息的计息方式和计息利率等不尽相同，而且破产程序的周期较长，如果不在破产申请受理时停止计息，将会制造债权人之间新的不平等。因此，为保障多数债权人的利益，附利息的债权自破产申请受理时起停止计息。

（四）行使撤销权

《企业破产法》第三十一条和第三十二条对撤销权分别进行了规定。如果允许债务人对个别债权人的债权进行清偿，直接后果是减少债务人的财产，造成个别债权人与其他债权人实际受偿不平等。为避免产生新的不公平，破产清算中禁止债务人对个别债权人的清偿是很有必要的，对已进行的个别清偿行为，管理人有权依法请求予以撤销。第三十一条和第三十二条的区别在于：第一，第三十二条所规范的是清偿到期债务的行为，而第三十一条第四项所规范的是清偿未到期债务的行为；第二，第三十二条所规范的行为发生在人民法院受理破产申请前6个月内，而第三十一条第四项所规范的行为发生在人民法院受理破产申请前

1年内；第三，对第三十二条所规定的行为必须是在债务人具备破产清算原因的情形下才能撤销，而撤销第三十一条第四项规定的行为则没有这样的要求。

（五）债务人财产保全措施的解除和执行程序的中止

《企业破产法》第十九条规定："人民法院受理破产申请后，有关债务人财产的保全措施应当解除，执行程序应当中止。"也就是说，在人民法院受理破产申请后，由指定的管理人接管债务人财产，在接管过程中，管理人会同时清理债务人有关诉讼或仲裁的情况，若发现债务人财产有被人民法院保全或被执行的情况时，管理人将致函该法院解除保全措施或中止执行程序，接管该财产并将其纳入债务人财产的范围，防止个别清偿情形，提高债务人财产清算价值，保障全体债权人的利益。

除了我国的破产法，其他很多国家的破产法对债务人进入破产程序后，有关债务人的诉讼、仲裁、执行程序均规定应当中止。例如，《日本破产法》第24条就规定，法院在收到破产申请后，认为确有必要，可以依据职权或利害关系人的申请，在未作出破产程序开始决定之前中止对债务人财产的强制执行、临时扣押、临时处分、有关债务人财产的诉讼及行政程序等。与我国破产法的不同在于：一是中止这些程序的时间点不同，我国《企业破产法》要求在人民法院受理破产申请后，即进入破产程序后才能解除或中止；而《日本破产法》规定法院在收到破产申请后就可以进行；二是法院处理的方式略有差异，按照我国《企业破产法》规定，人民法院应当依职权中止诉讼、仲裁和执行程序；而《日本破产法》规定，除法院依职权进行外，还可以依据利害关系人的申请中止。《日本破产法》的这一差异其实与其第一个不同点相互匹配，因为法院在收到破产申请时，可能存在未对破产申请进行全面了解和审理的情况，若直接规定法院应当依职权进行，可能会出现错误的中止行为，造成其他当事人的损失。

五、实现债权人利益最大化的具体措施

破产清算过程是追求债权人利益最大化的过程，采取何种方式方法，需要受理法院、管理人、债权人、债务人，甚至案外第三人，面对问题企业的实际经营情况共同努力，有针对性地进行整体策划，确定可供执行的措施，方可能将这一追求变成现实。

（一）管理人促进债权人利益最大化的措施

1. 管理人制度。在破产程序开始以后，为了加强对债务人财产的管理，防止债务人随意处分，并有效地清收债务人对外投资以及其他资产，保护债权人的利益，有必要由专门机构具体实施对债务人财产的管理、处分、变价、分配等工作。为此，许多国家都在破产法中建立了破产管理人制度。相较于我国《企业破产法》，日本破产程序中的破产管理人，其设置目的和职责与我国《企业破产法》中的管理人大相径庭。比如，管理人在参与有关债务人财产诉讼时的主体资格不一样。我国的破产管理人是以破产企业为诉讼主体代替其参加诉讼程序，而日本的破产管理人则是以其自身为诉讼主体参加破产财产的诉讼。除此之外，《日本破产法》还专门设置了保全管理人。保全管理人是指法院收到针对法人的破产申请后、未作出破产宣告前，若发现法人财产存在不当管理与处分行为，则可依申请或依职权发布保全管理命令并选任保全管理人，其职责为管理和处分债务人财产。我国《企业破产法》在借鉴国外破产管理人制度有益做法，结合我国实际情况的基础上，确立了我国的破产管理人制度。按照《企业破产法》第十三条的规定："人民法院裁定受理破产申请的，应当同时指定管理人。"为避免债务人财产无人管理而造成损失，人民法院一旦裁定受理破产申请，破产程序即为开始，债务人丧失对其财产的管理和处分权，由管理人有效地对债务人财产进行全面管控，维护债权人和债务人双方的利益。

2. 知情权确保。破产清算中，与债务人有关的经营情形，管理人均应向债权人如实披露；换言之，债权人有知情权利。通过全方位了解

债务人实际经营情况，债权人方能最大程度地保护自身利益，确保知情权的途径通常有：

(1) 公示。这是人民法院依照法定程序和方式，向已知债权人、未知债权人以及其他利害关系人，通过公告方式送达破产案件文书的司法行为。公告的意义在于向不特定的人公开告知法院已受理破产申请的有关事项，告知无法通知的债权人、未知的债权人以及其他利害关系人破产程序已开始的事实和有关事项，最大限度地通知未知债权人主张债权，以维护其合法权益。

(2) 管理人的通报。管理人在全面接管债务人之后，对债务人开展一系列清算工作，并有责任将其各阶段性或破产程序终结时的全部工作，以书面方式于债权人会议上提交给全体债权人，并如实进行通报。债权人能依据管理人工作报告，充分了解债务人的破产原因、财产状况、全体债权人名册、债权性质、债权总额、资产保管方案、资产处置方案、债权分配方案等事宜，有利于各债权人正确行使权利。

(二) 债权人促进自己利益最大化的措施

1. 债权人会议决议。债权人会议决议，是指在债权人会议的职权范围内，对会议议题进行讨论，由出席会议的有表决权的债权人通过表决所形成的代表债权人共同意思的决定。依债权人会议决议的不同事项，法律区别了一般决议的表决和特殊决议的表决。《企业破产法》第六十四条第一款规定的是一般决议的表决，即债权人会议的决议，由出席会议有表决权的债权人的过半数通过，并且其所代表的债权额占无财产担保债权总额的1/2以上。该条规定是为了平衡有财产担保债权人和无财产担保债权人的利益，防止决议拖延不决或难以通过，从而提高债权人会议的效率。“本法另有规定的除外”，主要是指《企业破产法》第九十七条规定的特殊决议，即债权人会议通过和解协议的决议，除了由出席会议的有表决权的债权人过半数同意，并且其所代表的债权额要占无财产担保债权总额的2/3以上。和解协议在相当程度上取决于债权人的让步，债权可能被延期或者减免，债权回收风险可能加大，而这些直接关系到债权人的集体利益，因此，法律对通过和解协议的表决规定了更加严格的要求。此外，按照《企业破产法》的规定，在重整程序中，债权人会议对重整计划草案实行分类分组表决，也属于特殊决议的表决。

债权人会议的决议，是债权人团体一致意思的表示，对全体债权人均有约束力，除法律特别规定债权人会议决议须经法院许可外，决议一经作出就对全体债权人产生约束力，不论债权人是否出席会议，不论债权人是否享有表决权，或者放弃表决、表决时保留意见，也不论债权人是赞成决议还是反对决议，均受债权人会议决议的约束。债权人认为债权人会议的决议违反法律规定，损害其利益的，须在法定期限内请求人民法院裁定撤销该决议，责令债权人会议重新表决。

2. 债权人委员会。《企业破产法》第六十七条规定了债权人委员会制度。从《企业破产法》的整体框架中可以看出，在破产程序进行当中，法院居于主导地位，对清算事务实施司法指导与监督。同时，债权人会议作为债权人团体利益维护和意思表示机关，在其中又取得了相对独立的自治地位和权利。在某些复杂破产案件中，监督破产事务的日常开展，尤其是在债权人会议闭会期间，仅由法院或者管理人来进行，是不足以保护债权人团体最大利益的。因此，设立债权人委员会并由其行使相应的监督职能，便成为实现债权人监督破产程序推进的自治需求。依照该条规定，是否设立债权人委员会，债权人可以根据需要以决议方式确定。例如，要考虑债权人人数的多少，破产财产的实际价值大小，对破产财产的清理、估价、变卖的复杂程度等。对于简单的破产案件，不必设置债权人委员会。需要设置的，应在第一次债权人会议上通过决议的方式确定。

（三）通过限制债务人促进债权人利益最大化的措施

1. 资料、财产的移交。《企业破产法》第十五条第一款第（一）项规定了人民法院受理破产申请后，债务人的有关人员应当依照该规定承担相应的义务。即自人民法院受理破产申请的裁定送达债务人之日起至破产程序终结之日止，债务人有依法保管义务，使其财产与资料保持完好、无损；不得非法处理企业的账簿、文书、资料和印章，不得隐匿、私分、无偿转让、非正常压价出售企业的财产。第十七条规定了债务人和债务人的债务人、财产持有者向管理人移交债务人财产的事项。债务人的债务人或者财产持有人故意违反该规定应承担相应的法律后果。依照上述规定，不免除行为人清偿债务或者交付财产的义务必须同时具备两个要件：一是行为人主观上具有故意。如果行为人主观上认识到，其应当向管理人清偿债务或者交付财产，而实际上却不向管理人清偿债务或者交付财产，则具备第一个要件。如果行为人向债务人清偿债务或者交付财产并非出于故意，例如，行为人能够证明自己并不知道人民法院已经受理破产申请，则无需再承担清偿债务或者交付财产的义务。二是行为人的行为使债权人受到损失。如果行为人违反规定向债务人清偿债务或者交付财产，但是债务人将其获得的清偿或者接受的财产转交给了管理人并纳入债务人财产，没有使债权人受到损失，则无需再承担清偿债务或者交付财产的义务。

2. 出资人补足出资。依据《企业破产法》第三十五条的规定："人民法院受理破产申请后，债务人的出资人尚未完全履行出资义务的，管理人应当要求该出资人缴纳所认缴的出资，而不受出资期限的限制。"这样的规定是源自于《公司法》的规定，企业法人以其法人财产对企业债务承担责任。企业法人在破产时，同样应当以其全部财产对其债务承担责任，而出资人的出资是构成法人财产的重要部分。倘若在人民法院受理破产申请时，债务人的出资人尚未完全履行出资义务，势必会削弱债务人的清偿能力，使债权人的权益得不到充分的保护。同时，依据本条的规定，管理人要求债务人的出资人履行出资义务不受出资期限的限制。也就是说，即使依据有关法律或者公司章程的规定，债务人的出资人可以在一定期限内一次性或者分期缴纳其认缴的出资额，而在人民法院受理破产申请时，一次性缴纳或者分期缴纳的期限尚未届满，管理人也有权要求债务人的出资人立即缴纳其所认缴的全部出资。

（四）重整程序促进债权人利益最大化的特殊作用

1. 重整与破产其他程序申请主体的差异对债权人利益最大化的作用。根据《企业破产法》的规定，破产清算可以分别由债务人、债权人向人民法院申请；破产和解只能由债务人向人民法院申请，而破产重整既可由债务人或债权人向人民法院直接申请，也可在债权人申请破产清算后，债务人或出资额占债务人注册资本 1/10 以上的出资人向人民法院申请。因此，申请破产重整程序的主体要比破产其他程序的主体范围更广泛。法律规定出资额只需占债务人注册资本 1/10 以上的出资人便可以向人民法院申请破产重整的原因在于：债务人提出重整申请需经股东大会通过，债务人的少数出资人对债务人进行重整的意愿可能因此得不到满足。为此，只要债务人的出资人的出资额占到债务人注册资本 1/10 以上，就允许其申请对债务人进行重整。对申请重整的出资人的出资比例作适当的限制，也可以防止少数出资人滥用申请权。在实践中，破产企业的出资人往往也是其债权人，法律这样规定的根本目的也在于保护此部分债权人利益；同时，也可能在重整过程中促进其他债权人利益的增加。

2. 债务人自行管理财务和经营事务对实现债权人利益最大化的作用。破产申请受理后，法院指定的管理人将接管债务人的财产和其他物品，并停止经营活动，使破产企业处于一种“静止”的状态。而一旦企业进入破产重整程序，管理人可以将接管的财产和部分物品交还给债务人自行管理，债务人在管理人的监督下重新开始经营活动，使破产企业重新运作、恢复发展。法律如此规定，是考虑到债务人更熟悉破产企业的业务和财产状况，由债务人来管理财产和营业事务可以使重整成功的可能性更大。实践中，管理人多不熟悉企业的管理和运营，为了发挥债务人管理团队的优势，鼓励债务人通过法定程序尽早走出经营困境，使债务人的资产增值，可许可债务人自行管理财产和营业事务。也正基于此，《企业破产法》同时赋予了管理人监督债务人日常经营的职责，避免债务人在自行管理经营中转移资产、增加债务，损害债权人利益。

3. 限制行使担保权和取回权有益于债权人利益的增加。《企业破产法》第七十五条和第七十六条分别对担保权和取回权的行使进行了限制。

（1）对担保权的限制。在重整制度的安排上，立法者既考虑到尊重担保债权人的权益，又考虑到有利于实现重整的目标。如果允许有财产担保的债权人不受限制地行使其权利，可能不利于实现重整的目标，尤其是在对债务人经营所必需的机器设备、设施等设定担保的情况下。因此，为了企业的复兴和债权人的共同利益，法律规定在重整期间，应暂停担保权行使。除非出现担保物有损坏或者价值明显减少迹象，足以危害担保权人的权利，担保权人方有理由向人民法院请求恢复行使担保权。

（2）对取回权的限制。和限制行使担保权类似，人民法院受理破产申请后，对于不属于债务人的财产，该财产的权利人本应可以通过管理人取回。但考虑到这些财产正是债务人继续经营所必需的，它对债务人重整的成功与否起到关键性作用。因此，该财产的权利人在重整期间要求取回的，应当符合事先约定的条件，即利用债务人占有他人财产的合法基础——当事人的事先约定——来限制权利人对取回权的行使。这样规定并不会损害取回权人的利益。因为如果重整成功，双方当事人事先约定的条件成就时，权利人自然可以取回该财产；如果重整不成功，不受限的权利人当然能行使取回权。

4. 限制债务人出资人收益分配权利是保障债权人利益增值的重要举措。《企业破产法》第七十七条第一款规定：“在重整期间，债务人的出资人不得请求投资收益分配。”这是由于人民法院既然裁定债务人重整，即表明债务人已经具备破产原因或者已经濒临破产，通常应无利润可供分配。即使债务人在重整期间获得利润，也应当用于弥补以前亏损，或者用于重整程序的费用支出和债务清偿，优先保障债权人利益。债权人在同意破产企业重整计划时，必然会将自身的权益作出让渡，之所以同意重整计划，也正是基于企业重整后能够获得更多收益来偿还债务，使自己的债权利益增加。因此，限制债务人出资人在重整期间行使收益分配的权利，是出于对债权人利益的考虑。

5. 重整计划对所有债权人的普适性将促进债权人利益的普遍增加。《企业破产法》第九十二条第一款规定："经人民法院裁定批准的重整计划，对债务人和全体债权人均有约束力。"即债权人无论在表决重整计划时是赞成，是反对，还是未参加对重整计划的表决，均受经人民法院批准生效的重整计划的约束。法律这样规定是为了保障那些反对或是未参加对重整计划表决的债权人权益，使其在重整计划实施完毕、破产企业通过重整获得成功后，能够平等地分享重整成功的成果，获得更多受偿，实现债权人利益最大化。

企业破产直至退出市场或经重整重新进入市场，是一个复杂且漫长的过程，《企业破产法》从2006年实施至今已达10年，期间，最高人民法院发布了两部关于适用《企业破产法》的司法解释，但在社会经济日新月异的今天，有关企业破产过程中细节性、程序性的问题还没有相应的法律规定。因此，为实现债权人利益最大化的立法宗旨，促进社会经济的快速发展，需要加快制定和完善《企业破产法》有关破产制度的程序性规定，用制度的力量保障程序的正当，从而确保结果的合法性，进而维护债权人的正当权益。

（责任编辑：姜珊）

合同诈骗罪中非法占有目的的认定

——以张某涉嫌合同诈骗罪为例

毛　鹏*

一、案情介绍及争议焦点

（一）案情介绍

被告人张某曾于2013年底在某市设立天成公司，主要从事二手手机（主要是苹果手机、三星手机）回收和再次销售业务。主要销售模式是：通过业务员向众多小手机店铺收购二手手机，经过公司内部检测和修复后，将手机通过物流公司运到香港特区，并通过EBAY在境外进行二手手机销售，销售回款直接由EBAY网络平台PayPal账户支付至张某在香港特区设立并实际控制的Happy Toast Limited公司（以下简称喜拓有限公司）账户内。张某与供应商之间货款支付一般月结30天至60天。2014年12月25日，海关调查天成公司将二手手机运到香港特区的情况。张某担心会涉及走私犯罪，于是将公司关闭。12月26日，张某返回老家办理离婚手续。12月28日，张某返回该市时被供应商围堵，当地派出所介入后认为张某不构成刑事犯罪，将张某及供应商驱离派出

* 广东晟典律师事务所律师、高级合伙人。

所。但张某在离开派出所途中被当地经侦部门以涉嫌合同诈骗罪为由予以刑事拘留，最终检察机关指控的合同诈骗金额接近1300万元，其中指控张某个人挥霍赃款超过500万元。

（二）司法认定

检察机关在起诉书中指控：被告人张某在上述手机销售经营过程中，使用被告单位天成公司的经营资金分别于2014年6月24日至7月22日共支付了3031333元在成都购买了一套房产，于2014年8月18日支付了211万元购买了一台跑车。被告单位天成公司从2014年8月份开始拖欠多名被害人货款，至2014年10月25日，拖欠多个供应商货款共计12929173元。2014年10月25日，被告人张某解散天成公司和公司员工后逃匿。

（三）本案处理结果

本案历经侦查、审查起诉及法院一审审判，经过辩护人多次与检察院、法院进行沟通，在法院两次庭审后，检察院最终主动撤回起诉，并对被告人张某作出不予起诉的处理意见。

（四）本案争议焦点

综合本案案情，本案核心争议焦点在于：被告人张某是否具有“非法占有”的犯罪目的。引申的两个次要争议焦点：（1）被告人张某个人花销超过500万，性质如何认定；（2）被告人张某是否存在刑事意义上的逃匿行为。

二、合同诈骗罪中非法占有目的的内涵及认定方法

（一）非法占有目的的内涵

合同诈骗罪中的非法占有与其他犯罪中的非法占有相比具有特殊性，是个性与共性的关系。“占有是指人对物的事实上的管领，也即实

际控制的权能。它属于物的所有权中的一项权能。非法占有是不依据法律或所有人的意思而与所有人发生分离。”[①] 据此，非法占有目的可以理解为非法实际控制他人财物的目的。刑法意义上的非法占有与民法意义上的非法占有是有区别的。民法意义上的非法占有不考虑行为人主观方面的意图，行为人的主观意图不影响民事行为本身的效力。而刑法上的非法占有则依据主客观相统一的原则。因此，非法占有目的的内涵界定应当从主客观两方面进行判断。笔者认为，非法占有目的应包括以下内涵：

首先，行为人意图永久非法行使他人财产所有权的全部权能（即财物的占有、使用、收益、处分），即排除权利人，将他人的财物作为自己的所有物，按照其经济上的用途，利用或者处分它的意思。

其次，行为人的行为导致他人无法行使财产所有权的权能。行为人行使他人财产所有权的全部权能无疑是对他人财产所有权的侵犯。有时行为人并不直接行使他人财产所有权的权能，但其行为使所有权人无法行使其财产所有权的权能，这无疑也是对他人财产所有权的侵犯，也因此可以认定为以非法占有为目的。

最后，对于支配财物，不能将其简单理解为行为主体具有长期、完全、自由地支配他人财物的目的。在司法实践中，要认定行为人是否想长期、完全占有他人财产，难度很大，特别对合同诈骗罪而言更是如此。笔者主张将非法占有理解为，非法取得不属于自己所有的财物，并造成将其置于自己控制之下的事实状态。那么，由于行为人的行为使财产脱离原所有人控制就意味着所有权被侵犯的事实发生，这样就可以认定行为主体具有非法占有的故意。围绕“控制”和“脱离控制”来确定非法占有目的，这种标准在实践中更容易把握。

综上所述，合同诈骗罪的非法占有目的应当界定为非法取得对方当事人财物的目的。所谓非法取得对方当事人财物的目的是指以合同诈骗的方法，非法掌握、控制合同对方当事人的财物，在此基础上使用、收

---

① 张俊浩：《民法学原理》，中国政法大学出版社1991年版，第389页。

益、处分该财物，形成非法所有的事实状态。

（二）合同诈骗罪中非法占有目的的认定方法

合同诈骗罪作为目的型犯罪，非法占有的犯罪目的是其最突出的特征，也是正确区别合同诈骗罪与非罪的关键。对于如何认定行为是否具有非法占有的犯罪目的，学者们众说纷纭，司法实践中也往往可能因人因地而异。非法占有的目的作为合同诈骗罪的主观要件，在具体认定上并非易事，必须结合客观行为的内容来综合分析。笔者认为，按照罪刑法定原则的要求，首先应当以《刑法》第二百二十四条所列举的五种情形为依据，在此基础上还应综合考虑以下因素来具体认定：

1. 考察行为人有无履行合同的能力。履行合同能力是指合同当事人针对合同义务的实现所具备的一种动态的状态。① 行为人有无履行合同的实际能力，对于认定非法占有目的具有重要意义。在一般情况下，这种能力应具有三个基本属性：一是性质具有物质性，即合同当事人具有相应的主体资格和经营范围；二是内容具有特定性，亦即履行合同的实际能力，是指与实际履行原则要求相一致的商品交换能力；三是形式具有时间性，是指行为人在订立合同时具有与合同规定相一致的商品交换能力，包括现实性和现实可能性两种情况。如果行为人明知自己没有履行合同的能力，而且也根本不打算履行合同，但仍与他人签订合同，一旦货物到手就大肆挥霍或逃之夭夭，则应认定具有非法占有的目的。如果行为人有部分履行合同的能力，但其用夸大履约能力的方法，取得对方信任与其签订合同。合同生效后，虽为履行合同作了积极的努力，但未能完全履行合同的，应认定其不具有非法占有的目的，按经济纠纷处理。

行为人履行合同的能力具体可分为行为人完全无履行合同能力、具备部分履行合同能力、完全有履行合同能力三种类型。

（1）行为人完全无履行合同能力。但并非完全不具备合同履行能

① 霍华明：《论合同诈骗在司法中的认定》，法律出版社 2007 年版。

力就当然存在非法占有目的，还应区分不同情况认定：①行为人完全无履行合同能力，但没有实施虚构事实、隐瞒真相的欺骗行为占有对方当事人财物的，不应认定有非法占有目的。因为合同诈骗的核心行为方式是“骗”，既然没有欺骗行为，合同对方当事人也就不可能产生错误认识，继续交付财物的行为只能基于其真实的意思表示。这种状况一般出现在合同一方当事人同情对方的基础上。例如，路人甲冬夜回家看见一小孩衣着单薄在路边摆摊卖水果，虽然小孩所卖水果已经腐败完全不能食用，但路人甲出于怜悯仍出钱将其全部买下。②行为人完全无履行合同能力，也未采取措施创造条件增强履行能力，但却占有对方当事人财物的，应直接认定具有非法占有的目的。例如，丙本无工程项目，也无取得项目的可能，仍将路边一空地指给丁看，谎称自己拥有该片土地的工程项目，并签订合同将工程项目转让给丁，骗取转让费。③行为人先前完全无履行合同能力，但于合同签订后取得履行能力，且有履行行为的，不宜认定具有非法占有的目的。

（2）行为人具备部分履行合同能力的，分两种情况认定：①行为人具备部分履行合同能力，但无任何履行合同行为的，应认定具有非法占有的目的。②如有履行大部分合同行为的，不应认定为有非法占有的目的。如只有履行小部分合同行为的，应区分以下情况：剩余大部分合同未履行系由客观原因导致，则不应认定为有非法占有的目的；剩余大部分合同未履行系由主观原因导致，则还应结合面对不利后果时的处理态度等因素作进一步考察。

（3）行为人完全有履行合同能力的，分三种情况认定：①如无履行合同行为，一般可以认定为有非法占有的目的。②如有履行大部分合同行为的，不应认定为有非法占有的目的。③如只有履行小部分合同行为的，则与行为人具备部分履行合同能力出现相同情况时的判断方法一致。

2. 考察行为人是否有欺诈行为。合同诈骗罪既然是一种以欺诈为手段的犯罪，考察其在签订、履行合同过程中是否采取了欺诈手段对认定其主观目的具有重要意义。① 司法实践中，行为人在签订、履行合同过程中没有欺诈行为，即使合同未能完全履行，也不构成合同诈骗罪。但是有合同欺诈行为，也不一定构成合同诈骗罪。关键是对欺骗手段及其在整个案件中的作用作具体分析。一般说来，在签订和履行合同过程中，行为人在某种事实上有虚假的成分，但并非掩盖其根本无法履行合同的事实，而且事实上也没有影响到合同的履行，或者虽未能完全履行，但行为人核心目的还是希望保持合作关系，而非以侵吞、侵占财产为目的，则适宜以合同纠纷处理。而利用合同进行诈骗的人，往往既没有资金，又没有场地和货源，更不具备履约能力，还以虚假的担保或者虚假的身份等欺诈手段，掩盖其根本无履行合同的能力和诚意的真相，骗取对方与自己签订合同，事实上则根本不去履行合同或者故意制造障碍，破坏履行合同的条件，把责任推给对方，致使合同不能履行，从而骗取对方当事人的财物。这种情况可认定行为人具有非法占有目的。

3. 考察行为人有无履行合同行为。签订合同后有无实际履行行为，用民法诚实信用原则更好理解，就是行为人有无履约的诚意。如有，必然会想方设法履行合同义务，即使无法全部或部分履行，也会承担违约后的相关责任，不逃避、不躲藏。司法实践中，往往将此类现象作为民事纠纷处理。当然，实践中也存在部分行为人拿到货款等后大肆挥霍、逃之夭夭的情况。这些行为也足以认定该行为人缺乏诚意，逃避责任，主观上具有非法占有目的，应以合同诈骗罪论处。笔者认为，签订合同后，实际上完全履行了合同义务，合同目的既已达到，则在判定行为人行为时，可以肯定其既无合同诈骗目的，也无民事欺诈目的。如果部分履行了合同，看该部分履行占到合同总体标的多少，多则构成，少则要具体分析其他相关因素，不能片面定罪或脱罪。如果完全没有履行行为，加上签订合同时具备的欺骗行为，基本可以肯定非法占有目的。但是实践中如何划分多与少，没有明确的标准，很多时候取决于法官的自由心证。另外，诚信原则在合同诈骗罪中也起着举足轻重的作用。有诚

① 陈瑞林：《论合同诈骗犯罪故意探析》，载《中国刑事法杂志》1999 年第 2 期。

信，有履约，则不宜以合同诈骗罪论处；无诚信，无履约，也不能据此肯定，还要综合其他因素进行判断。

4. 考察行为人对骗取财物的处置情况。在当事人没有履行合同义务或者只履行少部分合同的情况下，当事人对其占用的他人财物的处置情况，很大程度上反映了其当时的主观心理。故而，行为人如何处置骗取的对方当事人财物，可直接反映其主观上是否有非法占有目的。具体可作如下判断：

（1）行为人如将骗取的财物全部或大部分用于履行合同，一般不认为有非法占有目的。

（2）行为人如果没有将骗取的财物全部或者大部分用于履行合同，却将其用于非法活动、抵偿个人债务、隐匿财物拒不返还、携款潜逃等，应当认为其具有非法占有目的。

（3）行为人如果没有将骗取的财物全部或者大部分用于履行合同约定的目的，却用于其他资金用途而非个人挥霍，事后愿意返还财物或承担责任的，不宜认定具有非法占有目的。

5. 考察行为人是否回避合同纠纷的处理。如果行为人没有非法占有目的，内心希望履行合同，在合同全部或者大部分未能履行、合同相对方产生损失的情况下，也会有解决纠纷的诚意，其具体表现就是愿意承担不利后果。实践中，合同纠纷双方可能为了减轻自身责任提出诸多抗辩事由，但只要其抗辩事由是真实存在的，就不能简单认为其逃避违约责任。[①] 换言之，如果行为人在产生合同纠纷后不愿承担不利责任，直接逃匿或者以莫须有的理由希望逃避承担责任的，则可以认为其主观上具有非法占有目的。

6. 考察行为人合同违约的原因。查明合同未履行的原因是客观上不能还是主观上不想，对于认定行为人主观上是否具有骗取他人财物的目的意义重大。根据《合同法》的基本精神，享有权利和履行义务是

① 李英才：《论合同诈骗罪的非法占有目的》，载《政法论坛（中国政法大学学报）》2002 年第 5 期。

对等的。一方享有权利，就必须履行相应的义务。如果合同当事人一方在享有权利的同时，不愿意、不主动履行义务，从而骗取对方的财物，则说明合同未履行是由于行为人主观不为造成，一定程度上说明行为人具有非法占有的目的。反之，如果合同当事人自己尽了最大努力去履行义务，但因不可抗力或者意外事件致使合同无法履行，则应按合同纠纷处理，不能以合同诈骗罪论处。

三、案例评析

结合以上关于合同诈骗罪中非法占有目的的内涵及认定方法的分析，笔者认为，笔者所提及的案例中，要证明被告人张某不存在非法占有的犯罪目的，则应该结合上述主客观特征进行论证。辩护人的论述思路主要包括：

（一）张某是否存在以非法占有为目的的犯罪动机

1. 从资金走向和构成角度来论证张某不存在非法占有的目的。辩护人注意到：根据侦查案卷《关于 2014 年 1 月至 2015 年 5 月期间张某以陈某、杜某账户经营手机销售的资金使用情况的专项审计报告》统计的数据，2014 年 1 月至 2015 年 5 月，张某通过 PayPal 境外网站销售手机的货款总额折合人民币约为 100350140. 63 元，发生交易扣款（包括退赔款及退换货手续费等）折合人民币约为 25146636. 44 元，销售净额折合人民币约为 75203504. 19 元。张某通过杜某招商银行账户收取销售回款人民币 70173943 元，通过王某中国银行账户收取销售回款人民币 1313600 元，两笔销售回款合计人民币 71487543 元。该销售回款与销售净额间的差额人民币 3715961. 19 元为张某支付香港特区货运公司的仓储、物流、喜拓有限公司运营费用以及香港特区员工工资等。而张某通过杜某、王某收取的销售回款人民币 71487543 元中，用于支付供应商货款合计金额为人民币 55502008 元，支付员工工资净额人民币 7054727. 98 元，再扣除目前被公安机关冻结的杜某光大银行账户存款约为人民币 1036729. 04 元和陈秀招商银行账户存款约为人民币

117029.63 元（两笔存款合计人民币 1153758.67 元），张某 2014 年 1 月至 2014 年 10 月间用于生活开支的费用不超过人民币 7777048.35 元。即便将张某用于购车、购房与支付小孩生活费的款项均包括在内，张某在 2014 年 1 月至 2014 年 10 月间用于生活开支的费用也未超过人民币 7777048.35 元，仅占其销售手机货款总额人民币 100350140.63 元的 7.75%。并且，张某的上述生活开支主要发生在 2014 年 8 月份之前，当时张某并未拖欠供应商货款。若再扣除张某购车款计人民币 211 万元，购房款计人民币 3031333 元，小孩生活费计人民币 99 万元，张某在 2014 年 1 月至 2014 年 10 月间用于生活开支的费用仅为人民币 1645715.35 元，仅占其销售手机货款总额人民币 100350140.63 元的 1.64%。因此，从资金走向及构成方面看，应该认定张某不存在"非法占有目的"。

2. 从张某未及时支付供应商货款究竟是主观原因造成还是客观原因造成角度来论证张某不存在非法占有目的。辩护人认为：张某没有及时向供货商支付货款的根本原因在于：部分供货商利用张某的信任和疏忽。从 2014 年 6 月份开始，供货商向张某交付存在严重产品质量的二手手机，并且交付的残次手机比例逐月递增，直接导致了张某遭受巨额亏损，每月手机销售金额扣除退赔款及退换货手续费后，根本无力向供货商按时足额支付货款。

经初步统计，上述 PayPal 账户中 2014 年度退款及退换货费用清单（单位：美元）如下：

时间	收款笔数	退款金额	退换货手续费	当月合计	当月单笔平均亏损金额
2014 年 1 月	1261	-50970.21	-34009.19	-84979.4	—
2014 年 2 月	1151	-34273.35	-6281.18	-40554.53	—
2014 年 3 月	6178	-31971.44	-47282.51	-79253.95	-12.83
2014 年 4 月	7289	-91396.7	-69100.79	-160497.49	-22.02

时间	收款笔数	退款金额	退换货手续费	当月合计	当月单笔平均亏损金额
2014 年 5 月	10876	-172057.49	-73370.26	-245427.75	-22.57
2014 年 6 月	11486	-261319.14	-139982.63	-401301.77	-34.94
2014 年 7 月	12361	-374837.7	-119515.13	-494352.83	-39.99
2014 年 8 月	13423	-504859.07	-203464.07	-708323.14	-52.77
2014 年 9 月	9970	-482329	-167458.26	-649787.26	-65.17
2014 年 10 月	5223	-446131.95	-187281.02	-633412.97	-121.27
2014 年 11 月	5	-95863.43	-1757.39	-97620.82	—
2014 年 12 月	1	-52660.52	-3342	-56002.52	—

上述数据中，2014 年 1、2 月统计的退款及退换货手续费主要对应的是 2013 年底的销售数据，2014 年 11、12 月统计的退款及退换货手续费主要对应的是 2014 年 10 月份（包括 10 月份）之前的销售数据。因此，2014 年 3 ~ 12 月的销售数据才能客观反映张某 2014 年度对外销售二手手机的数量及亏损情况。

时间	收款笔数	退款金额	退换货手续费	合计	单笔平均亏损金额
2014 年 3 ~ 12 月	76812	-2513426.44	-1012554.06	-3525980.5	-45.9

经初步统计，2014 年 3 ~ 5 月，张某对外销售二手手机的收款笔数为 24343 笔，合计退款及退换货手续费为 -485179.19 美元，单笔平均亏损为 -19.93 美元。2014 年 6 ~ 7 月，张某对外销售二手手机的收款笔数为 23847 笔，合计退款及退换货手续费为 -895654.6 美元，单笔平均亏损为 -37.56 美元。2014 年 8 ~ 12 月，张某对外销售二手手机的收

款笔数为28622笔，合计退款及退换货手续费为－2145146.71美元，单笔平均亏损为－74.95美元。

通过比对上述统计数据，我们可以明显地看到：2014年6～7月，外销二手手机单笔平均亏损额比3～5月平均亏损额增加了88.46%；而8～12月外销二手手机单笔平均亏损额比3～5月平均亏损额增加了276%。供应商提供给张某的二手手机的质量明显下降，并不符合二手手机市场的正常行业标准。

即便是在二手手机质量明显下降的6～7月份，张某还是正常支付了供应商的货款。张某当时以为，6～7月份的手机质量下降，单笔平均亏损额的增加仅仅是意外，只要销售情况恢复到3～5月份，经营状况就会好转，并未考虑是否存在供应商以及公司员工的人为因素。但是，张某万万没有想到，供应商在8月份变本加厉，所提供的二手手机质量继续下降。8月份的二手手机单笔平均亏损额比3～5月平均亏损额增加了165%，直接导致张某经营状况急剧恶化。张某意识到了问题的严重性，但由于其忙于办理离婚手续无暇顾及公司，且在未对退换货手机进行检测从而无法直接证明供应商的货物质量问题的情况下，只能寄希望于之后的销售情况有所好转。结果，2014年10月份，张某从供应商处取得的二手手机外销单笔平均亏损额甚至比3～5月份平均亏损额增加了508%。很显然，张某不能按时足额支付供应商货款，是客观原因所致而非张某主观上不想付款，因此，应该认定张某不存在非法占有目的。

3. 从张某在案发前收到EBAY支付的货款后的处置方式上判断张某是否存在非法占有目的。辩护人手工统计了侦查案卷中张某在案发前支付供应商货款的相关数据。经统计发现，张某在案发前两个月合计收取了EBAY支付的货款合计仅为21632983.22元，但张某在案发前两个月合计向包括37位报案人在内的94位供应商累计支付货款高达人民币12037654.98元。从张某在案发前两个月对收到EBAY支付货款后的处置方式上也可以认定张某不存在非法占有目的。

（二）张某个人花销超过500万，性质如何认定

张某购买房产、汽车的行为只是正常的个人消费，属于对其合理利润的正常支配，并非刑法意义上的“个人挥霍”。

辩护人认为：被告人张某早在2013年底就从事二手手机销售业务，前期由于收购的二手手机质量还相对过关，所以前期张某实际还是结余了大量的利润。根据张某自己口述的情况，利润率（扣除合理的退款及退换货手续费后）不低于20%，即前期结余的利润实际超过1000万元。在此情况下，张某用个人名下合理的利润购买房屋及汽车，并无任何不妥。而且张某购买房产的时间是2014年6月19日，购买汽车的时间是2014年8月18日，当时张某经营状况并未恶化，张某所在公司与供应商之间货款结算均属正常。供应商也都反映从2014年9月起货款支付才开始出现迟延，但在2014年8月期间，整个合作关系仍属于正常状态。而张某公司之所以自2014年9月开始支付货款出现迟延，也是因为供应商交付的二手手机故障率大幅上升，导致EBAY每月支付的货款占总销售手机的比例在下降，最终导致巨额亏损，张某因无力同时承担EBAY手机亏损金额以及供应商的货款金额，导致资金链断裂。但上述资金链断裂实际与张某个人花销之间并不具备因果关系，因此，不能将张某存在个人花销认定其属于“个人挥霍”。

（三）张某是否存在刑事意义上的逃匿行为

张某虽然在2014年10月25日关闭公司，但其行为并不属于刑法意义上的“逃匿”。

逃匿字面意思是逃跑并且躲藏起来。所以，在合同诈骗罪中，行为人在签订合同过程中，采取虚构事实或隐瞒真相等欺诈手段，使受害人陷入错误认识，并基于这种错误认识将财物等具有财产性收益的标的交予行为人，行为人携款逃跑后躲藏起来，不履行或者不完全履行合同义务，受害人无法追回损失的行为。逃匿行为具有以下几个主要特点：一是从时间节点看，逃匿发生在行为人签订合同后，并且在已取得受害人

的财物，比如货款、预付款、定金、担保物等后。二是从逃匿行为认定前提看，行为人必须是采用了虚构事实、隐瞒真相的欺诈手段使合同对方当事人陷入错误认识，而“自愿”地向行为人交付财物。如行为人没有采取虚构事实、隐瞒真相的手段，对方当事人出于自己真实的意思表示将财物交给行为人的，行为人收受财物后逃匿的，不能认定为合同诈骗罪，应当作为民事纠纷。三是从行为人主观心态上看，收到货款、定金、预付款等财产性收益后，行为人逃跑并躲藏，是为了使对方找不到自己的下落，逃避履行合同义务，从而无法获得救济。除具备上述三点特征外，合同诈骗罪中的逃匿还需与行为人有无履行能力、行为人有无欺骗行为、行为人处置财物的态度等因素结合起来，综合评定。

具体到本案中，被告人张某并没有做出符合上述特征的逃匿行为。具体分析如下：

1. 张某突然关闭公司系“事出有因”，并非为了逃避供应商的货款，行为动机不同，法律性质也完全不同。根据被告人张某的供述：2014 年 9 月 16 日，张某接到某市某物流有限公司的通知，其委托该物流公司从香港特区运回 500 台左右的手机（即部分退换货手机）被香港特区海关查扣。2014 年 10 月 24 日上午，该物流公司将上述被查扣的手机退还至天成公司办公场所。24 晚，张某安排人员将上述手机带回香港特区仓库。2014 年 10 月 25 日上午，周某（天成公司员工）告知张某，其与张某某（即张某聘请的香港特区员工）无法与携带上述手机回香港特区的人员取得联系。在此情况下，张某担心该人员可能被有关部门查扣，并且此时天成公司的运营也存在极其严重的问题，因此，张某通知员工公司将进行整顿，员工暂时解散。

2014 年 10 月 25 至 26 日，张某一直与周某保持联系，要求周某继续联系运送手机的人员。直至 26 日中午，周某才与该人员取得联系，但该人员仅于 26 日晚将一半的货物（约为 250 台手机）送至香港特区仓库。

2014 年 10 月 27 日，张某与其前妻杨某协商一致，乘机前往成都办理离婚手续。10 月 28 日，张某与其前妻在成都民政部门办理完毕离婚手续后即返回某市。一到某市后就马上被供应商堵截在机场。张某自己主动提出到机场派出所协商解决事情，但双方无法在机场派出所达成和解。后公安机关介入将张某以涉嫌合同诈骗罪抓获。从张某关闭公司的过程上看，张某关闭公司的主观目的是逃避海关调查，而非是逃避供应商的货款。关闭公司的主观动机不同，法律性质及法律后果也完全不同，不能认定其属于合同诈骗罪项下的逃匿。

2. 张某虽然前期存在重大损失，但相关损失最终可以追究到具体的供应商，只要企业继续维持运营，损失可以得到弥补，完全不用逃匿。本案中，虽然张某前期损失较大，但从供应商季某的询问笔录可以得知，“张某知道我们的货具体是谁跟谁的，我们在机子里会贴标签，谁的手机出问题都可以对应找得到”。因此，既然张某完全可以根据退回的手机标签查明具体的供应商，那么对于张某而言，其最终损失完全可以通过向手机供应商索赔的方式得到弥补。在此情况下，张某完全没有必要逃匿。

辩护人结合上述辩护观点，向检察院和法院充分论述了辩护意见，检察院和法院经综合考虑，完全采纳辩护人提出的辩护观点，最终检察院主动撤回起诉，当事人实现了“从无期到无罪”的历史转折，最终辩护人达到了最大限度维护当事人合法利益的终极目的。

（责任编辑：杨敏）

关于企业破产清算中共益债务的几点思考

黎　伟[*]　代　晴[**]

《企业破产法》自2007年施行至今已有9年，《企业破产法》的第五章对破产费用和共益债务进行了规定。对于进入破产清算的企业来说，《企业破产法》的立法目的之一便是在企业进入破产清算程序后，尽最大的可能公平保护全体债权人的利益，因为此时破产企业的财产在实质上已经属于全体债权人，破产清算的程序即是对破产财产进行分配，并对债权人进行清偿的程序。债权人利益最大化可以通过几种途径来实现：（1）健全企业破产清算机制，保证破产清算程序的公开和透明，使债权人能够根据债权种类按不同的受偿顺序依法得到受偿；（2）使债务人可供分配的财产尽可能的多。这不仅是要尽可能避免债务人现有的财产流失，也包括尽量争取增加债务人的财产，包括濒临破产的债务人的财产。而《企业破产法》的第五章破产费用和共益债务则是保障破产程序顺利进行和债权人利益最大化的重要章节，其中第四十一条规定的破产费用主要是用于保障破产程序顺利进行的费用；而第四十二条规定的则是破产程序开始后债务人所发生的特定债务，该等债务对破产财产，亦即全体债权人的利益均有影响，故为共益债务。根据《企业破产法》第四十三条及第一百一十三条，破产费用和共益债务都可以从

* 广东晟典律师事务所律师、高级合伙人。

** 广东晟典律师事务所律师。

债务人的财产中优先受偿。

然而，根据《企业破产法》第四十二条，对于共益债务的认定，有着严格的时间和种类范围限制，存在一定的不周延性和滞后性，不利于全面地保护债权人的利益，本文将结合具体案例来对我国《企业破产法》中共益债务的认定提出几点思考。

一、我国现行法律对共益债务的规定

《企业破产法》第四十二条对共益债务的范围进行了规定："人民法院受理破产申请后发生的下列债务，为共益债务：（一）因管理人或者债务人请求对方当事人履行双方均未履行完毕的合同所产生的债务；（二）债务人财产受无因管理所产生的债务；（三）因债务人不当得利所产生的债务；（四）为债务人继续营业而应支付的劳动报酬和社会保险费用以及由此产生的其他债务；（五）管理人或者相关人员执行职务致人损害所产生的债务；（六）债务人财产致人损害所产生的债务。"

与共益债务相对应的概念是共益债权。但《企业破产法》条文未对共益债务和共益债权予以定义，而是列举了共益债务外延的六种类型。而其内涵，按《企业破产法》立法本意，共益债务是"人民法院受理破产申请后基于债务人本身和债务人财产所发生的费用的总称"①，其核心要素是为全体债权人利益而产生的债务。

我国《企业破产法》对共益债务的界定有两个特点：（1）在时间方面，明确界定债务的形成时间是人民法院受理破产申请后；（2）在共益债务的外延方面，明确限定了属于共益债务六种情形，在立法技术上没有诸如"其他共益债务的情形"这类在其他法律条文中常用的兜底条款。

作者之所以关注、研究上述法律条文，是因为曾作为北京和君创业管理咨询有限公司的代理人办理了 IPAD 商标维权之律师费案件。在代理该案的诉讼过程中，针对该条文的适用，代理律师之间、代理律师和

① 付翠英：《论破产费用和共益债务》，载《政治与法律》2010 年第 9 期。

法官之间存在极大的争议，而这些争议和对争议的解决和评判，以及由此产生的示范效应，将为法律人提供诸多值得思考的空间。下面就以该案件为对象予以评述。

二、广和律所、和君公司、国浩律所诉唯冠公司委托合同纠纷案（以下简称 IPAD 商标维权律师费案）

（一）基本案情

2010 年至 2011 年期间，唯冠科技（深圳）有限公司（以下简称唯冠公司）分别与广东广和律师事务所（以下简称广和律所）、北京和君创业管理咨询有限公司（以下简称和君公司）、广东五维律师事务所（以下简称五维律所）和国浩律师（深圳）事务所（以下简称国浩律所）签订委托代理合同及相关补充协议，约定唯冠公司委托前述三家律所和和君公司通过诉讼和非诉讼、媒体宣传、与相关主管部门沟通等多种方式解决其与苹果公司关于 IPAD 的商标确权纠纷，广和律所收取的律师费为唯冠公司从苹果公司获得利益的 8%，和君公司、国浩律所、五维律所收取的律师费为唯冠公司从苹果公司获得利益的 10%（三方按照 4∶4∶2 的比例进行分配）。广和律所、和君公司、五维律所、国浩律所依约履行各自义务，开展了相关工作，包括但不限于对 IPAD 商标维权行动方案进行策划、进行该案的媒体宣传和公关、与行政机关沟通协商、在法院提起诉讼、参与唯冠公司与苹果公司的谈判活动等。经过前述四方的努力，深圳市中级人民法院（以下简称深圳中院）于 2011 年 12 月对苹果公司起诉的 IPAD 商标确权案作出一审判决，判决驳回苹果公司的起诉，IPAD 商标所有权属被告唯冠公司。苹果公司不服一审判决，于 2012 年 2 月向广东省高级人民法院（以下简称广东省高院）提起上诉，广和律所与国浩律所共同代理唯冠公司参加二审并参与调解谈判。2012 年 6 月 25 日，在广东省高院的主持下，唯冠公司与苹果公司达成调解协议，由苹果公司向唯冠公司支付 6000 万美元，唯冠公司将中国大陆 IPAD 商标权益转让给苹果公司。调解书签署后，苹果公司支付了6000万美元给唯冠公司。

在前述四方与唯冠公司签订委托代理合同之时，唯冠公司已经处于严重资不抵债的状态。2010年12月，因拖欠巨额债务，特别是多家银行债务，银行团债权人申请执行唯冠公司财产，唯冠公司的全部资产被深圳市盐田区人民法院（以下简称盐田法院）查封监管。唯冠公司的银行团债权人出于IPAD商标利益最大化的需要，一直未申请唯冠公司破产。因唯冠公司全部财产及公司的证照、印章已处于盐田法院的监管之下，唯冠IPAD商标维权活动中相关诉讼的《委托代理合同》、授权书、答辩状等都经过作为执行法院的盐田法院审核认可后才加盖公章。而唯冠公司与前述四方的《委托代理合同》变更、改签、合同的执行、诉讼维权等全部活动，均有作为申请执行人的银行团债权人代表参与，也一直得到了包括银行团在内的债权人的同意、支持和鼓励。对《委托代理合同》中唯冠公司将优先支付律师费的条款，银行团债权人没有提出异议。显然，除已经被法院查封冻结的财产外，若能从苹果公司IPAD商标侵权索赔或商标转让的解决中获得经济利益，则唯冠公司的可供执行、分配的财产将大大增加，将使包括银行团在内的全体债权人直接受益。

2011年7月25日，富邦产物保险股份有限公司（以下简称富邦公司）向深圳中院申请唯冠公司破产清算；2012年3月27日，深圳中院以IPAD商标登记于唯冠公司名下，对该无形资产未做评估、价值未定为由，认为无法认定唯冠公司资产不足以清偿全部债务或者明显缺乏清偿能力，裁定对富邦公司的申请不予受理。随后，富邦公司提出了上诉。

2012年6月25日，唯冠公司与苹果公司在广东省高院的主持下达成调解协议，苹果公司将6000万元美元和解款支付到盐田法院的执行账户，广和律所、和君公司、国浩律所要求唯冠公司按合同约定优先支付律师费和维权费用，因唯冠公司的全部财产处于盐田法院的监管之下，同时向盐田法院提出付款要求，但被盐田法院拒绝。随后，广和律所、和君公司、国浩律所分别向盐田法院起诉唯冠公司，请求法院确认相应的律师费数额，且该等律师费债权享有优先受偿权。

正在此纷争发生之际，2012 年 9 月 10 日，广东省高院指定深圳中院受理唯冠公司破产清算一案，深圳中院于 2012 年 10 月 8 日以（2012）深中法破字第 28 号立案受理该破产清算案。

（二）法院判决和理由

2013 年 9 月 5 日，盐田法院对广和律所、和君公司、国浩律所诉唯冠公司委托代理合同三案分别作出一审判决。一审法院（盐田法院）判决确认了广和律所、和君公司和国浩律所对唯冠公司享有的债权数额分别是美元 480 万元、美元 240 万元和美元 240 万元，驳回广和律所、和君公司和国浩律所的其他诉讼请求，即亦驳回其要求优先受偿的诉讼请求。一审法院认为，原告的债务产生于法院受理唯冠公司破产案件之前，且不属于《破产法》第四十二条规定的六项情形之一，故不能认定为共益债务。[①]

广和律所、和君公司和国浩律所不服一审判决，认为律师费债权属于共益债务，应当优先受偿，故向深圳中院提起上诉，请求二审法院改判广和律所、和君公司和国浩律所就律师费享有优先受偿权。

二审法院经审理后驳回广和律所、和君公司和国浩律所的上诉，维持原判。二审法院认为“该三案的争议焦点是律师费债权是否为共益债务，是否可以在破产清算程序中优先受偿”[②]。而针对这个问题，深圳中院认为：“广和律所、和君公司和国浩律所接受唯冠公司委托、完成委托事务、唯冠公司支付律师费条件成就但未能付款等事实，均发生于唯冠公司破产清算被受理之前。对照上述法律规定（即《企业破产法》第四十二条），三案律师费债权在发生的时间点上并不属于共益债务范围。广和律所、和君公司和国浩律所主张的在债务人破产被受理前一定时间内为债务人利益而发生的相应费用为共益债务应当优先受偿的观

① （2012）深盐法民二初字第 325 号民事判决书。

② （2013）深中法商终字第 2273、2274、2276 号民事判决书。

点，尚属学理探讨范围，不能作为认定本案债务性质的法律依据。故本院认为广和律所、和君公司和国浩律所以三案律师费属于共益债务为由主张优先受偿，法律依据不足。”① 而对于广和律所、和君公司和国浩律所与唯冠公司主张签订合同并履行职务的过程均有银行团等大债权人的参与，且该等债权人也承诺会对广和律所、和君公司和国浩律所进行优先偿付，而当时作为执行法院的盐田法院对这些都是知晓的。深圳中院认为，即使该等承诺存在，原审法院也知晓，但该承诺是债务人进入破产清算前的强制执行程序中由部分债权人作出，不能认定为是全体申请执行人当时的意思表示；即使是全体申请执行人当时的意思表示，但因债务人随后进入破产程序，在执行过程中全体申请执行人的意思表示也不等同于债权人会议的决议，故这不能作为律师费债权在唯冠公司破产清算程序中得以优先受偿的法律依据。②

深圳中院受理唯冠公司破产清算案后，指定北京市中伦（深圳）律师事务所和深圳市金大安清算事务有限公司为破产管理人。经破产管理人核查无异议的债权共 218 家，确认债权总额为人民币 1243771626.22 元，其中税款债权为人民币 3286971.04 元；不予确认债权 51 家，不予确认债权金额为人民币 30790823.59 元，剩余 13 家债权尚未审核完成，对 2 家取回权的审查，一家不予确认，一家予以确认。唯冠公司可分配财产金额为人民币 382579516.49 元。

在该次清算分配时，优先债权数额：税款债权为人民币 3286971.04 元，应优先支付和预留的破产费用及共益债务共计人民币 16394081.29 元；普通债权数额为人民币 2271236065.74 元；普通债权受偿比例为 8.6949%。

从上述可分配财产金额、普通债权数额和普通债权受偿比例可以看出，唯冠公司可分配财产金额为人民币 382579516.49 元，绝大多数来自于 IPAD 商标维权律师团队通过创造性劳动为唯冠公司所带来的 6000

① （2013）深中法商终字第 2273、2274、2276 号民事判决书。

② （2013）深中法商终字第 2273、2274、2276 号民事判决书。

万美元财产收益（按当时美元兑人民币中间价汇率6.323计算，约合人民币37938万元）。而在让唯冠公司全体债权人受益的同时，维权律师团队自己的律师费却没有享受到优先受偿的待遇，而是与其他普通债权一样，按非常低的普通债权受偿比例受偿，尽管与唯冠公司签订的《委托代理合同》中有优先支付律师费的约定。

在破产清算过程中，维权律师团队向债权人委员会提出了一项议案，要求律师费在破产财产中优先受偿，希望提交债权人大会表决。颇具讽刺和悲剧意味的是，表决结果显示，当初同意、支持、鼓励维权律师团队代表唯冠公司向苹果公司交涉、索赔、诉讼并同意《委托代理合同》中优先支付律师费条款的银行团的大额债权人无一家投赞成票。维权律师团队的这个提案被债权人大会否决。

三、由IPAD商标维权律师费案引发的对我国《企业破产法》中共益债务的几点思考

IPAD维权律师费案终审判决作出后，在律师界产生了巨大的反响。许多律师认为，如果在企业严重资不抵债之时为企业利益和企业此时既有之全体债权人利益付出劳动，而在企业进入破产清算程序后其律师费债权只能作为普通债权，即便为全体债权人利益付出劳动也得不到预期的回报和优先保护，那么谁还会有为严重资不抵债的企业或可能进入破产清算的企业尽全力争取利益的积极性？如此一来，企业的利益难以得到及时而全面的维护，待其进入破产清算程序后，最终受损的还是全体债权人。

（一）唯冠维权律师团队的律师费债权具有共益性，为了更好地维护全体债权人利益，应当对于该等律师费债权予以特殊保护

虽然IPAD维权律师费债务适用《企业破产法》第四十二条有两个不符点：一是时间节点不符；二是该条文列举的共益债务的六种情形中没有与其完全匹配的情形。但是，该等律师费确属为全体债权人的利益而必要支付的服务费；且维权律师团队的劳动实实在在地为全体债权人

创造了经济利益，使全体债权人受益，具有共益性。广和律所、和君公司、国浩律所三家组成的维权律师团队的债权理应得到优先受偿，将其债权作为普通债权既不公平，也不合理。在一个企业已经资不抵债、无力支付包括律师费在内的维权费用的情况下，如果对为全体债权人谋取利益的律师团队的劳动报酬不予优先保护，那么无法充分体现该等劳动的价值，也不能保护和激励为扩大全体债权人利益所作的努力，如此一来，受损的终将是全体债权人。

（二）认定共益债务的时间范围过于严苛，应当扩展认定共益债务的时间范围

在IPAD商标维权律师费案中，法院没有支持唯冠律师团队所主张的律师费债务为共益债务的理由之一便是该债务所产生的时间不符合《企业破产法》第四十二条对共益债务产生时间的规定，维权律师团队的绝大多数工作是在债权人提出破产申请至深圳中院正式立案受理这一时间段完成的，苹果公司的6000万美元和解款项也是在这一时间段争取到的，律师费债务也是在这个时间段产生的。对于在破产申请提出一直到法院受理破产案件之前的时间段内发生债务的性质问题，有法官认为，对于破产申请提出之后，人民法院受理破产案件之前的这段时间，以及破产程序终结后的一段时间，为追收破产财产、追加分配而支出的费用，属于为全体债权人利益而支出的必要支出。因此，在这两段时间发生的为追收破产财产、追加分配而支出的费用亦属于共益债务。[①] 上述观点对共益债务发生的时间节点进行了扩大解释，完全契合对为全体债权人的利益而产生的债权予以特殊保护的立法精神（虽然此观点被二审法院认为属学理探讨）。

目前，《企业破产法》关于共益债务的设计没有考虑到濒临破产企业未来破产债权的争取问题。如前所述，如果在企业濒临破产时，律师为企业争取利益后自身的律师费用却得不到充分保护，那么将不会有律

① 霍敏主编：《破产案件审理精要》，法律出版社2010年版，第104页。

师愿意为濒临破产的企业来争取原本可以争取的未来的破产债权，这将对未来企业进入破产程序后全体债权人的利益造成致命打击。因此，为了更全面地保护全体债权人的利益，我们认为应当对认定共益债务的时间范围予以扩展。在实践中，债务人从严重资不抵债到申请破产清算（不论是债务人主动申请还是债权人提出申请）再到法院受理破产清算案件的时间长短不一，此时，相当一部分的债务人的主营业务已经停止，许多对债务人的债权已进入执行程序，债务人的资产明显无法清偿全部负债。此时，应当鼓励律师等专业人员通过为债务人追收财产等方式创造和争取尽可能多的利益。如果因此创造出的利益能够帮助债务人走出资不抵债的困境，使得债务都能得到清偿，这固然是各方最希望见到的情形，但即使经过努力后债务人未能避免进入破产清算程序，而律师等专业人员为债务人所追讨的财产和取得的利益也是有利于全体债权人的。因此，我们认为，应当将共益债务的时间节点提前到债务人“严重资不抵债、濒临破产”之时。债务人“严重资不抵债、濒临破产”的判断标准包括：（1）债务人主营业务已经基本停止；（2）已有多笔针对债务人的债权进入了执行程序且不能清偿；（3）债务人的负债已经明显大于其资产。只有扩展认定共益债务的时间范围，才能激发各方为已经严重资不抵债、濒临破产的债务人争取利益的积极性，这最终也是有利于进入破产清算程序前和进入破产清算程序后全体债权人利益的。

（二）在《企业破产法》第四十二条列举的共益债务六种情形之外，应当增加兜底条款

《企业破产法》第四十二条没有通常立法时采用的兜底条款，诸如“其他某某情况”，而是明确限定了六种属于共益债务的情形。计划总有前瞻，而立法常有滞后。社会经济生活总是向前发展的，共益债务产生的情形很难全部预测。建议第四十二条增加一条兜底条款，来保证当出现了立法时预测不到的情形，但其本质符合本条的立法本意（即是为了全体债权人利益而发生的债务）时可以适用。

综上，《企业破产法》第四十二条对于共益债务的规定有一定的不周延性和滞后性，为保障企业破产清算时债权人的利益得到更好的保护，应当扩展认定共益债务的时间范围至债务人严重资不抵债、濒临破产之时，并增加兜底条款，以保证只要是为了全体债权人的利益而产生的债务，都应当列入共益债务并予以优先清偿。只有这样，才能起到鼓励各方在债务人严重资不抵债之时，积极尽全力为债务人争取利益而无需担心日后债务人如进入破产程序，其劳动付出得不到相应回报。如果债务人最终进入破产程序，之前各方为债务人所做努力的劳动成果对全体债权人利益也是有利的，这形成的将是多赢的局面。

（责任编辑：黄秀雅）

浅谈我国私募基金的法律监管

赖灿辉[*]　黄行之[**]

一、背景介绍

私募基金发展至今已逐渐成为当今世界金融资本市场中的重要组成部分之一，成为世界各国经济发展重要的加速器。[①] 私募基金具有很强的市场竞争性，能够吸引大量的人才和资金参与其中，但是也逐渐显现出一些可能影响其持久健康发展的问题，例如管理者未尽其义务、投资者不具备相应的风险识别及风险承担能力、内幕交易、非法牟利、破坏市场等市场、法律以及道德风险。因此，法律上的监管是必不可少的。

我国私募基金行业在很长一段时间没有形成完备的法律监督管理制度，给私募基金的参与各方造成了一些不必要的困惑。虽然在实践中，个别基金创造了辉煌的业绩，但仍然留下了许多隐患，尤其是在私募证券领域，存在风控制度缺失、高倍杠杆、暗箱操作等问题。显然，在我国私募基金的发展中存在着许多法律方面的问题，急需建立一套与我国私募基金发展实际情况相适应的监管法律体系，消除我国私募基金存在的法律困境，促进我国私募基金行业健康快速发展。

---

* 广东晟典律师事务所高级合伙人、广东晟典（前海）律师事务所主任。

** 福特汉姆大学美国法专业法学硕士。

① 孙广阔：《我国私募基金发展的法律困境及解决途径》，载《商》2016年第4期。

近几年，证监会及基金业协会不断完善对私募基金的监管体系。中国基金业协会发布的《私募投资基金募集行为管理办法》（以下简称《募集办法》）于2016年7月15日起施行，以此为标志，我国私募基金进入一个相对规范的阶段。接下来，本文将对私募基金的规范化运行展开讨论。

二、现有体制下私募基金的规范化运行

（一）私募基金的募集主体规范

私募基金与公募基金相似，都是以信托制度为理论基础。在基金管理人、基金托管人和基金投资者三者关系中，基金管理人及托管人扮演着受托人的角色，承担受托人的义务，为基金投资者的最大利益服务。然而，与公募基金相区别的是，私募基金又有着监管力度较小、信息披露要求不高及经营形式较为灵活等特征，使私募基金管理人在信托关系中的权重较之公募基金管理人明显加大，如不加以必要的监管，很可能诱发私募基金管理人的道德风险和逆向选择行为，损害基金投资者的利益甚至给整个市场和金融系统带来风险。但对私募基金管理人的监管又不能过于严苛，否则会扼杀其活力，过分限制其自由而导致整个私募基金市场的萎缩。收放之间的把握似乎成了一个艰难的选择。[①] 为了更好地实现对私募基金管理人的监管，基金业协会首先采取的是对私募基金管理人实施登记及基金备案制度。2014年8月21日，其出台了《私募投资基金管理人登记和基金备案办法（试行)》，其中第三条“中国证券投资基金业协会（以下简称基金业协会）按照本办法规定办理私募基金管理人登记及私募基金备案，对私募基金业务活动进行自律管理”以及第五条“私募基金管理人应当向基金业协会履行基金管理人登记手续并申请成为基金业协会会员”，明确了协会对私募基金管理人的要求，即需要登记及备案产品。

---

① 周喜春：《私募基金管理人监管法律制度研究》，江西财经大学2005年硕士学位论文。

自 2014 年 8 月 21 日中国基金业协会发布《私募投资基金管理人登记和基金备案办法》后，私募基金管理人在中国基金业协会登记并备案的私募基金产品的数量日益增加，截至 2016 年 2 月，登记的私募基金管理人已多达 26000 多家。虽然表面上看，此次登记备案对私募基金行业起到了一定的监管作用，但是仍然暴露出许多的不足之处。最突出的问题就是，许多私募基金管理人以为登记或备案成功即完成所有义务，而忽视了在登记备案完成后还需要履行相应的义务，包括在资金募集和投资运作阶段的基本要求。同时，还有很多私募基金管理人并没有认识到填报信息的重要性，存在大量随意登记注册、填报虚假信息及误导性信息的情况。这些虚假信息或者误导性信息严重影响基金业协会的实际监管和投资者对管理人的判断。同时，还有相当一部分的私募基金管理人在登记完成后没有实际开展私募相关业务，成为所谓的“僵尸户”。

经过长达一年半时间的实践积累，基金业协会已收集了大量的管理人数据，对其有充分的了解，开始尝试解决上述的诸多问题。2016 年 2 月 5 日，基金业协会发布了《关于进一步规范私募基金管理人登记若干事项的公告》（中基协发〔2016〕4 号文件）。在这份文件中强调了四点内容：（1）关于取消私募基金管理人登记证明；（2）关于加强信息报送的相关要求；（3）关于提交法律意见书的相关要求；（4）关于私募基金管理人高管人员基金从业资格相关要求。其中（2）和（4）是强调私募基金管理人自身实力的要求以及重视中国基金业协会所制定的自律规则。而（1）和（3）则强调基金业协会发放的纸质私募基金管理人登记证书及私募基金管理人电子证明不再作为私募基金管理人登记业务的相关证明文件，同时，提出私募基金管理人在几种特定的情况下需要提交法律意见书的要求。这份公告毫无疑问将会增加私募基金人的展业成本。虽然法律意见书不能完全杜绝可能存在的问题，但是这一定会促使私募基金管理人更加积极地进行自律整改，同时淘汰一批所谓的“僵尸户”。实际效果也是显著的，据中国基金业协会 2016 年 8 月 1 日发布的《关于私募基金管理人注销相关事宜的公告》披露，自《中国基金业协会关于进一步规范私募基金管理人登记若干事项的公告》实施以来，累计超过一万家机构已被注销私募基金管理人登记。

2016年4月15日，基金业协会发布《募集办法》，已于2016年7月15日正式实施，该《募集办法》再次强调了募集主体为两类：第一类是在中国基金业协会办理登记的私募基金管理人；第二类是在中国证监会注册取得基金销售业务资格并已成为中国基金业协会会员的机构，该类机构可以受私募基金管理人的委托募集私募基金。至此，募集主体就明确为上述两类主体，其他任何机构和个人都不得从事私募基金的募集活动。

（二）私募基金的投资者规范

私募基金强调向特定的、具有风险识别能力以及风险承担能力的投资者募集资金，这是私募基金保持健康发展的基石。早在《中华人民共和国证券投资基金法》中就明确了投资者人数不得超过200人、且必须是达到规定资产规模或者收入水平，并且具备相应的风险识别能力和风险承担能力、其基金份额认购金额不低于规定限额的单位和个人。在这个指导思想下，中国基金业协会《募集办法》第二十八条作了更加明确的规定："……私募基金的合格投资者是指具备相应风险识别能力和风险承担能力，投资于单只私募基金的金额不低于100万元且符合下列相关标准的机构和个人：（一）净资产不低于1000万元的机构；（二）金融资产不低于300万元或者最近三年个人年均收入不低于50万元的个人……"

虽然中国基金业协会已制定了明确的投资者标准，但是笔者认为，仍有一个问题值得考虑。能够真正落实合格投资者的标准不仅仅是需要列出一个最低的门槛，还要制定一系列的具体判断标准以及惩罚措施。有人认为，要求投资者提供详细的资产证明以及收入证明可能过于严格，会影响投资者的参与热情。但是笔者认为，合格投资者制度应该作为一项提供给投资者及管理人的重要参考标准，管理人需要制定合适的审核标准，包括合格投资者相应的资产证明或收入证明。因为这体现了私募基金监管的最重要的原则之一，即保护投资者合法利益的原则。

（三）私募基金的规范化运行

从宏观层次看，对于我国私募基金的监管，最为重要的是确立一个有别于公募基金管理人又适合于私募基金的监管体系，不能盲目沿袭公募基金管理人的监管模式。对私募基金进行监管主要是为了达到三个目标：保护投资者、确保市场完整和提高市场的稳定性。[①]

从微观层次看，对私募基金的监管应从以下三个方面进行：其一是事前监管。事前监管是以私募基金的设立为临界点。事前监管主要是解决私募基金的募集设立、基金结构和基金合同规范等问题。其二是事中监管。事中监管主要是对私募基金管理人在管理、运作私募基金资产过程中的一系列行为进行必要的监督和管理，涉及信息披露、风险控制、资金隔离的规范，私募基金托管人与私募基金管理人的权责划分、运作基金资产的合法性、合规性监管以及自律组织的监管。事中监管是整个私募基金管理人监管的重心，也是监管成败的关键。其三是事后监管。事后监管主要把握的是一个归责的问题，一方面，私募基金管理人怠于履行自己的受托义务给投资者造成损失，投资者可以要求基金管理人赎回基金份额，并赔偿因此而受到的损失；另一方面，除赔偿投资者的损失外，如私募基金管理人还存在违法犯罪行为的，还应当承担相应的行政责任甚至刑事责任。

笔者认为该《募集办法》体现了如下两个最显著的变化：

第一，《募集办法》强调私募基金需要建立募集结算资金专用账户并和监督机构签订监督协议。按照中国基金业协会给出的定义，募集结算资金专用账户是指用于统一归集私募基金募集结算资金、向投资者分配收益、给付赎回款项以及分配基金清算后的剩余基金财产等，确保资金原路返回的专用账户。成立该专用账户的用意就在于保障投资者的利益，避免因为私募基金管理人在基金管理上存在混乱的情况而损害投资者的利益或增加潜在的风险。在此基础上，《募集办法》第十三条要求

① 周喜春：《私募基金管理人监管法律制度研究》，江西财经大学2005年硕士学位论文。

募集机构应当与监督机构签署账户监督协议，明确对私募基金募集结算资金专用账户的控制权、责任划分及保障资金划转安全的条款。监督机构应当按照法律法规和账户监督协议的约定，对募集结算资金专用账户实施有效监督，承担保障私募基金募集结算资金划转安全的连带责任。因此，我们可以发现，《募集办法》所确定的监督协议对权责有着明确的划分，主要目的在于区分私募基金管理人固有资金和从投资者处募集来的资金，避免出现二者混同的现象以及防止私募基金管理人不合规地运行基金。同时，《募集办法》对于监督机构也有较为严格的要求，《募集办法》中规定，监督机构是指中国证券登记结算有限责任公司、取得基金销售业务资格的商业银行、证券公司以及中国基金业协会规定的其他机构，并且应当成为中国基金业协会的会员。

第二，《募集办法》强调特定的、规范的募集程序。《募集办法》第十五条规定私募基金募集应当履行六个特定程序。（1）特定对象确定；（2）投资者适当性匹配；（3）基金风险揭示；（4）合格投资者确认；（5）投资冷静期；（6）回访确认。其中投资冷静期以及回访制度是此次新增规定，其主要用意还是保护投资者。合同中需约定，投资者拥有不少于24小时的投资冷静期，同时在回访确认成功前有权解除合同，这给予投资者一个相对自由的决定权。显然，这两个变化能够很好地督促募集机构在尊重投资者选择权的同时进行专业化、规范化的私募投资基金业务。

三、现有监管体制下私募基金可能存在的困惑

从某个角度来说，很多人将《募集办法》描述为“史上最严的私募新规”也不无道理。笔者认为，总体而言，此次新规比较好地针对目前私募基金可能存在的问题作出了相对应的规定，能够较好地引导私募基金各方合理地参与其中，将促进私募基金的健康发展。但是，《募集办法》中的细节也有一些值得考虑，从而避免可能存在的困惑。

（一）投资冷静期制度如何约定

《募集办法》对于私募投资基金的不同类型缺少针对性的设置，可能在特定的私募基金类型中某些条款不能发挥出预期的效果。其中争议最大的当属投资冷静期制度，借鉴相关行业的实践经验、国际惯例以及《保险法》的规定，《募集办法》中规定，募集机构在投资冷静期内不得主动联系投资者，基金合同投资者在冷静期内有权解除基金合同。同时，《募集办法》根据私募投资基金的不同类型在起算点上作出了区分，私募证券投资基金中的投资冷静期自基金合同签署完毕且投资者交纳认购基金的款项后起算，而私募股权投资基金、创业投资基金等其他私募基金合同关于投资冷静期的约定可以参照私募证券投资基金的相关要求，或者自行约定。

这条规定仅对私募证券投资基金给出了详细的规定，而对于其他类型的私募基金并没有完全限制。这既给予私募基金管理人较大的自由度，也给予其一个难题。以私募股权投资基金为例，私募基金管理人在私募股权投资基金时需要进行长时间的项目寻找和项目评估，最终才能形成明确的投资决策。如果管理人没有过硬的过往投资业绩以及优质的投资项目，则很难赢得投资者的信任。如果投资者和管理人已经经过长时间的洽谈、沟通了解，双方之间已经充分了解，同时也理解投资项目的情况。假定在合同中约定投资冷静期自基金合同签署完毕且投资者交纳认购基金的款项后起算，则可能意义不大，因为此时投资者改变决策的可能性不大，同时也会给管理人增加一定的风险。根据对《募集办法》的理解，投资冷静期不少于 24 小时且于基金合同中约定，那么，非私募证券投资基金可以自行约定，最大限度地有利于管理人的条款就是基金合同约定签订时间，而不论是否已经交纳认购基金，约定签订时间超过 24 小时后，投资冷静期即完成。不过，《募集办法》规定，私募股权投资基金、创业投资基金等其他私募基金合同关于投资冷静期的约定可以参照私募证券投资基金的相关要求，“参照”的意思是私募证券投资基金冷静期的约定是最低标准还是可以理解成只要符合《募集办法》的最基本规定则可，并不明确。如果是后者，参照一说实属多余。

（二）基金托管是否为必须

《募集办法》是否规定了必须托管也存在一些不同的解读。笔者认为，《募集办法》第十三条“募集机构应当与监督机构签署账户监督协议，明确对私募基金募集结算资金专用账户的控制权、责任划分及保障资金划转安全的条款”的规定，实质上基本上等同于要求私募基金必须托管。为何如此理解？

根据《私募投资基金监督管理暂行办法》，采取委托管理方式的，应当签订委托管理协议，委托托管机构托管基金财产。而根据《募集办法》，募集机构应当与监督机构签署账户监督协议，建立募集结算资金专用账户。虽然从形式上看，机构对于募集结算资金专用账户的控制权及监督义务应当不能等同于托管。但是，依据《募集办法》第二条的规定，募集机构就只有两类，管理人自己进行募集或者委托有资格的基金销售机构。而根据《募集办法》第十三条第二款“取得基金销售业务资格的商业银行、证券公司等金融机构，可以在同一私募基金的募集过程中同时作为募集机构与监督机构……”的规定，显然，管理人如果自己进行募集也是一定要找监督机构的。依《募集办法》第十三条第三款“本办法所称监督机构指中国证券登记结算有限责任公司、取得基金销售业务资格的商业银行、证券公司以及中国基金业协会规定的其他机构。监督机构应当成为中国基金业协会的会员”的规定，监督机构不可能是其他私募管理人，基本就是有资格的银行、证券公司，中国证券登记结算有限责任公司，而基金托管人也基本就是有资格的银行、证券公司，基金托管人基本都有资格担任监督机构。同时，《募集办法》第十三条第一款规定：“……监督机构应当按照法律法规和账户监督协议的约定，对募集结算资金专用账户实施有效监督，承担保障私募基金募集结算资金划转安全的连带责任。”既然作为监督机构要承担连带责任，那么，监督机构为了将承担监督责任的可能性降到最低，其必然会有最大的动机要求资金账户托管，否则，作为监督机构，如何可以最安全有效方便地监督资金的安全？显然，托管是最为安全有效方便的唯一方法且还可以获得更多的经济效益。

因此，根据《募集办法》第十二条第二款“本办法所称私募基金募集结算资金是指由募集机构归集的，在投资者资金账户与私募基金财产账户或托管资金账户之间划转的往来资金。募集结算资金从投资者资金账户划出，到达私募基金财产账户或托管资金账户之前，属于投资者的合法财产”的规定，《募集办法》即使本意上，或者条文本身都认可可以不托管的情况，但由于规定了监督机构是应当有的、是强制性的，笔者认为，这间接导致了托管基本上属于应当了。

四、结语

综上所述，我国现有私募监管体制已越来越趋于公募化管理，也就是说管理上趋严，对投资者的保护也大大提升。规范化管理将会促使私募基金行业进入一个健康发展的快车道。

（责任编辑：张艳）

庭审中心主义下控辩关系的重构

——从公诉人的视角

丁　乐*

十八届四中全会提出了“切实推进以审判为中心的诉讼制度的改革”，这是对西方先进诉讼制度理念的借鉴，也是对我国改革开放近40年来诉讼经验的总结和升华，是现代刑事法治的必然要求。“庭审中心主义”是与“侦查中心主义”相对应的概念，是指只有通过庭审才能对被告人定罪量刑，突出庭审的中心地位。法庭上，控辩双方相互辩论对抗，是庭审的主角，控辩关系的成熟与完善关系到庭审中心主义的成败。庭审中心主义也要求实质的控辩对抗和理性的控辩关系。本文拟从公诉人的视角论述在新的刑事诉讼格局中，庭审中心主义之下如何构建新的控辩关系，以及公诉人在新控辩关系之下的应对和自处。

一、平等武装——控辩关系的基础

控辩对等是新型控辩关系的基础，原以“侦查为中心”的刑事诉讼模式中，由于控辩双方不对等，侦、控机关掌握绝大多数的司法资源，导致一方独大，辩方处于相对弱势地位。于是，一部分律师剑走偏

---

* 广东省广州市人民检察院检察员、中南财经政法大学博士研究生，主要从事刑事诉讼法学、犯罪学、检察学研究。

锋，成为“死磕派”律师，采取闹庭、甚至暴力对抗的方式来争取辩方权利。所以，我们必须在控辩双方诉讼地位平等、权利义务平等的基础上建构控辩平衡机制。而这种平衡机制，就是“通过对刑事诉讼中国家权力的合理限制，以及赋予被追诉者广泛的诉讼权利、充分的防御机会和较强的防御能力”①，来实现控辩双方的平等武装，以此来改变这种控辩不对等的格局。

（一）理念上的对等

英国刑事诉讼提出了公平游戏原则（Fair Play），是指控辩双方在法庭上享有相同对等的权利，以相同的诉讼程序进行庭审活动。根据公平游戏原则，任何司法诉讼行为要保持最低限度的公正性，就必须确保控辩双方按照平等、理性的原则展开诉讼抗辩行为。

首先，“Fair Play 的精神，在一个游戏之前，应以此整个游戏为重，我们不仅不应忽略我们竞争的对方，同时还要尊重我们竞争的对方。”②按照储安平的著名解释，公平游戏的要义在于“除了自己，尚有别人”。故公诉人在整个庭审活动中，应当以整个庭审为重、为中心，而不应当只争输赢。诉讼各方都要尊重对方的人格尊严，给予对方提出本方观点、证据的机会。

其次，有学者提出，公平游戏原则的核心是“己所不欲，勿施于人”。公诉人不希望辩护人在庭上有的权利，自己也不应享有。现有学者提出了更高的要求，即“己所欲施于人”，也就是说，公诉方希望自己在庭上有何权利，就应当给辩方该权利。只有如此，才能真正确立辩方诉讼主体地位，赋予辩方完整的主体性权利以及充分的防御和对抗机会。公平游戏原则已成为英美法系控辩关系的核心理念，体现了控辩双方权利义务的对等，也只有在控辩对等的基础上才能实现以庭审为中心。

---

① 冯军：《程序正义视野中的控诉与辩护——我国刑事诉讼中控辩关系问题研究》，载《新疆大学学报（社会科学版）》2004 年第 2 期。

② 储安平：《英国风采录》，东方出版社 2005 年版，第 1 ~ 161 页。

（二）制度上的支持

《刑事诉讼法》的修改明确保障了律师的辩护权，是对辩护权的重新武装，以达到与公诉人控诉权平等的目的。《刑事诉讼法》保障了律师的阅卷权、会见权和辩护权，明确了“无罪推定原则”，即任何人不经法庭依法审理，不得确定为有罪，真正做到事实调查、证据展示、控诉辩护在法庭。被告人不得被迫自证其罪，控方承担证明责任，明确了证据裁判的原则，做到证据至上。被告人认罪但没有其他证据支持、印证的，不得定罪；但被告人不认罪的，如有其他证据相互印证，可以定罪。落实了孤证不得定罪、不轻信口供的诉讼理念，还明确了非法证据排除原则，确定了非法主观证据绝对排除、非法客观证据相对排除的规则。新《刑事诉讼法》在制度上为控辩关系平等奠定了基础。

然而，在很多制度层面，公诉人与辩护人并不能进行平等的对抗。其一，从证人出庭制度来看，公诉方提出的证人证言，法官经常允许只需当庭宣读而免除证人出庭作证的义务；辩护方的证人，法官一般要求出庭作证，否则不能作为定案的依据。其二，从列席审判委员会制度来看，检察长、公诉人可以列席审判委员会，发表意见，但辩护人不能。在审判委员会上，公诉人多了个机会影响委员们的判断，从而在辩方失声的情况下扳回一局。其三，从再审制度来看，检察院抗诉的案子，必然启动再审程序；而辩方提出申诉的，要经过法院审查才能启动再审程序。

《刑事诉讼法》的修改和律师法的制定，虽然在一定程度上保障了辩方权利，然而从明制度和潜规则的角度来看，要真正达到与公诉方平等武装的程度还有一定的距离，这也是今后维持平衡的控辩关系和司法体制改革的重要课题。

（三）诉讼结构的变革

1. 原型——流线型诉讼结构。我国原有的诉讼结构是“侦——诉——审”流线型的结构，系因《刑事诉讼法》规定“公检法”三家互相间的关系所导致。公安机关在侦查程序中的作用举足轻重，从而导致刑事诉讼活动一直以侦查为中心。陈卫东教授认为："传统的检、侦机关分工负责、互相配合、互相制约的关系已经在制约着积极有效的追诉活动，彼此之间的扯皮、推诿造成能量内耗，检察机关对侦查机关监督不力，使得警察权力失控。"① 于是，"公检法"三家也容易成为一个利益共同体，与辩方对抗，也导致"死磕派"应势而生。

2. 变型——葫芦型结构。学者们对庭审中心主义献计献策，主要是从突出庭审中心地位、加大庭审职能的角度，这是一个方面，但忽略了限缩控方侦查权能的重要性，导致了庭审、侦查两头大，公诉方夹在中间的葫芦状变型结构，依旧无法做到控辩平等对抗。笔者认为，刑事侦查警察应当按"检警一体化"原则受公诉方制约。同时，"检警一体化"也打破了警、检两道工序的既有格局，使之成为一个强有力的控方体系。检、警一体这一重构方式，是诉讼发展的内在要求和必然趋势。

3. 常型——三角型结构。即法官居中裁判，控、辩双方在两边平等对抗。只有建立了三角型刑事诉讼结构，才能做到控辩双方的平等武装。将原有流线型诉讼结构转变为常型结构，首先要求法官的居中独立，其次要求公诉方有效监督、控制侦查权，最后要求扩大辩方权利，使之与控方平等武装，三者缺一不可。

二、理性交涉——控辩关系的保障

公诉人和辩护人只有做到理性的接触、交流，才能构建新的控辩关系，从而真正做到庭审中心主义。

（一）认真听取意见

《刑事诉讼法》规定，公诉人在审查起诉的过程中应当认真听取辩护人的辩护意见，尤其是未成年人犯罪的案件。该规定既是对犯罪嫌疑

① 陈卫东：《论检侦一体化改革与刑事审前程序的重构》，载《国家检察官学院学报》2002年第1期。

人诉讼权利的保护，也是对控辩双方诉前交涉之权利义务的规范。

首先，起诉前交涉是平等的交涉。公诉方将全部案卷交给辩方阅卷，辩方也可以提供所核实犯罪嫌疑人无罪的证据，辩方提出意见，也能使无罪的人更早免于被追诉。其次，诉前交涉是合法的交涉。控辩双方不应当私底下交涉，不应当涉及违法违规权钱交易。最后，诉前交涉是充分的交涉。《刑事诉讼法》一方面扩大了辩方的阅卷和申请调取证据的范围；另一方面，明确规定了辩护方自行收集的有利于被告人的证据的开示义务。公诉方将所有证据材料向辩护方开示，不得隐瞒无罪、罪轻的证据，而辩方也不应当隐瞒犯罪嫌疑人不在场或没有作案时间等无罪证据，等到法庭上搞突然袭击，浪费司法资源，也不利于保障犯罪嫌疑人、被告人的权利。

（二）有效利用程序

《刑事诉讼法》规定了庭前会议程序，控辩双方都应当有效利用其规则，达到理性交涉的目的。因为该阶段的理性交涉能够实实在在地解决刑事诉讼中实体和程序中的问题。

有效利用庭前会议程序，能够解决以下问题：首先，程序问题。如回避，证人、鉴定人、专家证人出庭，管辖等。有些“死磕”案件的庭审一直就关于管辖、法官、公诉人回避的问题争吵不休。其实这类问题都应当在庭前会议时解决好。其次，一部分实体问题。控辩双方证据开示，归纳出没有异议的证据，在法庭调查时简单出示，体现效率原则；归纳出争点证据，在法庭调查时着重出示，体现公平原则。其三，非法证据排除问题。这既是个程序问题，也是个实体问题。有效利用庭前会议程序，能使控辩双方的理性交涉兼顾公平与效率。

（三）合理使用许可

根据《刑事诉讼法》的规定，辩方在特殊情况下行使会见权、阅卷权和取证权必须得到控方的许可。具体而言，包括以下几个方面：其一，辩护律师只要凭“三证”就可以直接会见在押的犯罪嫌疑人、被告人。而其他没有律师资格的辩护人只有经法院、人民检察院许可，才能会见。危害国家安全犯罪、恐怖活动犯罪、特别重大贿赂犯罪案件，辩护律师在侦查期间会见在押的犯罪嫌疑人，应当经侦查机关许可；其二，非律师身份的其他辩护人需经检察院、法院许可，才能阅卷；其三，辩护律师只有在检察院许可并且经被害人或者其近亲属、被害人提供的证人同意，才能向他们收集与本案有关的材料。而控方则无需许可就可以向本案双方所有证人取证。故控方的许可权对辩护权的限制，存在以下三个方面的问题：

首先，我国《刑事诉讼法》规定了控方的许可权，但却没有明确规定许可依据和标准，即没有规定什么情况下应当许可，什么情况下不许可，完全由控方自由裁量。在司法实践中，控方的许可权因此被滥用。“检察官与辩护律师在诉讼地位上互相对立，律师想要获得检察院的许可谈何容易。”[①] 故笔者认为，对辩护权的许可应当转交由法庭行使，即由法庭居中裁断辩护人在特殊情况下是否能够会见、阅卷和调查取证。一方面，基于控辩双方在法庭上天然的对立地位，要让控方设身处地为辩方着想，的确有些强人所难；另一方面，这也是法庭中立、控辩平等对抗的诉讼结构的必然要求，方能体现以庭审为中心。

其次，我国《刑事诉讼法》并没有对辩护权的制度保障作出规定，以至于辩护权受到种种限制。英国有一句著名的法谚：“无救济则无权利。”辩方有申请的权利，控方有许可或不许可的权力。但如果控方不许可，辩方又能怎么样？应向哪里申诉或者申请复议呢？受理这种申诉的司法机关又将如何处置这种侵权行为呢？法律在不建立基本救济机制的情况下，继续扩大律师辩护权利的外延和范围，最多只能达到在书本法条中列举更多“权利条款”的效果，而并不会带来律师辩护效果的实质改善。[②]

最后，对于非律师身份辩护人辩护权的限制过多。非律师身份辩护

① 左卫民：《价值与结构——刑事程序的双重分析》，四川大学出版社 1994 年版。

② 陈瑞华：《看的见的正义》，北京大学出版社 2013 年版。

人的辩护权几乎都需要被许可，而司法实践中为了“多一事不如少一事”，往往不被许可。这就导致被告人为了获得完整的辩护权不得不花钱聘请律师，从经济能力上限制了被告人的辩护权。在法律援助等配套措施尚不足够完善的情况下，刑事辩护有沦为“有钱人的游戏”的风险。

鉴于以上三个方面的弊端，辩护权受到控诉权的掣肘。在现行法律框架之下，公诉方只有合理使用许可权，才能切实保障辩护权的实施。

三、司法对抗——控辩关系的精髓

法庭是控辩双方的主战场。虽说是战场，但在庭审中心主义下，应当是一种理性、平和、对等的抗辩，而并非是一种“不是东风压倒西风，就是西风压倒东风”局面。公诉人在庭审中应当做到有理有节、平和有序，讲事实、举证据、摆道理。而公诉人所要说服的对象是法庭的中心——法官，而不是辩护人。控辩双方交涉、对抗的目的是更好地查明案件真相，从而做到既打击犯罪又保障人权，既实现实体正义又实现程序正义，既讲究效率又体现公平，所以，双方的对抗是一种司法属性的对抗。在庭审中心主义下，构建平等、理性、司法的控辩关系，需要多方的努力和积极应对。

（一）审：独立、中立

在常型的三角诉讼结构模式中，控辩对抗而法官居中裁判，体现了独立、中立的精神。首先，法官应当中立，不偏帮任何一方。原有的“公检法”三机关“互相分工、互相配合、互相制约”的关系，容易导致“公检法”三家成为一个利益共同体，法官潜意识里倾向追诉犯罪。这也是原有职权主义审判模式留下的思维惯性、路径依赖。如果法官不中立，就不可能做到控辩双方平等对抗，也不是真正的庭审中心主义。法官还应当独立，不受任何机关、团体、个人的影响，独立依法办案。司法改革也要求由审理者裁判，由裁判者负责，这也是法官独立行使审判权的要求。

1. 司法审查是独立行使审判权的直接途径。现代法治与人治最根本的区别之一，并非在于公民行为的合法性能否由司法裁判，而在于警察、检察官等代表国家实施的官方行为能否受到司法审查。在侦查和审查起诉阶段引入中立的审判机关，一方面，有利于合理限制国家权力特别是无限扩大的侦查权，实现对被告人权利的保障，从而改变以侦查为中心的刑事诉讼结构，使其向审判中心转移；另一方面，实现独立行使审判权，有利于维持控辩平衡。

2. 司法公开是独立行使审判权的必然要求。司法公开并不简单等同于裁判文书的公开或庭审直播。向公众公开司法流程，仅仅是一种形式上的司法公开。而实质上的司法公开，在于法官的裁决结论形成于控辩双方公开在庭上提出的证据和辩论的基础上，并向控辩双方公开裁判理由，这才是司法公开的真谛。首先，控辩双方均有表达自己意见的权利和能力，法官居中充分听取控辩双方的主张。其次，美国学者艾森伯格认为，法官在认真听取当事人意见的基础上，还“必须以认真回答当事人主张的方式，对自己做出决定的根据进行充分的证明”①。刑事诉讼中，控辩双方尤其是辩方的参与要真正富有意义和影响力，就必须让裁判结果真正形成于法庭之上、控辩对抗的过程之中，这样才能对裁判者产生直接的约束力。最后，法官还有释明义务。法官公开释明裁判理由，当事者更有可能接受裁判结论，裁判者也更容易取得当事者的信任。有了这种信任，裁判结论的正当性和权威性也会得到人们的普遍认同。因此，一方面，司法的实质公开是法官独立、中立的结果；另一方面也是法官独立、中立的有效保障。

（二）辩：保障权益

1. 获得公正庭审的机会。《书·吕刑》：“两造具备，师听五辞。”一个公正的审判，应当兼听控辩双方的意见。然而，在现行司法实务

① Melvin Eisenberg，Participation，Respo nsiveness，and the Consultative Process：An Essay for Lon Fuller”，Harvard Law Review 92（1978）：p411 ~412.

中，控辩双方虽位于法庭之上、审判席两端，但未必能获得公正庭审的机会。一方面，在某些情况下，阅卷、会见、取证等辩护权需要得到对立方——控方的许可，本身就是一种不公平，辩护权的不完整导致辩方庭审机会的先天不足；另一方面，判决结果并不一定形成于法庭之上，许多重大案件的裁断必须经过审判委员会。审判委员会控方可以参加，而辩方无权参与。在委员们并没有参与庭审的情况下，辩方在重要决断的场合中失去了话语权，是辩方庭审机会的后天缺位。因此，控辩双方要真正形成司法属性的对抗，控方应无权限制辩护权，对特殊情况下辩护权的许可，应交由居中、独立的法官行使。此外，应当逐渐取消审判委员会的设置，令裁判形成于法庭之上、庭审之中。

2. 设置辩护权救济制度。即使法律对公民权利规定得再完备、列举得再全面，如果在侵权行为发生后，无法获得有效的法律救济，这些法律上的权利都将成为一纸空文，面临被搁置、被规避、被架空的风险。罗马法时代有一句谚语："有权利则必有救济"（拉丁语 Ubi jus ibi remedium）。只有在今后的立法中，将权利救济和权利保障当作同等重要的问题，公民的法律权利才能从法条走到现实。辩护权只有切实做到救济与保障，才能在司法层面与控方进行对抗。

（三）诉：客观公正

公诉人有客观公正义务，客观公正义务是联合国会议中对世界各国检察官、公诉人的要求。

1. 公平游戏原则是客观公正的理论基础。它要求公诉人在履行权能的时候，秉持着客观公正的原则，既有效地指控犯罪，又保障人权，特别是被告人的诉权。在收集证据时既注重收集指控被告人有罪的证据，也收集证实被告人无罪、罪轻的证据。在履行法律监督职能时，既发挥侦查监督的作用，有效限缩侦查机关无限扩张的行政权力；也发挥审判监督的作用，监督庭审中损害辩护人权利、不合规范的地方。在庭审中运用公平游戏原则，做到"己所不欲，勿施于人"，以及"己所欲施于人"，方能实现客观公正的要求。

2. 审前程序改造是客观公正的有效保证。审前程序中，侦查权缺乏有效制约是影响控辩平衡、实现庭审中心的最大阻碍。只有实现刑事审前程序中国家权力和被告人的权利平衡，才能真正实现控辩之间的司法对抗。一方面，行使控诉职能的检察机关应当有权指挥公安机关进行侦查，通过检察权限缩侦查权。让公安机关无权对案件侦查进行实体性的处理，只是检察机关的辅助机关；[①] 另一方面，检察机关的法律监督地位必须受到弱化并逐步消除，检察机关的司法裁判权力也必须逐渐受到削弱并最终让位于法院，检、警机构所实施的涉及剥夺、限制个人基本权益的行为也必须被逐步纳入中立司法机构的审查和控制之中。

四、小结

庭审中心主义下的法庭，是一个公平、公正、公开的法庭，要做到构建一个新的平等、理性的司法控辩关系任重道远，需要我们整个法律共同体的努力。控、辩、审三方，三种法律从业者不是按照各自的社会身份和政治地位进行诉讼活动，而是以统一法律人的角色，秉承司法属性，平等、理性地进行各种诉讼活动。公诉人在此新形势下更应当以理性、平和的理念，坚守客观公正的义务，迎接新的挑战。

（责任编辑：寇星明）

① 陈兴良：《诉讼结构的重塑与司法体制的改革》，载《人民检察》1999 年第 1 期。

网络服务商第三方责任之现代展开
——立法演进、立法思想与理论基础

谢雪凯*

随着互联网在全球范围的覆盖，网络环境中的侵犯知识产权、人格权等案例亦层出不穷。就我国而言，2000 年的“《大学生》杂志诉李翔、京讯公司案”①、2008 年的“人肉搜索第一案”② 等堪称该领域的典型案件。这类案件的共性是：直接侵害行为往往由网络用户（Internet User）实施，网络服务提供者（Internet Service Provider，以下简称 ISP）通常扮演技术提供者（即提供链接、平台、搜索等服务）。在某些情况下，由于 ISP 的技术支持可能在实质上为用户实施侵权行为提供了帮助，由此，各国立法多责令 ISP 承担第三方责任（又称间接侵权责

* 西南政法大学法学博士、中建投信托有限责任公司合规经理。

① 该案中，网络用户李翔未经许可将《大学生》杂志出版的增刊内容上传至“263 网站”中的免费空间，后《大学生》杂志社起诉李翔和“263 网站”经营者京讯公司侵犯其著作权。详见北京市第二中级人民法院民事判决书（2000）二中知初字第 18 号、北京市高级人民法院民事判决书（2001）高知终字第 51 号。

② 该案中，原告发现被告的中国博客网中有位名叫“长套袜”的网络用户在其个人的博客中以《烂人烂教材》为题目撰写一篇侮辱原告的帖子。原告随后要求被告及时删除该文章。但是被告以该帖“不违反发帖原则”及“未接到法院的应诉通知和传票”等理由拒绝删除。后原告起诉中国博客网的经营者杭州博客信息技术有限公司承担侵权责任。详见江苏省南京市鼓楼区人民法院（2006）鼓民三初字第 9 号民事判决书、南京市中级人民法院（2006）宁民一终字第 1421 号民事判决书。

任）。

在《侵权责任法》颁布前，我国民事基本法领域缺乏统一调整 ISP 第三方责任的法源基础；司法实践所适用的《信息网络传播权保护条例》（以下简称条例）等行政法规、部门规章及司法解释又存在法律位阶不高、适用范围有限、内容相互冲突等弊端。2010 年颁布的《侵权责任法》第三十六条意图补救上述缺陷、规整法源基础。①

如果说《侵权责任法》的出台是我国民法典制定道路上一大里程碑，那么《侵权责任法》第三十六条无疑是网络侵权私法领域内一大根本性进步。一方面，相较于以往立法，第三十六条的通知与取下规则（notice and takedown）、知道规则（knowledge rule）等制度直接源于《条例》及《美国数字千年版权法》（Digital Millennium Copyright Act, DMCA）的相关内容，表现出浓重的法律移植的痕迹；另一方面，第三十六条大幅度修正以往立法的价值取向，不但于立法思想上更弦易辙，在理论基础上亦有所突破，表现出其勇于创新的一面。

而今，学界对《侵权责任法》的研究从立法论转向解释论，先后曾有数文专门围绕第三十六条各抒己见。② 但遗憾的是，这些著述过多着墨于新制度的评介，并未抓住第三十六条的“精、气、神”，由此得出的解释论缺乏坚实基础，甚至存在难以自圆其说的不足。在笔者看来，第三十六条所谓的“新”制度名不副实，因为有些规则在以往立法中已多有亮相，而要想对第三十六条展开解释论有所助益，则必须要求解释者对 ISP 第三方责任的立法演进有所了解，并正确认识条文背后

① 《侵权责任法》第三十六条规定：“网络用户、网络服务提供者利用网络侵害他人民事权益的，应当承担侵权责任。”“网络用户利用网络服务实施侵权行为的，被侵权人有权通知网络服务提供者采取删除、屏蔽、断开链接等必要措施。网络服务提供者接到通知后未及时采取必要措施的，对损害的扩大部分与该网络用户承担连带责任。”“网络服务提供者知道网络用户利用其网络服务侵害他人民事权益，未采取必要措施的，与该网络用户承担连带责任。”

② 参见杨明：《侵权责任法第 36 条释义及其展开》，载《华东政法大学学报》2010 年第 3 期；刘晓海：《〈侵权责任法〉第 36 条对网络服务提供者侵权著作权责任的影响》，载《知识产权》2011 年第 9 期；张新宝、任鸿雁：《互联网上的侵权责任：〈侵权责任法〉第 36 条解读》，载《中国人民大学学报》2010 年第 4 期。

的立法思想，这样才能理解第三十六条所揭示的理论基础。笔者相信，只有关注与把握以上三点，才能使得解释论更为正确、规范而不致偏离主线，故下文由此展开。

一、ISP 第三方责任之立法演进：域外与国内概况

（一）域外法示范

伴随上世纪 90 年代互联网的普及，数字作品应运而生，其所带来的最大问题便是对“复制行为”的概念提出挑战。众所周知，著作权意义上的复制行为必须是在有形载体上，永久性地固定作品并形成作品的复制件，而将作品上传或下载等活动都会导致作品在网络服务器或计算机硬盘中残留复制件，一旦网络用户上传的作品系未经权利人许可的侵权作品，此时提供网络服务的 ISP 是否应当为该用户的行为承担损害赔偿责任？对这一问题的争论最初在晚近时的美国法学界展开。

1993 年 Playboy v. Frena 案中，美国法院首肯 ISP 的侵权责任，其判决书中写道：只要被告系统内存储有未经许可制作的版权复制件，无论被告是否声称自己没有制作过这些复制件，都可认定被告构成直接侵权……主观意图并非是侵权的构成要件，而只对赔偿数额的确定才有意义。[①] 随后，在 1995 年美国商务部出版的《知识产权与国家信息基础设施》（以下简称白皮书）中肯定了 ISP 应承担与出版社一样的严格责任。[②] 但白皮书并未生效，取而代之的是 1998 年由美国国会颁布的《美国数字千年版权法》，该法以“促进网络产业和电子商务技术的发展、保障信息自由畅通”为己任，在第 512 条“与在线资料有关的责任

① 该案中，网络用户未经许可便在被告开设的 BBS 中上传花花公子公司享有版权的 50 本杂志的 170 张照片，原告起诉被告侵犯其对照片享有的发行权和展示权，应成立单独的侵权责任，被告辩称其并未实施上传行为。参见 Playboy Enterprises Inc. v. George Frena , 893 F. Supp. 1552（M. D. Fla 1993）.

② Bruce A. Lehman, Information Infrastructure Task Force, Intellectual Property and the National Information Infrastructure: The Report of the Working Group on Intellectual Property Rights ［R］ Sep, 1995: 122.

限制”（Limitation on Liability Relating to Material Online）中独创性地规定“避风港规则”（safe harbor provisions），旨在为暂时性数字网络传输商（Transitory Digital Network Communications）、系统缓存商（System Caching）、依用户指令存放系统信息服务商（Information Residing on Systems or Networks At Direction of Users）、信息定位服务商（Information Location Tools）四类 ISP 提供免责事由。其核心思想是：ISP 在未主动传输、选择编辑受指控侵权信息及机器暂存未超过限定时间的条件下，不因传输或者机器自动复制、缓存了使用者侵害他人的版权的信息而承担版权的直接侵权责任、连带责任或替代责任。[①]

在世界另一端，在当代重要的经济与政治实体的欧盟内部，德国最早在 1997 年颁布《信息和通信服务规范法》，该法融合了《通信服务法》《通信服务个人数据保护法》《数字签名法》三部新的联邦法律和《刑法》《行政法》《传播危害青少年出版物法》《著作权法》等六部现有法律为一体。在内容上将 ISP 予以分类并确定相应的侵权责任：（1）对于信息提供者，应该依法对自己制作和编辑的内容负全部责任；（2）对于中间服务商，一般不对第三人发布的信息承担侵权责任，除非该服务商对这些信息进行了有意识的利用；此外，如果该服务商已经知晓侵权信息的存在而没有采取措施禁止该信息被其他用户接触，那么他应当与该信息的制作者承担共同侵权的责任；（3）对于仅仅提供接入服务的 ISP，原则上不对第三方的侵权承担责任，但是一旦得知有侵权信息存在，仍有依照一般的法律义务阻止侵权信息继续扩散的职责。因此，如果接入服务提供者得知其系统或网络中有侵权内容，而接入服务提供者又有能力阻止用户访问这些内容，法院就有权对接入服务提供者下达禁止令，但是，接入服务提供者在任何情况下都不承担赔偿损失的责任。[②] 2000 年通过《电子商务指令》（Directive on Electronic Commerce, Directive 2000/31/EC），在借鉴《美国数字千年版权法》的立法模式下

① 参见《美国数字千年版权法》§512（a）（b）（c）（d）.

② 张新宝：《互联网上的侵权问题研究》，中国人民大学出版社 2003 年版，第 57 页。

针对版权侵权、商标侵权、诽谤、虚假广告、不公平竞争、儿童色情信息等情形为通道服务商（Mere conduit）、缓存（Caching）服务商和主机服务商（Hosting）三类ISP提供相应免责事由。[①]

值得注意的是，我国台湾地区也在2009年对“著作权法”予以修订，此次修订跟随美国及欧盟的步伐，通过增加第九十条之四到第九十条之十二共12个条文，对网路服务、连接服务、快速存取、资讯储存、搜索服务共五大服务提供者提供免责事由。[②] 由此不难发现，上文各国及地区在ISP第三方责任的立法方面既有共性又不乏个性。共性在于，立法主旨均以保护网络产业发展为主，故对ISP的损害赔偿责任予以适当限制。在立法技术上多以ISP类型化为手段，基于技术属性的不同而设置相应免责事由；其个性在于，美国仅在版权领域为ISP提供责任限制，而欧盟则是在民事、刑事等多领域进行立法。但总体而言，由于美国、欧盟利用双边、区域性贸易协定的途径在世界范围内推动版权强化执法，“避风港”制度已经被众多国家立法所采纳，这种可比性和趋同化已经非常明显。[③] 而上述这些情形可供我国在修改《侵权责任法》时参考。

（二）国内法继受

作为制度继受国，我国法在ISP第三方责任问题上的规定大致可以为三个阶段：

1. 雏形期。1994年至2005年间，我国各级立法机关在互联网立法上颁布的法律法规和部门规章等规范性法律文件总计一千余部；在效力位阶上涵盖法律、行政法规、部门规章、司法解释等几大位阶。在民事审判中援引较多的法源有：《全国人民代表大会常务委员会关于维护互联网安全的决定》《互联网信息服务管理办法》等。就上述条文而言，较少涉及私法领域对被侵权人的救济手段。该阶段的立法特色有三：

---

① 参见Directive 2000/31/EC Art. 12 - 14.

② 我国台湾地区“著作权法”（2009年增订）第九十条之四至第九十条之八。

③ 薛虹：《网络服务提供者中介责任“避风港”的比较研究》，载《中国版权》2011年第4期。

第一，行政立法色彩较为浓厚。（1）总体以行政法规和部门规章居多，且多以行政处罚或刑事处罚等公法义务作为惩治手段，同时还须履行报告义务——“一旦服务提供者发现网上材料涉及法定情形时，便负担立即删除或停止传输、保存记录并向国家有关机关报告的义务”。（2）法源所调整的对象范围极其广泛，立法主旨强调互联网服务提供者对公法义务的遵守，多数规定又与一国的公共政策密切相关，试图从言论层面维护国家的稳定。

第二，立法生命力有限。该阶段立法充分体现了当时网络技术的发展程度和现实需要，具有很强的时效性和针对性，如为电子公告服务制定《互联网电子公告服务管理规定》，为互联网新闻信息服务单位制定《互联网新闻信息服务管理规定》等。但弊端在于，随着技术更新及现实变化，部分法源不再具有现实意义或出现立法空白。

第三，民事立法特征不强。几乎所有的法源都缺少对ISP侵权行为的认定以及为被侵权人提供权利救济的机制。司法实践中，法院习惯于援引《民法通则》等规定来处理网络侵权案件，虽从论证上能自圆其说，但一旦深入到损害结果分担等具体问题上，上述规范可谓“捉襟见肘”。但不得不承认的是，该时期所确立起的“发现——立即删除或停止传输”的规则却洋溢着《侵权责任法》第三十六条的诸多气息，故而可总结为我国ISP责任立法之雏形。

2. 成形期。2006年颁布的《条例》及同年修订的《最高人民法院关于审理涉及计算机网络著作权纠纷案件适用法律若干问题的解释》（以下简称《解释》）可谓我国对ISP第三方责任制度的成形之作。《条例》第十四至十七条的“通知与取下规则”源自《美国数字千年版权法》§ 512（c）（3）（g）（3）；第二十至二十三条分别移植§ 512（a）-（d）设置四种ISP的免责事由；第二十四条模仿《美国数字千年版权法》§512（f）规定错误通知的损害赔偿责任；第二十五条规定ISP拒绝提供侵权人信息的行政责任。相较《条例》，《解释》的规定显得更多维度：第三条规定ISP的侵权行为及责任基础（《民法通则》第一百三十条共同侵权之规定），第四条规定ISP在明知或接到警告后的不作为之共同侵权责任，第五条规定ISP无正当理由拒绝提供侵权人信息的一般侵权责任，第六条规定ISP提供侵权工具的责任，第八条规定ISP在依法履行取下义务后对侵权人的违约责任之免除。客观来讲，这两项法源都在不同程度上参照《美国数字千年版权法》§512的规则体系，使得该阶段立法与互联网在经济发展中地位的不断突显以及我国知识产权战略的不断推进紧密相连。不容否认的是，当下知识产权领域较之其他部门法能更好地与国际先进立法进行良好的互动与衔接。

3. 融合期。前两个阶段立法虽然在一定程度上解决了围绕ISP产生的诸多法律问题，但面对网络环境中日益增多的民事纠纷，上述立法所暴露出调整对象有限、规范手段的公法化、私法救济理念薄弱等弊端，《侵权责任法》第三十六条试图改变这种状况，针对被侵权人的权利救济和责任分担做出具体规定，比照上两个阶段的立法特点，第三十六条存在以下突破：第一，立法思想之革新。雏形期法源强调ISP对网络信息的事前监督和事后控制义务，将ISP视为网络服务中的自律性监管者。一旦发现网络信息中存在不良内容，必须履行及时采取删除或停止传输的义务，否则将受到行政及刑事处罚；而第三十六条改采国际上认可程度较高的“技术中立”思想，ISP仅收到被侵权人通知或事先知道侵权信息时才须承担责任，而不必承担过重的事前审查义务。值得注意的是，雏形期所主张的“发现——停止传输、立即删除”的规定已经被第三十六条第二、三款所吸收，唯一的不同是，第三十六条的语境中“发现”的方式细化为通知规则和知道规则。第二，条文表述之浓缩。相较《条例》和《解释》的众多条文，第三十六条俨然是大幅浓缩的版本。具体而言：（1）第三十六条放弃ISP类型区分，统一用网络服务提供者作为侵权主体；（2）第一款抽象地涵盖了《解释》第三条所规定的ISP的侵权责任基础；（3）第二款通知规则是对《条例》第十四至十七条及《解释》第四条的概括；（4）第三款知道条款是对《条例》第二十三条但书、《解释》第四条的概括。立法浓缩与抽象可能产生法律漏洞，例如，第三十六条并未规定通知的内容、反通知制度、错误通知的救济等配套制度，这需要通过法律解释及颁布司法解释予以弥补。

第三，利益考量之衡平。第三十六条的突破还在于其开始依 ISP 主观过错产生的时间点来限定 ISP 责任范围。当 ISP 接到被侵权人通知后仍不及时删除侵权信息，对损害的扩大部分承担连带责任；ISP 知晓侵权人的侵权行为而未采取必要措施的，则从知道之时起承担连带责任。应当说，明确责任范围体现了从产业保护的公共政策角度出发，规定侵权人与 ISP 的连带责任乃是从为被侵权人提供充分救济的角度出发。

自此，我国 ISP 责任立法真正确立公法性立法和私法性立法并存的局面。公法视角中主要解决 ISP 的行政及刑事责任；私法角度中又以《侵权责任法》第三十六条作为网络侵权之一般规定，解决侵害人格权、财产权等民事权益的行为，以《条例》和《解释》构成对网络著作权侵权之特别规定。这种二元式立法模式的好处在于从民法、行政法及刑法等全方位规范了 ISP 的行为，弊端在于如何在存在交叉和重复的各项新旧立法之间正确解释和适用法律。笔者认为，立法后的解释论应当坚持以立法思想和理论基础为支撑。

二、技术中立——私权保护与技术创新的理性平衡

考虑到 ISP 第三方责任与网络产业发展唇齿相依，故各国立法在设计 ISP 第三方责任形态时必须先确立一项合理的立法思想作为价值尺度。为营造和谐网络环境，通常需要 ISP 在前期积极并大量地投入人力、财力乃至技术成本（比如过滤措施、人工监管和主动审查等），但如此一来又会反向制约增加 ISP 对网络产业更新等方面的投入，最终导致产业整体发展水平下滑，其间亦会侵害言论自由等宪法权利。因而，如何在产业和私权之间寻求理性平衡，是各国无法回避的话题。对此，《美国数字千年版权法》制定之初的经验殊值借鉴。

美国商务部曾在 1995 年的白皮书中将 ISP 视为电子出版社（electronic publisher）而科以与图书出版商同等程度的主动审查义务，[①] 其理

① Bruce A. Lehman, Information Infrastructure Task Force, Intellectual Property and the National Information Infrastructure: The Report of the Working Group on Intellectual Property Rights [R] Sep, 1995: 116, 117.

由是“同样面对侵权，ISP 相较被侵权人处于更为优势的地位，ISP 对侵权事实的发生具有天然的可控性。退一步而言，即使 ISP 因侵权支付了损害赔偿金，亦可推定为其商业运作中本已纳入考量的运营成本”①。然而该观点受到 ISP 协会的极力反对，他们认为，数字时代背景下的版权修法应以“促进、保护互联网产业的壮大”为宗旨。② ISP 作为中介服务商，通常只提供链接或平台式服务，并不直接参与侵权行为，由其承担诸如图书出版商的主动审查义务未免过于严苛。为进一步说明，ISP 协会从技术、法律、道德等层面做出反驳。③ 事后，迫于来自网络产业推动者等多层面的压力，白皮书最终未通过国会表决而搁浅。旋即，美国国会在颁布的《美国数字千年版权法》中明确“在特定条件下，允许 ISP 驶入责任避风港”。

就现有共识而言，《美国数字千年版权法》被认为是率先确立“技术中立（technology neutrality）”思想之楷模。所谓技术中立，最早可追溯到电子商务领域，是指法律对电子商务的技术手段应当一视同仁，不限定使用或不禁止使用某种技术，也不对特定技术在法律效力上进行区别。国内学者通常认为，美国联邦最高法院 1984 年索尼案④所确立的“实质性非侵权用途”标准构成版权法上的技术中立。⑤ 事实上，技术中立只是一种立法上的认识结果，即网络提供者不对其传输的内容进行区别对待；网络就好像公路，并不区别也不关心任何驾驶员，其目的不

---

① Bruce A. Lehman, Information Infrastructure Task Force, Intellectual Property and the National Information Infrastructure: The Report of the Working Group on Intellectual Property Rights [R] Sep, 1995: 114.

② Senate Report on the Digital Millennium Copyright Act of 1998. No. 105 - 190. 105th Congress Report [R]. 2d Session: 1、2.

③ 具体反驳理由参见谢雪凯：《网络服务提供者第三方责任理论与立法之再审视》，载《东方法学》2013 年第 2 期。

④ 参见 Sony Corporation of America v. Universal City Studios, Inc., 465 U. S 417 (1984).

⑤ 具体论述参见张今：《版权法上“技术中立”的反思与评析》，载《知识产权》2008 年第 1 期。

是提供新闻或天气预报等特定信息或服务，而是将网络上的事物进行互联。[①] 而版权法领域确立技术中立的初衷是在版权人的私权与社会公共利益之间确立理性平衡，从而使得版权法在不同的技术环境下具有一致性和可预见性，立法者从而无需为印刷技术、模拟复制技术、数字复制技术、网络传播技术或数据库等制定特别法。[②]

因此，在技术中立思想的贯彻下，《美国数字千年版权法》§512（m）项明确免除ISP主动审查的义务，即ISP无须对其传输或储存的信息负担主动监督或审查侵权事实的义务。同时，基于各种ISP所具有的不同的技术功能分别设置不同免责事由。但值得说明的是，技术中立虽然免除ISP主动审查义务，但并不意味其在任何情况下都不承担损害赔偿责任，换言之，当ISP满足以下三种情形之一，其须承担侵权责任：（1）实际知道网络信息构成侵权；（2）虽然不构成实际知道，但能从明显的事实或情况中能推断出侵权信息的存在；（3）发现侵权信息后，未及时移除该信息。如果进行体系解释可以发现，《美国数字千年版权法》§512（a）（b）（c）（d）构成对（m）项的例外表达，即通常情况下，ISP不负担主动审查义务，但如果基于其所有的技术水平明知或可得而知侵权事实的存在，却选择视而不见等消极不作为，则仍有可能承担侵权责任。应当说，这一设计是相对合理的，其维持了技术创新与私权保护之间的动态平衡。

我国《侵权责任法》第三十六条第二款通知与取下规则与第三款知道规则正是技术中立思想的具体化，其内在逻辑大致如下：ISP作为技术提供方，仅在接到被侵权人通知后才负有删除、屏蔽、断开链接等作为义务（第二款）；在未接到被侵权人通知前，法律推定ISP对已经

---

① Michael P. Murtagh. The FCC，the DMCA and Why Takedown Notices Are not Enough［J］，61 Hastings L. J. 233.（2009）.

② Tomas A. Lipinski. The Myth of Technological Neutrality in Copyright and Rights of Institutional Users：Recent Legal Challenges to the Information Organization as Mediator and Impact of the DMCA，WIPO，and TEACH，54 Journal of the American Society for Information Science and Technology，824，825（2003）.

发生的侵权事实不知晓，除非被侵权人能提供有力证据证明 ISP 主观上"知道"用户的侵权行为而未采取必要措施。值得提到的是，我国法院事实上早在 2000 年《大学生》杂志诉李翔、京讯公司案中，便"自觉"地贯彻了技术中立思想。一审判决中指出：京讯公司并未向用户免费空间提供任何信息，该空间的内容完全由用户李翔个人制作。根据互联网技术特点及应由行为人对自己的行为后果承担责任的法律原则，仅提供网络技术和设施的网络服务商一般不应对网络使用者的侵权行为承担法律责任。但在权利人提出合理请求时应及时采取技术措施消除侵权信息，否则将承担侵权赔偿责任。[①] 换言之，技术中立恐怕并非舶来品，而是各国审判实践中对客观事实的尊重以及对公平正义思想的践行。由此不难看出，《侵权责任法》第三十六条在立法思想上与《美国数字千年版权法》具有同质性。

三、理论基础：《侵权责任法》第三十六条是否确立"间接侵权"制度

（一）间接侵权责任之一般法理

一般认为，侵权法律关系系平权性法律关系，双方当事人居于平等地位。但在网络环境中，由于主体匿名性、时空阻隔性及网络技术复杂性等因素的介入，使得侵权人侵权能力大幅提升却不易被察觉，而被侵权人的维权能力一落千丈而难以救济，造成形式平等而实质不公的局面。这在版权侵权中尤为明显。因为在网络尚未诞生之时，版权侵权主要通过侵权人在有形载体上复制、传播盗版制品而实现，因而只要在源头将制造者一网打尽即可消除侵权危险；然而互联网的出现使得在世界范围内的任何角落，任何人都可经由简单操作实现对"数字化"作品高质量、低成本、无限制地复制与传播，因而如何遏制侵权的发生，颇费思量。由于当时美国实务界尚未确立间接侵权制度，所以在早期网络

---

① 北京市第二中级人民法院民事判决书（2000）二中知初字第 18 号。

版权侵权案件中，法院一般采用过错推定方式对侵权责任予以认定，即只要 ISP 的服务客观上成为侵权行为的工具，就推定其没有尽到合理的注意义务，其主观状态至少是过失并应承担侵权责任。[①]

该做法虽为版权人提供强有力的保护力度，但如此扩大 ISP 的责任范围曾一度遭到 ISP 协会的抗议和抵触。实务界亦开始反思先前的逻辑是否存在不足。事实上，在多数网络侵权案件中，ISP 所提供的中介服务本身并未直接侵害版权人的利益，甚至不构成侵权。贸然扩大责任主体的做法确实在理论上存在难以自圆其说的问题。其后，法官们结合 ISP 在具体案件中对侵权结果的原因力不同，借由侵权法上教唆与帮助侵权（Aiding and Abetting）之法理,[②] 以判例形式创设“间接侵权规则”。这一规则直到《美国数字千年版权法》中得以成文化。

英美版权法认为，版权侵权可分为直接侵权（direct infringement）和间接侵权（indirect infringement）。所谓直接侵权是指侵权者未经版权人许可而直接侵害到版权人的专有权利。[③] 直接侵权与构成版权权利中的各项专有权利密切相关，每一项专有权利控制着一类特定行为（如复制权控制复制行为，发行权控制发行行为）；若未经版权人许可且无合理使用等免责事由，却实施受专有权利控制的行为，便构成直接侵权。间接侵权是指即使行为人并未直接实施受专有权利控制的行为，若该行为与他人的直接侵权行为之间存在特定关系，也可基于公共政策被认定为侵权行为。

间接侵权项下又分为帮助侵权（contributory infringement）和替代责任（vicarious infringement）。在 Gershwin v. Columbia 一案中，法官将帮助侵权界定为“在明知一项行为构成侵权时仍然诱导、促成或实质性帮助他人实施侵权的行为”[④]。其构成要件是：客观上已经存在直接侵权行为；

---

① 例如 Playboy Enterprises Inc. v. Frena，893 F. Supp. 1552（M. D. Fla 1993）.

② Restatement of the Law，Second，Torts，§ 876（Persons Acting in Concert）.

③ 参见 17 U. S. C. §501（a）.

④ Gershcwin Publ's Corp. v. Columbia Artists Mgmt.，Inc，443 F. 2d 1159，1162（2d Cir. 1971）.

行为人主观上认识到该直接侵权行为的存在；行为人起到诱导、促成或实质性帮助的作用。替代责任通常存在于雇佣关系或者由雇主责任原则（respondeat superior）所适用的关系中。其成立要件是：行为人有权利或能力去监督直接侵权行为；行为人必须从侵权行为中获得经济利益。

在立法上区分直接侵权与间接侵权的意义在于：版权作为专有权利具有绝对权性质，除法律另有规定外，构成直接侵权本身并不需要行为人有主观过错，过错只影响到损害赔偿额的问题；而间接侵权的各种行为均不在版权专有权利控制范围内，将其界定为侵权行为仅处于其行为本身的非难性及基于扩大版权保护力度的政策考量，因此过错是认定间接侵权的成立要件之一。在两者区分的基础上，有观点指出，面对每天都有无数网络用户上传涉嫌侵害版权的文章、照片等材料，ISP 几乎每天都会收到来自版权人所主张的权利被侵害的通知，ISP 只有在收到这类通知后仍不履行一定的制止措施，其才被视为是对直接侵权人提供实质性帮助而承担间接侵权责任。①

然而随着技术发展，尤其当 P2P 技术问世后，实务界从帮助侵权中进一步分离出引诱侵权（inducement infringement）形态。在 2003 年 MGM Studios v. Grokster 案中，地方法院判被告胜诉。② 在上诉审中，第九巡回法院认为，被告的 P2P 软件符合“实质性非侵权用途”③，且软件提供者既不知晓侵权行为，也未提供实质帮助，因而不符合帮助侵权之要件。同时法院认为，软件提供者没有监督或控制软件使用的义务，也不符合替代责任的要件，故维持原判。④ 然而美国联邦最高法院却推

---

① 《侵权责任法》第三十二条规定的“监护责任”，第三十四条规定的“用人单位、劳务派遣单位和用工单位的责任”及第三十五条规定的“个人劳务关系中的责任”。

② 具体案件参见 Metro-Goldwyn-Mayer Studios，Inc. v. Grokster，Ltd.，259 F. Supp. 2d 1029，（C. D. Cal. 2003）.

③ 实质性非侵权用途是美国最高法院 1984 年“索尼案”中确立的一项判断产品提供者主观过错的标准：只要该技术产品实质上并非用于侵权的用途，就不能仅因使用者使用该产品去侵权就以此认定产品提供者有帮助他人侵权之主观过错。该标准的确立为技术研发者扫清责任上的障碍，促进了技术的进步。

④ 参见 Metro-Goldwyn-Mayer Studios，Inc. v. Grokster，Ltd.，F. 3d 1154（9th Cir 2004）.

翻一、二审判决，转而支持原告诉求。其理由是："以诱使版权侵权为目的而提供设备，并已通过清楚的表述或者采取其他确定的步骤促使侵权发生，ISP 应当就第三人导致的侵权行为承担责任，而不用考虑产品本身的合法用途。"① 显然，美国联邦最高法院将 ISP 主观过错的判断标准上升到产品生产意图和对消费者的思维导向层面，在此基础上认为 ISP 的行为符合引诱侵权的要件。自此，美国联邦最高法院在帮助侵权规则之外又创设引诱侵权；与帮助侵权所不同的是，引诱侵权的主观状态必须是故意。

综上，间接侵权制度是集基础性、实践性与开放性并重的理论体系。虽因实践推动而产生，但理论根基却深扎于侵权法理的土壤之中，其体系扩充也离不开网络技术的进步。在某种程度上，在技术多元化的当代，间接侵权制度势必随新科技出现而不断丰满自身理论架构，具有较强的生命力。

（二）《侵权责任法》第三十六条并未确立间接侵权制度

长期以来，我国实务界惯以沿用共同侵权理论②来认定 ISP 第三方责任，在立法层面并未对间接侵权制度予以成文化。但自《条例》颁行后，知识产权学界通说认为我国已建立起间接侵权制度。而今，由于《侵权责任法》第三十六条与《条例》（第二十至二十三条）形式大体相同，由此导致部分学者也认为《侵权责任法》继受了间接侵权理论。③ 对此，笔者提出三点反驳意见：

第一，《侵权责任法》第三十六条只承认帮助侵权而已。就第三十六条第二、三款表述而言，都使用了"网络用户利用网络服务——ISP

---

① 参见 Metro-Goldwyn-Mayer Studios, Inc. v. Grokster, Ltd., 545 U.S. 787（2005）.

② 参见《民法通则》第一百三十条、《最高人民法院关于贯彻执行〈中华人民共和国民法通则〉若干问题的意见》第一百四十八条。

③ 具体论述参见最高人民法院侵权责任法研究小组编：《中华人民共和国侵权责任法条文理解与适用》，人民法院出版社 2010 年版，第 265 页；张新宝：《侵权责任法》，中国人民大学出版社 2010 年版，第 168 页；高圣平、管洪彦：《侵权责任法典型判例研究》，中国法制出版社 2010 年版，第 356 页。

未（及时）采取必要措施——与该网络用户承担连带责任”之结构。在ISP行为模式上，条文强调用户的行为才是直接侵权行为，而ISP只是“辅助”用户实施侵害。传统共同侵权理论中“帮助”应界定为通过提供工具、指示目标或者以言语激励等方式，从物质上或者精神上帮助所实施加害行为。比照可知，ISP“未采取必要措施”确属帮助之一种情形；在法律后果上，《侵权责任法》第九条乃帮助侵权之一般条款，其规定“帮助人应当与行为人承担连带责任”与第三十六条第二、三款显属前后对应关系；在立法目的上，之所以以帮助侵权作为ISP的归责基础，其正当性在于ISP本可以通过积极方式制止侵权结果的发生或扩大，但因其选择视而不见，对于这种消极不作为的非难性难为立法所容忍，科以连带责任并无不当。当然，ISP除了帮助侵权这一形态外，如果ISP利用自身技术优势主动实施加害行为，其当然应当承担侵权责任，只是此时的法律依据乃第三十六条第一款。

第二，间接侵权理论所包含的引诱侵权和替代责任并未在第三十六条中体现。引诱侵权在我国法上称为教唆侵权，是指利用言语对他人进行开导、说服，或者通过刺激、利诱、怂恿等办法，使被教唆者接受教唆意图而从事侵权行为。无论引诱侵权还是教唆侵权，其主观上均以故意为必要，客观上须被教唆人（引诱侵权中指接受技术服务的用户）实施侵权行为以及行为与损害之间有因果关系等。第三十六条显然并未规定此种情形，但《侵权责任法》第九条将教唆侵权与帮助侵权一并作了规定。我国法上替代责任，与自己责任相对，是指责任人并未直接实施侵权行为，但基于法律规定须对他人的侵权行为承担责任。替代责任本属无过错责任，须由立法明文规定。显然，第三十六条第三款条文并非无过错原则的具体应用，而《侵权责任法》第三十二、三十四、三十五条才是替代责任的真正出处。[①] 如此看来，《侵权责任法》第三十六条在行为模式上也难以与间接侵权一一对应。

---

① 《侵权责任法》第三十二条规定的“监护责任”，第三十四条规定的“用人单位、劳务派遣单位和用工单位的责任”及第三十五条规定的“个人劳务关系中的责任”。

第三，结合上述论断，笔者进一步认为，结合两大法系之发展现状，侵权行为分类中也难有直接侵权与间接侵权区分的空间。在大陆法系国家中，《法国民法典》将侵权行为分为自己责任与替代责任[①]、过错责任与无过错责任；《德国民法典》分为一般侵权与特殊侵权。[②] 英美法系在立法上并未对侵权行为予以区分，其分类散见于学者著述及类似于法典并具有权威性的法律文件中。以《侵权法第二次重述》为例，前三编依次为对人身、土地和动产的故意侵害（Intentional Harms to Persons，Land，and Chattels）、过失侵权（Negligence）以及严格责任（Strict Liability），是对侵权行为的三种判例式的归纳与总结。另一种分类为对人身权益的故意侵犯、对财产权益的侵犯、对家庭关系的侵犯及对商业关系的侵犯。我国侵权立法遵循大陆法系区分标准，将侵权行为（责任）分为一般侵权与特殊侵权、作为侵权与不作为侵权、自己责任与替代责任、单独侵权与数人侵权。[③] 对比可知，两大法系的立法传统中都未单独设置直接侵权与间接侵权这种分类，客观原因可能是该分类虽然直观，但过于宽泛、概念张力不大，比如，直接侵权行为与数人侵权中的实行行为实属同意，而间接侵权的几种形态又分别与教唆、帮助与替代责任相重合。之所以版权法领域如此重视这种分类，很大程度上是因为版权侵权更关注权利人对“专有权利”的控制状态。直接侵权针对未经许可而实施了受“专有权利”控制的行为，间接侵权虽不在“专有权利”控制范围内，但基于扩大权利保护的需要而将行为人强行纳入责任主体范畴，这在大陆法上又名“法律拟制”。显然，这种需要独特语境衬托的分类方式显然不适合我国侵权法的既定体系。

---

① 参见《法国民法典》第1382条，第1383条，第1384条第2款、第4～6款，第1385条，第1386条。

② 《德国民法典》中特殊侵权条文请参见第831～834条、第836～839条、第839a条。

③ 王利明：《侵权责任法（上卷）》，中国人民大学出版社2011年版，第34～44页；张新宝：《侵权责任法》，中国人民大学出版社2010年版，第5～7页；杨立新：《侵权法论（第4版）》，人民法院出版社2011年版，第656～746页。

四、结语

“技术、经济、社会、文化和政治不断变化不可能不触及现行立法。这里存在一种制度上特有的相互影响关系：法律调整着所谓的变化过程。”① 自互联网作为鼓励信息畅通的标志性成果问世以来，ISP 第三方责任就成为各国亟待解决的重大课题。不同于一般侵权，ISP 第三方责任背后所触及的私法纠纷与一国产业政策处于一种紧张的关系中，这需要立法者在制度设计上实现利益衡平。在私权保护、产业利益等多种因素推动下，ISP 第三方责任不再是单纯的民法问题，而成为一国经济战略中的一环。在宏观层面，必须处理好以下两对关系：一是如何协调被侵权人、直接侵权人和 ISP 之间的关系，这是公平价值理念的具体化；二是如何平衡网络产业与言论自由的关系，这是自由价值的具体化。在微观层面，能否坚持技术中立在很大程度上与一国对被侵权人的保护意识有关。对于司法工作者而言，当一国的立法与现实发生脱节时，立法的任务和作用就转移给司法，这时就需要法官运用正确的法学方法对漏洞进行填补，但必须建立在正确把握法律发展脉络的基础之上。

（责任编辑：张亮）

① ［德］魏德士：《法理学》，丁晓春译，法律出版社 2005 年版，第 405 页。

律师实务
lü shi shi wu

公开发行公司债券的律师工作实务

——以房地产公司在上海证券交易所公开发行公司债券为例

廖桃春*

公司债券是指公司依照法定程序发行、约定在一年以上期限内还本付息的有价证券，发行债券是公司直接筹集长期资金的一种重要融资方式。2007 年 8 月 14 日，中国证券监督管理委员会（以下简称证监会）颁布了《公司债券发行试点办法》（以下简称《试点办法》），规定在公司债券发行试点期间，试点公司范围仅限于沪、深证券交易所上市的公司及发行境外上市外资股的境内股份有限公司。

2015 年 1 月 15 日，中国证监会发布实施《公司债券发行与交易管理办法》（以下简称《管理办法》），《试点办法》同时废止。《管理办法》的主要亮点包括：将发行公司的范围由原来《试点办法》规定的境内证券交易所上市公司、发行境外上市外资股的境内股份有限公司扩大至所有公司制法人；全面建立非公开发行制度；将公开发行公司债券

* 广东晟典律师事务所高级合伙人。

的交易场所由上海、深圳证券交易所拓展至全国中小企业股份转让系统；非公开发行公司债券的交易场所由上海、深圳证券交易所拓展至全国中小企业股份转让系统、机构间私募产品报价与服务系统和证券公司柜台；取消公司债公开发行的保荐制度和发审委审核制度，简化审核流程等。

《管理办法》的发布实施，使得资本市场公司债券发行业务的发展有了新的突破和创新，同时也对律师参与公司债券的发行工作提出了新的要求。2015 年 9 月 15 日，上海证券交易所发布了《上海证券交易所公司债券预审核指南（一）》，对发行人和中介机构提交申请文件（包括律师事务所提交的法律意见书）提出了指导意见。笔者结合经办的某房地产有限责任公司（以下简称发行人或公司）公开发行公司债券的实务经验，从律师参与公司债券发行的角度出发，介绍公开发行公司债券（面向合格投资者）过程及律师的核查工作要求。

一、面向合格投资者公开发行公司债券的条件

结合《公司法》《证券法》《管理办法》等相关法律法规，面向合格投资者公开发行公司债券的公司至少需要具备以下条件：

（一）股份有限公司的净资产不低于人民币 3000 万元，有限责任公司的净资产不低于人民币 6000 万元

公司最近一期期末经审计的净资产额应符合法律、行政法规和中国证监会的有关规定，即发行公司债券对公司净资产的要求是：股份有限公司的净资产不低于人民币 3000 万元；有限责任公司的净资产不低于人民币 6000 万元。如果发行人是集团公司或持有对外投资的公司，若需要编制合并财务报表的，这里的“净资产”应取合并资产负债表里的“归属于母公司所有者权益”数，含少数股东权益。

（二）发行人的累计债券余额不超过公司净资产的 40%

这里的“净资产”也应取合并资产负债表里的“归属于母公司所

有者权益”数，含少数股东权益。“累计公司债券”的计算范围包括已发行的公司债、企业债券以及境外公开发行的债券等，权益类债券不计入，发行在外全额计算，原则上以面值为准，金融类公司应符合监管机构核定的指标。

（三）发行人最近3年平均可分配利润足以支付公司债券1年的利息

这里的“最近三个会计年度实现的年均可分配利润”一般取3年报告期内发行人年度连续审计报告中的净利润数的平均值；对于需要编制合并财务报表的公司，可分配利润指合并报表归属于母公司所有者的净利润。发行人最近3个会计年度实现的年均可分配利润不少于债券1年利息的1.5倍且满足其他条件时，可以向公众投资者公开发行，也可以自主选择仅面向合格投资者公开发行，否则应面向合格投资者公开发行或非公开发行公司债券。

（四）筹集的资金投向符合国家产业政策

发行公司债券筹集的资金投向应符合国家产业政策，使公司资金流向国家急需或者大力发展的产业，有利于国家经济在总体上的发展。

目前公司债券在募集资金投向管理上更加市场化，募集资金用途不再要求与固定资产投资项目挂钩，故只要在国家产业政策允许的范围内，发行人可根据发行文件的约定自由支配募集的资金，比如配比或补充项目资本金、用于资产（股权）收购、补充营运资金、偿还银行贷款、改善财务结构等经发行人股东大会核准的用途。但一般不得用于弥补亏损和非生产性支出，不得用于房地产买卖、股票买卖以及期货等高风险投资，不得为持有交易性金融资产和可供出售的金融资产、借予他人、委托理财等财务性投资，也不得直接或者间接投资于以买卖有价证券为主要业务的公司。

被列入中国银行业监督管理委员会（以下简称银监会）地方政府融资平台监测类名单（退出平台类），或发行人涉及土地开发、政府项目代建（BT）及市政基础设施建设等相关业务，或控制股东或子公司存在地方政府融资平台的，发行人募集资金用途不能用于偿还地方政府债务或者用于公益性项目。

目前，随着监管部门对企业再融资行为的不断收紧，房地产企业通过再融资募集所得资金的用途正在变窄，所得资金不鼓励用于补充流动资金和偿还银行贷款，并需详细披露募集资金的实际投向，不允许房地产企业通过再融资对流动资金进行补充，募集资金只能用于房地产建设，而不能用于拿地和偿还银行贷款。

（五）债券的利率不超过国务院限定的利率水平

公司债券的发行利率一般由发行人和保荐人（主承销商）通过市场询价协商确定。债券票面利率在债券存续期内可以固定不变，也可以在发行文件中约定发行人有权根据债券市场行情、发行人的经营状况等影响债券价格的因素随机调整债券的票面利率。

（六）禁止公开发行公司债券的情形

存在下列情形之一的，不得公开发行公司债券：

1. 前一次公开发行的公司债券尚未募足。

2. 对已公开发行的公司债券或者其他债务有违约或者延迟支付本息的事实，仍处于继续状态。发行人律师应核查发行人是否存在未结束的违约。这里的“其他债务”包括公开发行的其他债券和债务融资工具、非公开发行的债券和债务融资工具以及借贷债务，不包括日常生产经营中的应付账款等负债。

3. 改变公开发行公司债券所募资金的用途。《管理办法》规定，公开发行公司债券募集的资金必须用于核准的用途，不得用于弥补亏损和非生产性支出。除金融类企业外，募集资金不得转借他人。擅自改变前次发行债券募集资金的用途而未做纠正，或本次发行募集资金用途违反相关法律法规的发行人，不得公开发行公司债券。

4. 最近 36 个月内公司财务会计文件存在虚假记载，或公司存在其他重大违法行为。具体情形如下：

（1）发行人律师要核查发行人报告期内的财务报表是否经会计师事务所审计，并出具了标准无保留意见、无否定意见或无法表示意见的审计报告；会计师是否对发行人的财务报表出具了带强调事项段无保留意见的审计报告，并重点关注带强调事项段内容是否影响已发表的标准无保留审计意见；发行人是否有因财务会计文件存在会计差错、虚假记载等违法事项而被有关部门处罚的情况。

（2）发行人在报告期内是否存在违反证券法律、行政法规或规章，受到中国证监会的行政处罚或者受到刑事处罚的情形。律师应当通过中国证监会以及各证监局网站等核查发行人及其下属公司是否存在报告期内受到过中国证监会的行政处罚、是否受到交易所的公开谴责、是否受到刑事处罚的情形。

（3）发行人在报告期内是否存在违反工商、税收、土地、环保、海关、社保、安监等有关的法律、行政法规或规章，受到行政处罚且情节严重或者受到刑事处罚的情形。律师应当通过查询省级及以上安全监管监察部门的社会公告等方式，核查发行人报告期内是否存在安全生产方面的重大违法行为；律师通过查询国土资源部门网站等方式，核查发行人及其下属房地产子公司报告期内是否存在闲置土地和炒地、捂盘惜售、哄抬房价等重大违法行为，是否存在被行政处罚或立案调查的情形；律师通过查询税务机关等部门门户网站等方式，核查发行人报告期内是否存在重大税收违法案件。

（4）发行人在报告期内是否存在违反国家其他法律、行政法规且情节严重的行为；是否存在严重损害投资者合法权益和社会公共利益的其他情形。

5. 本次发行申请文件存在虚假记载、误导性陈述或者重大遗漏。发行人全体董事、监事、高级管理人员应当在债券募集说明书上签字，承诺不存在虚假记载、误导性陈述或者重大遗漏，并承担相应的法律责任，但能够证明自己没有过错的除外。

6. 严重损害投资者合法权益和社会公共利益的其他情形。如曾发生安全生产事故、存在重大税收违法案件等情形。

7. 发行人属于地方政府融资平台公司。存在下述情形之一的发行人，不得发行公司债券：被列入中国银监会地方政府融资平台名单（监管类）；最近3年（非公开发行的为最近2年）来自所属地方政府的现金流入与发行人经营活动现金流入占比平均超过50%，或最近3年（非公开发行的为最近2年）来自所属地方政府的收入与营业收入占比平均超过50%。不过，符合条件的政府与社会资本合作模式（PPP）特别目的公司、募集资金专项用于按照国家有关规定履行了审批、核准或备案手续的保障性住房（含棚户区改造）项目等除外。

（七）关于房地产公司的特别要求

1. 房地产企业的认定范围。上市公司、股转系统挂牌公司按照相关行业分类标准属于房地产企业的，非上市或挂牌公司参照《上市公司行业分类指引》属于房地产企业的。

2. 房地产公司原则上要求企业评级不低于AA－，总资产超过人民币100亿，净资产超过人民币40亿，有国企背景的可适当放宽。

3. 自查。发行人应当出具自查报告，说明报告期内公司（含合并报表范围内子公司）是否存在闲置土地和炒地、捂盘惜售、哄抬房价等违法违规行为，是否存在被行政处罚或调查的情况及相应的整改措施和整改效果。

4. 承诺。董监高、控股股东和实际控制人或者其他信息披露义务人（含重大资产重组交易对方）承诺，如因存在未披露的土地闲置等违法违规行为，给发行人和投资者造成损失的，承担赔偿责任。

5. 中介机构核查。律师需要核查发行人及其下属房地产子公司最近36个月内是否存在闲置土地和炒地、捂盘惜售、哄抬房价等重大违法行为，是否存在被行政处罚或立案调查的情形，并出具房地产业务专项核查法律意见书。

（八）其他

1.《管理办法》第十九条规定，公开发行公司债券，应当委托具有从事证券业务资格的资信评级机构进行信用评级，评级机构应当具有从事证券服务业务资格。资信评级机构的评级包括发行主体的信用评级和债券的债项信用评级，主体评级是对发行主体的整体信用状况的评价，评级结果揭示的是债券发行方的基本信用级别；而债项评级是针对特定债券进行的评级，揭示的是该特定债券的信用级别。

向公众投资者公开发行公司债券的，债券信用评级应达到AAA级；面向合格投资者公开发行公司债券的，《管理办法》没有给出明确界定。目前，主体和债项级别至少应当都在AA级以上，否则，发行人需提供保证和担保，以提高债项评级。

发行人最近3年内因在境内发行其他债券、债务融资工具进行资信评级，且主体评级结果与本次评级结果有差异的，应当予以重点关注。

2. 证券服务机构资格要求。债券募集说明书及其他信息披露文件所引用的审计报告、资产评估报告、资信评级报告，应当由具有从事证券服务业务资格的机构出具。承销商、会计师事务所、律师事务所、评级机构等中介机构被监管部门限制债券承销或者债券发行业务活动资格的，交易所不接受其在资格被限制期间出具的相关文件。

3. 制造业企业原则上要求企业评级不低于AA－，总资产人民币80亿以上，净资产人民币30亿以上，有国企背景的适当放宽。主板、中小板、香港特区联交所上市的公司，非ST基本都可以申请公开发行债券，评级不低于AA－。

二、律师的法律核查工作内容

律师可采用查阅资料、访谈、列席会议、实地调查、信息分析、印证和讨论等方法，勤勉尽责地对发行人进行调查，以了解发行人经营情况、财务状况和偿债能力，并有合理理由确信募集文件真实、准确、完整以及核查募集文件中与发行条件相关的内容是否符合相关法律法规及部门规章规定。具体法律尽调内容和尽调方法如下：

（一）主体资格

1. 发行公司债券的主体必须是依照中国法律在中国境内依法设立并合法存续的股份有限公司或有限责任公司，具有独立的法人地位。

2. 公司的生产经营符合法律、行政法规和公司章程的规定，符合国家产业政策。

3. 公司不存在根据国家法律、法规、规范性文件及发行人的公司章程规定的应予终止的情形。

（二）法定的内部决策程序

根据《管理办法》第十一条规定，发行公司债券，发行人应当依照《公司法》或者公司章程相关规定对以下事项作出决议：（1）发行债券的数量；（2）发行方式；（3）债券期限；（4）募集资金的用途；（5）决议的有效期；（6）其他按照法律法规及公司章程规定需要明确的事项。发行公司债券，如对增信机制、偿债保障措施作出安排的，也应当在决议事项中载明。

发行人的律师应当核查公司债券发行是否履行了相关法律法规及公司章程规定的内部决策程序以及内部决策机制安排；应当特别注意审阅公司章程的规定，明确发行公司债券是由股东会决议还是董事会决议，确认本次发行除尚需获得中国证监会的核准并获得证券交易所对其公司债券上市的同意外，发行人本次发行已经取得合法有效的决议授权。

（三）发行人历史沿革、股权结构、控股股东及实际控制人

律师应当查阅发行人工商登记文件、股权结构图、股东名册，了解公司设立及最近3年内实际控制人变化情况、重大资产重组情况及报告期末的前十大股东情况。相关重大资产重组涉及资产评估事项的，应当简要查阅资产评估报告。

律师应当核查发行人的控股股东及实际控制人的基本情况［包括中

国证监会证券期货市场失信信息公开查询平台、中国人民银行征信系统、全国企业信用信息公示系统、国家税务总局的重大税收违法案件信息公布栏、最高人民法院失信被执行人信息查询平台显示的该控股股东或实际控制人的诚信状况〕及变更情况。实际控制人应当调查到最终的国有控股主体或自然人为止。

若发行人的控股股东或实际控制人为自然人，律师应当调查其简要背景、与其他主要股东的关系及直接或间接持有的发行人股份（权）被质押或存在争议的情况，及该自然人对其他企业的主要投资情况。

若发行人的控股股东或实际控制人为法人，律师应当调查该法人的名称及其主要股东，包括但不限于该法人的成立日期、注册资本、主要业务、主要资产情况、最近一年合并财务报表的主要财务数据（注明是否经审计）、所持有的发行人股份（权）被质押或存在争议的情况。

发行人对其他企业的重要权益投资。律师应当查阅发行人对其他企业的重要权益投资情况，包括主要子公司以及其他有重要影响的参股公司、合营企业和联营企业的基本情况、主营业务、近一年的主要财务数据（包括资产、负债、所有者权益、收入、净利润等）及其重大增减变动的情况及原因。

（四）发行人募集资金的运用

调查募集资金用途、使用计划、专项账户管理安排。募集资金用于项目投资、股权投资或收购资产的，律师应当调查拟投资项目的基本情况、股权投资情况、拟收购资产的基本情况。

募集资金运用涉及立项、土地、环保等有关报批事项的，律师应当核查取得的有关主管部门批准的情况。

募集资金用于补充流动资金或者偿还银行贷款的，律师应当调查补充流动资金或者偿还银行贷款的金额和对公司财务状况的影响。

（五）发行人的独立性

律师应当查阅公司章程、会议记录、会议决议等，咨询其法律顾问，了解发行人的组织结构；查阅公司治理有关文件，了解发行人现任董事、监事、高级管理人员的基本情况［至少包括姓名、现任职务及任期、从业简历、兼职情况、持有发行人股份（权）和债券的情况］，了解董事、监事、高级管理人员的任职是否符合《公司法》及公司章程的规定；查阅发行人股东会或股东大会（或者法律法规规定的有权决策机构）、董事会（如有）、监事会（如有）的议事规则，关注发行人法人治理结构及相关机构最近3年内的运行情况。

律师应当查阅会议记录、规章制度等，访谈管理层及员工，咨询审计机构，了解发行人会计核算、财务管理、风险控制、重大事项决策等内部管理制度的建立及运行情况。

律师应当调查发行人与控股股东、实际控制人业务、资产、人员、财务、机构等方面的独立性；发行人的关联方、关联关系、关联交易及关联交易的决策权限、决策程序、定价机制；最近3年内是否存在资金被控股股东、实际控制人及其关联方违规占用，或者为控股股东、实际控制人及其关联方提供担保的情形。

（六）发行人的业务及资信状况

1. 经营范围及主营业务。律师应当查阅营业执照、从事业务需要的许可资格或资质文件（如有），了解发行人所从事的主要业务、主要产品（或服务）的用途、所在行业状况及发行人面临的主要竞争状况、经营方针及战略。律师应当结合行业属性和企业规模等，通过访谈等方式，了解发行人的经营模式，调查发行人的采购模式、生产或服务模式和销售模式。

2. 调查发行人资信情况。律师可以通过查阅纳税凭证、借款合同与还款凭证等资料以及查询公共诚信系统（如中国证监会证券期货市场失信信息公开查询平台、中国人民银行征信系统、全国企业信用信息公示系统、国家税务总局的重大税收违法案件信息公布栏、最高人民法院失信被执行人信息查询平台）、中国裁判文书网等的方式，以了解发行人的诚信状况，调查发行人获得主要贷款银行的授信情况、使用情况；

了解发行人近3年与主要客户发生业务往来时，是否有严重违约现象；了解发行人近3年发行的债券、其他债务融资工具以及偿还情况，以及本次发行后的累计公司债券余额及其占发行人最近一期净资产的比例。如曾对已发行的公司债券或其他债务有违约或延迟支付本息的事实，律师应当调查相关事项的处理情况和对发行人的影响。

3. 律师应当对评级机构出具的评级报告内容进行核查，并结合尽调情况进行验证。发行人最近3年内因在境内发行其他债券、债务融资工具进行资信评级且主体评级结果与本次评级结果有差异的，应当予以重点关注。

4. 若公司或其子公司为房地产公司，则要进一步核查其是否具有从事房地产业务的资质，其房地产业务经营是否合法合规（具体可通过核查其全部项目所取得的全部批文、批复、证书等及其是否已履行所有审批程序等方式进行）。

（七）发行人重大资产变化

查阅发行人的财务会计信息。律师应当查阅发行人最近3年及一期的资产负债表、利润表及现金流量表，发行人编制合并财务报表的，律师应当查阅合并财务报表和母公司财务报表。最近3年及一期合并财务报表范围发生重大变化的，律师应当调查合并财务报表范围的具体变化情况、变化原因及其影响。对于最近3年内进行过导致公司主营业务和经营性资产发生实质变更的重大资产购买、出售、置换的发行人，律师应当查阅重组完成后各年的资产负债表、利润表、现金流量表，以及重组前1年的备考财务报表和备考报表的编制基础等最近3年及一期的财务报表。律师应当查阅最近3年及一期的主要财务指标以及公司管理层作出的关于公司最近3年及一期的财务分析的简明结论性意见，调查发行人资产负债结构、现金流量、偿债能力、近3年的盈利能力、未来业务目标以及盈利能力的可持续性。

（八）若有债券偿债保障措施及安排的，需要核查

1. 调查保证人信息。提供保证担保，且保证人为法人或其他组织的，律师应当查阅保证人有关资料，调查保证人情况，包括但不限于：（1）基本情况（属融资性担保机构的，核实其业务资质）；（2）最近1年及一期财务报告，重点关注净资产、资产负债率、净资产收益率、流动比率、速动比率等主要财务指标；（3）资信状况（包括中国证监会证券期货市场失信信息公开查询平台、中国人民银行征信系统、全国企业信用信息公示系统、国家税务总局的重大税收违法案件信息公布栏、最高人民法院失信被执行人信息查询平台显示的该保证人的诚信状况）；（4）累计对外担保余额；（5）累计担保余额及其占净资产比例；（6）偿债能力分析。提供保证担保且保证人为自然人的，律师应调查保证人与发行人的关系、保证人的资信状况、代偿能力、资产受限情况、对外担保情况以及可能影响保证权利实现的其他信息。提供保证担保且保证人为发行人控股股东或实际控制人的，律师还应调查保证人所拥有的除发行人股权外的其他主要资产、该部分资产的权利限制及是否存在后续权利限制安排。

2. 担保合同或担保函。律师应当取得债券担保合同或担保函，核查担保合同或担保函内容是否包括下列事项，并就相关担保合同或担保函的责任条款与担保人进行确认：（1）担保金额；（2）担保期限；（3）担保方式；（4）担保范围；（5）发行人、担保人、债券受托管理人、债券持有人之间的权利义务关系；（6）反担保和共同担保的情况（如有）；（7）各方认为需要约定的其他事项。

3. 抵押或质押担保。提供抵押或质押担保的，律师应当查阅、比较分析有关资料，了解担保物情况，包括但不限于担保物名称、账面价值、评估值、担保范围、担保物金额与所发行债券面值总额和本息总额之间的比例，担保物的评估、登记、保管和相关法律手续的办理情况，以及后续登记、保管和发生重大变化时的安排。同一担保物上已经设定其他担保的，还应当核查已经担保的债务总余额以及抵押或质押顺序。

4. 除保证、抵押、质押以外的增信方式。采用限制发行人债务和对外担保规模安排、对外投资规模，限制发行人向第三方出售或抵押主要资产，设置债券回售条款，设置商业保险等商业安排，设立偿债专项基金等其他方式进行增信的，律师应当调查增信措施的具体内容、相关协议的主要条款、实现方式、相应风险以及相关手续的办理情况等事项。

5. 偿债计划及保障措施。律师应当调查发行人制定的具体偿债计划及保障措施。发行人设置专项偿债账户的，律师应当调查该账户的资金来源、提取的起止时间、提取额度、提取金额、管理方式、监督安排及信息披露等内容。

律师应当调查发行人构成违约的情形、违约责任及其承担方式以及公司债券发生违约后的诉讼、仲裁或其他争议解决机制。

（九）合法合规性审查

律师应当核查募集文件中与发行条件相关的内容是否符合相关法律法规及部门规章规定。律师应当查询全国企业信用信息公示系统、中国执行信息公开网、中国裁判文书网以及工商、税务、海关、国土、环保、安全生产等主管部门门户网站等，核查发行人最近3年内是否存在违法违规及受处罚的情况。

律师应当通过对照相关主管部门关于地方政府融资平台的界定标准，结合股东资质、收入来源、承担项目类型、融资用途等因素综合分析，核查发行人是否为地方政府融资平台。

如有特定行业主管部门出具的监管意见书，律师应当查阅其内容。

对会议规则及协议的核查：对债券持有人会议规则及债券受托管理协议内容是否符合《管理办法》及中国证监会、相关自律组织业务规则的规定进行核查。

（十）诉讼、仲裁和行政处罚

律师应当查阅发行人会计报表附注中的资产负债表日后事项、或有事项及其他重要事项，包括对公司财务状况、经营成果、声誉、业务活动、未来前景等可能产生较大影响的诉讼或仲裁、担保等事项。

律师应当查阅发行人截至募集说明书签署之日的资产抵押、质押、担保和其他权利限制安排，以及除此以外的其他具有可以对抗第三人的优先偿付负债的情况。

（十一）其他

1. 利害关系调查：律师应当核查发行人与本次发行有关的中介机构及其负责人、高级管理人员及经办人员之间存在的直接或间接的股权关系或其他重大利害关系情况。

2. 风险及应对核查：根据尽职调查内容及过程，律师应当对发行人存在的主要风险及应对措施进行核查。律师应当遵循重要性原则，核查发行人披露的可能直接或间接影响债券偿付的所有因素，包含发行人自身、担保或其他增信措施（如有）、外部环境、政策等相关风险，核查发行人针对风险已采取的具体措施。律师应当询问管理层，咨询审计机构、律师或法律顾问，调查发行人是否存在重大仲裁、诉讼和其他重大事项及或有事项，并分析该等已决或未决仲裁、诉讼与其他重大事项及或有事项对发行人的重大影响。

关于公司债券的发行，中国证监会、中国证券业协会、上海证券交易所、深圳证券交易所会不定期公布新的规定或更新相关规定，这不仅给律师在公司债券发行中的工作提出了更多的要求，亦带来了更多的挑战。

（责任编辑：陈嘉丽）

（特约审稿人：江波，广东晟典律师事务所合伙人）

对资产证券化破产隔离相关问题的思考

丁新朝*

一、引言

资产证券化自上世纪70年代从美国兴起后，作为一种重要的金融创新工具，对美国的金融体系乃至全球的金融体系都产生了深远的影响，并很快成为全球资本市场的一种重要的融资工具。我国从2005年开始试点资产证券化，到2008年受金融危机影响几乎陷于停顿，再到2014年至今的爆发式增长，创新产品层出不穷，可谓起步艰难，现状喜人。本文根据国际上资产证券化的相关理论和实践，结合我国目前资产证券化实务中的一些做法，从法律角度对资产证券化过程中破产隔离的做法进行一些介绍和思考。

二、资产证券化概念

资产证券化目前没有统一定义，学界和业界有多种表述。按照资产证券化发源地美国的权威人士苏瑞什·桑德瑞森（Suresh Sundaresan）的定义，资产证券化是“一种特殊的结构化载体，对企业或金融机构的某些非流动资产进行打包、信用增级、流动性增强和结构化组织，使之

* 法学学士、电子商务法硕士，广东晟典律师事务所主任。

转化为以这些资产为保证的有价证券组合"[①]。用较通俗的语言来说，资产证券化就是将金融机构或企业（发起人）持有的缺乏流动性，但能够产生可预见的、稳定的现金流的资产进行汇集，形成资产池，然后通过一定的结构性安排，对资产池中的资产进行风险和收益重组，将其转变成可以在金融市场上出售和流通的证券产品的过程。

从上述资产证券化的定义看，资产证券化的完成至少需要三个基本的条件：一是必须有资产汇集的过程，即将同质但缺乏流动性的资产（包括现金流的资产或合成创造的资产）汇集形成资产池；二是必须创设一个特殊目的载体（SPV），用于接收资产池中的基础资产，使基础资产的信用独立于原始权益人（也即发起人）的整体信用，以便与发起人的其他资产相隔离；[②] 三是由 SPV 对资产池中的资产进行风险和收益重组（比如通过分级将原来同质的资产，分为具有不同风险、不同期限、不同利率计算方式的多等级及多类型的产品），然后对重组后的资产经过其他增信方式和信用评级后，打包成证券产品向投资者发行。

三、破产隔离机制及其他国家和地区经验借鉴

（一）破产隔离机制的构成

从资产证券化的特点和基本运作流程看，被证券化资产信用的独立性是资产证券化的本质特征，而创设 SPV 和接受基础资产的过程或转让基础资产（以下简称真实销售）是实现其本质特征的两个基本环节，这两个环节就构成了资产证券化的"破产隔离"。其中，特殊目的载体（SPV）是资产证券化交易结构实现破产隔离的基本形式要件，它要求实现投资者持有的证券权益与证券化过程中的其他所有主体因破产可能导致的风险相隔离，并且特殊目的载体（SPV）的组织形式不同，它所

① ［美］苏莱曼贝格（Suleman Baig）、［美］莫拉德乔德里（Moorad Choudhry）：《资产证券化实务精解》，陈丽霞、林东译，机械工业出版社 2014 年版。

② ［美］弗兰克·J. 法博齐（Frank J. Fabozzi）、维诺德·科塞瑞（Vinod Kothari）：《资产证券化导论》，机械工业出版社 2014 年版。

达到的破产隔离效果也就不尽相同。真实销售（True Sale）被认为是破产隔离的实质要件，它要求拟证券化的资产必须真实地转移至 SPV。只有达到真实销售的标准，在发起人或相关主体破产时，资产池中的证券化资产才能免于破产清算，确保基础资产产生的现金流得以按证券化的结构设计向投资者偿付证券权益，实现资产证券化的融资目的。

（二）其他国家和地区破产隔离的经验借鉴

1. 关于 SPV 的组织形式。从当前世界其他国家和地区资产证券化的实践来看，SPV 的法律组织形式通常有以下几种：特殊目的信托（Special Purpose Trust，即 SPT）、特殊目的公司（Special Purpose Corporation，即 SPC）、特殊目的合伙（Special Purpose Partnership，即 SPP），其中较为常见的是前两种形式。

（1）特殊目的公司（SPC）。特殊目的公司是指发起人将证券化资产转让给一家专门从事证券化运作的特殊目的公司，由其发行资产支持证券（Asset Backed Securities，以下简称 ABS）。SPC 是以融资服务为目的的空壳公司，它要保证被证券化资产同发起人、特殊目的公司自身及其母公司实现破产隔离。美国、欧洲、日本及我国台湾地区均将 SPC 作为破产隔离的载体，尤其是美国将 SPC 作为破产隔离的主要组织形式。

由于 SPC 是独立的法人实体，从法律形式上完全独立于发起人或其母公司，因此，其可以在公司章程中设置限制公司从事其他商业活动的条款，方便投资者评估证券化的法律风险；同时，SPC 有权对该资产产生的现金收益进行任意的分割组合，进而形成不同层级、不同支付来源的 ABS。SPC 的缺点在于使投资者和 SPV 面临双重课税的困境，只能依赖税收优惠政策解决该问题。

（2）特殊目的信托（SPT）。根据信托法原理，信托财产具有独立性，可与发起人自有财产相隔离。因此，SPV 采取信托形式可有效实现拟证券化资产收益与发起人破产风险相隔离，从而最终实现资产证券化的目的。在美国，信托形式是除公司形式外最常见的一种 SPV 组织形式。

(3) 特殊目的合伙（SPP）。资产证券化的发源地美国较少采用SPP的组织形式，由于合伙不具有法人资格，从法律形式上不符合破产隔离的要求，并且合伙企业的合伙人一般要对合伙的债务承担连带责任，即合伙人的财产风险和合伙组织的风险并没有完全实现隔离，从而使得破产隔离机制大打折扣，导致SPP在实践中很少被采用。其优点是可以避免双重征税。

2. 破产隔离的核心——“真实出售”。破产隔离在形式上采用了SPV的形式，但判断是否能够隔离破产风险的核心在于发起人是否将其资产“真实出售”或转让给SPV。为防止资产证券化产品与担保融资相混淆，保证在发起人（即原始资产的持有人）破产时，被证券化的基础资产不会被认定为发起人的破产财产的一部分，从而免于发起人的债权人的追索，资产证券化发达国家或地区通过立法或判例形成了不同的评判标准。总的来说，真实销售的法律认定原则一般包括形式主义和实质主义两种。

形式主义原则建立在传统合同法当事人意思自治原则的基础上，认为只要在合同的条款中表明双方具有真实转移基础资产的意图，则法律就应当承认这种行为是真实销售，除非能够证明双方具有明显规避法律的意图。英国、加拿大、德国等大多数国家持这种形式主义原则，即只要转移资产池的契约在形式上注明是资产出售，即可认定为真实销售。

而资产证券化高度发达的美国则采用实质主义原则，认为应当分析和判断发起人是否已经向SPV转让了风险和收益，或者是否存在保留或共享的行为或现象，从而认定是否为真实销售。综合各种观点和判例，判断是否构成真实销售主要有以下几个标准：

(1) 当事人的主观意图。即发起人和SPV在资产转让合同中明确界定资产转让与发起人资产相隔离；或明确约定在发起人破产时转让给SPV的资产不属于破产财产。例如，“在英国，即使SPV对发起人拥有未付应收账款的追索权，即使发起人有回购权，即使资产池的现金流/利润将以某种形式支付给发起人，甚至即使销售的经济效果与应收账款的担保融资是相似的，只要一个合适的应收账款销售文件被当事人作为销售来对待，就将被认定为真实销售，而不是担保融资。”①

（2）资产转让的定价是否公允。通常情况下，较为流行的资产转移定价方式是在对该资产进行评估后确定一个固定的折扣率购买该资产，一旦合同生效，无论未来市场情况发生何种变化，特别是资产价格的差异有多大，均不得进行调整。如果转移资产的价格为浮动价格，就很容易被认定为贷款中的担保贷款。特别是形式上的“转让价格”其实是按抵押率折算的贷款本金，又安排未来需要通过回购交易再“赎回”资产，从而让贷款人实现本息收益，这极易被认定为交易本身是担保贷款，以此否定真实销售。

（3）SPV 对发起人是否享有追索权。该权利是指发起人在资产转让后继续对资产风险损失承担责任。而真实出售的主要特征之一就是发起人在资产出让后，对移交给 SPV 的资产的经营和损益均不承担任何责任，除非发起人违反资产转让合同中的陈述和保证条款，出售给 SPV 的资产不符合合同的约定，从而向 SPV 承担资产置换或赔偿责任。如果真实出售时 SPV 或投资者对发起人享有追索权，则该资产证券化很容易被认定为是担保融资。因此，追索权在真实销售中是非常重要甚至是有决定性的重要因素。例如，“1979 年美国第 3 巡回上诉法院审理的 Major's案，是以‘追索权’条款否定资产转让‘真实销售’属性的经典判例。在该案件中，家具厂商 Major's 以近乎对折的价格将其应收款转让给了一家贸易保理公司，除‘陈述与保证’条款之外（比如债务人符合某些特定标准，审贷、放贷严格履行了内部程序等），Major's 还需要保证应收账款可及时收回，若债务逾期超过 6 个月，则 Major's 就需要溢价回购这种不良资产。正是基于 Major's 承担了全部违约风险，在交易文件中设置了不受限制的‘追索权’条款，法院最终认定，应收款转让属‘担保贷款’而非‘真实销售’。”②

---

① 戴月、李玫：《资产证券化中真实销售法律规制的比较研究》，载《当代经济管理》2016 年第 5 期。

② 李力：《“真实销售”问题探析》，载 http：//opinion. caixin. com/2016 - 04 - 28/100937700. html，2016 - 4 - 28/2016 - 7 - 20。

（4）出让方对标的资产是否保留有控制权。真实销售的目的在于SPV受让资产后，即可独立于发起人经营、处分该资产，同时对该资产享有收益和承担损失。因此，SPV对于向投资者支付投资收益后的剩余利润享有所有权，而不是将该剩余利润支付给发起人。如果合同中约定，发起人对SPV的剩余利润享有所有权，就意味着发起人对转让的资产没有放弃实质控制权，因此，这类资产转让行为不构成真实销售。

（5）是否享有回购权。担保法下，债务人在担保权利人最终处置担保物前，有权回赎担保物。如果转让方保留回购权，这个交易很可能是一项担保融资；如果没有回购权，交易更易于被认定为真实销售。大多数含有回购协议、远期承诺和发起人回购选择权的证券化交易结构中，证券化资产的有效控制权仍保留在发起人手中，因而更应被视为担保融资。

但随着资产证券化交易和证券法的发展，美国呈现出逐渐从实质主义原则向形式主义原则转变的趋势。

四、我国资产证券化破产隔离的做法及存在的问题

我国目前的资产证券化主要分为信贷资产证券、企业资产证券化、票据资产证券化和项目资产支持计划（保险行业）。所对应的特殊目的载体主要有两种：一种是特殊目的信托（SPT），主要适用于信贷资产证券化；另一种是各类资产管理计划或项目资产支持计划，主要适用于企业资产证券化或保险业项目资产支持计划。资产支持票据由于发行人对投资者负有还本付息的义务，具有“还本付息的有价证券”的特征，一般无须有设立特殊目的载体。但随着2016年第一单信托型的ABN（远东国际租赁有限公司2016年度第一期信托资产支持票据）出现，资产支持票据也开始以SPT作为特殊目的载体，以实现他益信托之下信托受益权人所持有的信托受益权与发起人资产的破产隔离。

资产支持票据证券化由于在银行间市场发行，目前未看到有设立特殊目的载体的实例。

特殊目的公司在我国目前发行的产品中尚未看到适用，其主要原因

是特殊目的载体采用公司形式，必须符合我国《公司法》的有关规定。我国《公司法》对公司设立的形式要求包括人数、董事会、监事会、经营范围以及决策权等有严格的要求，而 SPV 作为资产证券化中承接发起人资产的空壳公司不可能专门为此配备相关人员和机构，且 SPV 的期限与发行的证券化产品密切相关，有期限短、不具体经营的特点，因此，目前在我国尚未发现有公司型的特殊目的载体出现。

我国的资产证券化的破产隔离机制主要通过特殊目的信托和资产支持专项计划来实现。

（一）我国特殊目的信托的破产隔离作用及存在的问题

1. 特殊目的信托在形式上的破产隔离功能。从发起人的整体信用风险与 SPT 基础资产信用相区别方面看，我国《信托法》第十五条规定了信托财产与委托人未设立信托的其他财产相区别，以及委托人破产时，委托人非唯一受益人时，信托财产不作为清算财产。由于以 SPT 为载体的信贷资产证券化项目属于他益信托（委托人自持的信托受益权除外），受益人主要是委托人以外的其他投资者，因而，SPT 从法律上将发起人的资产与转移至特殊目的信托公司的证券化资产相区别，从形式上起到了隔离发起人破产可能给受托财产及证券化资产带来的风险的作用。

从 SPT 自身的破产风险看，我国《信托法》第十六条也规定受托人被依法宣告破产时，信托财产不属于清算财产。同时，我国《信托公司管理办法》第十四条还规定，一旦信托公司资不抵债需要破产时，要经中国银行业监督管理委员会同意才可向人民法院提出破产申请，对信托公司的破产设置了严格条件。所以，笔者认为，SPT 在组织形式上可以满足隔离破产风险的作用。

2. 特殊目的信托在“真实销售”方面的破产隔离作用。（1）转让的是财产所有权还是财产权处分权。尽管我国《信托法》将委托人（发起人）的财产和交予受托人（发行人）的信托财产从法律上进行了区分，但有学者认为，由于信托只是将委托人的财产权委托给受托人管理、处分，并非将财产所有权转让给受托人，因此，在委托人被宣告破产时，特殊目的信托能否起到破产隔离的作用是值得商榷的。笔者认为，虽然我国《信托法》明确委托人委托给受托人的是财产权，而非所有权，但该委托的财产为信托财产是明确的，在信贷资产证券化过程中，委托人（发起人）通常需持有5%以上[①]的证券，其余证券由其他受益人持有。再根据《信托法》第十五条规定，委托人不是唯一受益人的，在委托人被依法宣告破产时，信托存续，信托财产不作为其遗产或者清算财产。因此，SPT接收发起人的基础资产符合真实销售的特征，可以将证券化资产的信用与发起人的整体信用风险隔离开来。（2）追索权对真实销售的影响。目前发行的信贷资产证券化产品，大都通过分级方式进行内部增信，发起人通常持有分配次序最低档次的劣后级证券，并且在《金融机构信贷资产证券化监督管理办法》第八十六条中明确“较低档次的证券先于较高档次的证券承担损失，以此为较高档次的证券提供信用保护”，即劣后级要为优先级和夹层极证券投资人提供担保。这种安排其实就是让发起人承担部分债务违约风险，相当于间接允许向发起人行使“追索权”；同时，“劣后级证券分配次序最靠后，承担的风险最大，并且有权获得包括超额抵押、超额利差在内的所有剩余利益，其实就相当于承担所有权风险、享受所有权利益”[②]，这些措施将影响资产转让的真实性，从而影响对真实销售的认定。而如何评估追索权对真实销售的影响，在美国 Majors Furniture Mart，Inc. v. Castle Credit Corp.，Inc.[③]一案中，法院认为，SPV对发起人的追索权如果没有高于以资产（应收账款）的历史记录为基础合理预期的资产违约率则是适度的；而全额的追索权将使发起人承担资产的一切风险，这将导

① 《关于进一步规范信贷资产证券化发起机构风险自留行为的公告》，中国人民银行、中国银行业监督管理委员会公告〔2013〕第21号，第二点。

② 李力：《“真实销售”问题探析》，载 http：//opinion. caixin. com/2016 - 04 - 28/100937700. html，2016 - 4 - 28/2016 - 7 - 20。

③ 1602 F. 2d 53H，C. A. Pa.，1979.，June 20，1979（Approx. 9 pages）；546（3rd Cir. 1979）. 在该案中，SPV将所有的风险都转嫁给发起人且不承担伴随着所有权的任何风险，法院因此认为二者之间构成了SPV对发起人的贷款。

致交易被重新定性为担保融资。[①] 可见，追索权的行使范围对“真实出售”的构成会产生较大的影响。（3）基础资产中的从权利转让对真实销售的影响。由于我国信贷资产证券化的发起人主要是金融机构，其发行的证券化产品的基础资产通常是一种对借款人的债权，而该种债权绝大部分都有保证、抵押和质押等从权利的存在。当金融机构将债权作为基础资产转让给特殊目的信托时，不同担保方式所形成的从债权，在转移过程中所产生的风险隔离作用也大不相同，甚至影响到基础资产的整体转让。目前实践中，存在不确定风险的主要是基础资产转让给 SPT 时，如何保证基础资产整体转让行为合法有效，实现真实出售，并不因此而损害投资人的权益。其中争议最大的是基础资产中的从权利随主债权转移时，抵押担保是否需要办理抵押变更登记的问题。由于我国采取抵押登记生效的原则，作为主债权的金融债权转移给 SPT 时，抵押权是否随之转移至特殊目的信托，是否能对抗因发起人破产所带来的风险，对投资人意义重大。《物权法》第九条规定：“不动产物权的设立、变更、转让和消灭，经依法登记，发生效力；未经登记，不发生物权效力，但法律另有规定的除外。依法属于国家所有的自然资源，所有权可以不登记。”同时，《物权法》第一百九十二条规定：“抵押权不得与债权分离而单独转让，或者作为其他债权的担保。债权转让的，担保该债权的抵押权一并转让，但法律另有规定或者当事人另有约定的除外。”明确抵押权不得单独转让，且变更、转让时未经登记不发生物权效力。而《担保法》第五十条和五十二条也有类似规定。从前述规定看，抵押权作为一种从权利，应当随主债权转让，不得单独转让，但转让是否必须履行抵押变更登记手续方为完成则有争议。在我国的司法实践中，各地法院对此问题的认识也不统一。如上诉人某银行郑州绿城支行与被上诉人郑州农具厂金融借款合同纠纷案[②]中，一审法院认为抵押权变更

① 戴月、李玫：《资产证券化中真实销售法律规制的比较研究》，载《当代经济管理》2016 年第 5 期。

② 上诉人中国农业银行股份有限公司郑州绿城支行与被上诉人郑州农具厂金融借款合同纠纷案，（2012）郑民三终字第 868 号，载中国法院裁判文书数据库。

需要进行登记，二审法院认为抵押权变更无需再进行登记，故撤销了一审法院判决。而2014年，洁豪公司申请吴小健实现担保物权案[①]中，浙江省金华市婺城区人民法院认为不动产抵押权随主债权转让后，办理抵押权变更登记是生效要件。2015年，最高人民法院审理的案件[②]又再次认定抵押权不因登记而无效："在本案中，农发行怀化分行将其享有的绿兴源公司抵押担保贷款债权转让给了城建投公司，但并未办理抵押权变更登记。在认可了该债权转让的合法性后，对于城建投公司对涉案抵押物是否享有抵押权，法院认为，《物权法》第一百九十二条规定'抵押权不得与债权分离而单独转让或者作为其他债权的担保。债权转让的，担保该债权的抵押权一并转让，但法律另有规定或者当事人另有约定的除外'。本条系关于抵押权处分从属性的规定，抵押权作为从权利应随债权转让而转让。债权受让人取得的抵押权系基于法律的明确规定，并非基于新的抵押合同重新设定抵押权，故不因受让人未及时办理抵押权变更登记手续而消灭。本案中城建投公司受让农发行怀化分行对绿兴源公司享有的债权，依据法律规定有权受让与案涉债权相关的抵押权，一、二审法院据此判定抵押权继续有效，并无不当。"从前述案例看，抵押权是否不经变更登记而当然对受让人产生法律效力，仍有待探讨，这种不确定性对投资者而言仍存在较大的风险。

（二）专项资产支持计划的破产隔离作用及存在的问题

专项资产支持计划，是一个具有中国特色的资产证券化特殊目的载体，它没有实体存在，也不具备法律主体资格，却能够接收发起人的大量基础资产。事实上，专项资产支持计划只是证券公司、基金管理子公司为开展资产证券化业务而专门设立的一项资产管理计划或方案，它无

① 浙江洁豪实业有限公司与吴小健特殊程序民事裁定书，（2014）金婺商特字第2号，载中国裁判文书网 http：//wenshu. court. gov. cn/.

② 湖南绿兴源糖业有限公司、丁兴耀等与湖南绿兴源糖业有限公司、丁兴耀等借款合同纠纷申请再审民事裁定书，（2015）民申字第2040号，载 http：//www. court. gov. cn/wenshu/xiangqing－11034. html.

法作为基础资产受让人而以自身名义接收发起人转让的基础资产，而是由证券公司或基金管理子公司与发起人签订资产转让合同来接收基础资产，并将基础资产登记在证券公司或基金管理子公司名下。因此，专项资产支持计划本身在形式上无法起到隔离破产风险的作用。而证券公司或基金管理子公司（以下简称代持人）代持资产主要依据其与发起人签订的资产转让合同。尽管合同对基础资产的管理、区分、处置或清算会做出约定，但在代持人破产时，代持人持有的基础资产是否被认定为破产财产以及基础资产是否被认定为原始权益人的破产财产，除部门规章对此有规定外，目前没有任何法律对此作出规定。《证券公司及基金管理公司子公司资产证券化业务管理规定》第二款、第三款规定："专项计划资产独立于原始权益人、管理人、托管人及其他业务参与人的固有财产。原始权益人、管理人、托管人及其他业务参与人因依法解散、被依法撤销或者宣告破产等原因进行清算的，专项计划资产不属于其清算财产。"但由于部门规章并不具有法律的效力，因此，在与《企业破产法》的规定发生冲突时，专项资产支持计划的破产隔离效力存在不确定性。因此，专项资产支持计划作为特殊目的载体亟需法律对其法律地位进行明确。

五、建议

我国资产证券化业务近几年虽然发展很快，各种产品创新层出不穷，但由于尚未发生案例对这些产品的合法性进行检验，许多问题仍处在不确定状态中；同时，在资产证券化法律制度建设方面，我国仍然局限在部门规章的层面，对诸多问题法律上仍是空白。因此，借鉴资产证券化发展较成熟的发达国家经验，有利于促进我国资产证券化的制度建设。

在特殊目的载体的组织形式上，建议对专项资产支持计划的法律地位予以明确：要么采取形式主义原则，允许其作为一种形式上的特殊目的载体，以立法形式明确其所接收的证券化资产既独立于发起人资产、又独立于代持人资产，并明确其在发起人或代持人破产时该证券化资产不能作为破产财产，禁止代持人和投资者对发起人享有追索权，以保证证券化资产的独立性；要么明确不应将其作为证券化的特殊目的载体，取而代之转为允许代持人（即证券公司或基金管理公司子公司）经营信托业务，或允许信托公司经营企业资产证券化业务，从而使企业资产证券化的特殊目的载体在形式上具有合法的主体资格。

对资产证券化基础资产转让过程中的抵押登记问题，如不能在现阶段通过修改《公司法》《证券法》的方式予以解决，建议最高人民法院通过司法解释的方式予以明确，从而解决目前资产证券化发展过程中的现实问题。

（责任编辑：邓崴）

（本文经北京中伦律师事务所深圳分所合伙人律师胡宜审核并提出修改意见，本文作者十分感谢胡宜律师）

浅析侵犯承租人优先购买权的赔偿问题

李库库* 马 欢**

一、引言

随着我国新型城镇化的不断推进，国民经济持续快速发展，社会结构深刻变革，在城乡居民生活水平全面提升的同时，也存在一些必须高度重视并着力解决的突出矛盾和问题。近年来，我国各大城市特别是北上广深一线城市住房价格不断攀升，各类市场主体涌入房地产市场，造成住房的投资热情遮盖了住房的基本居住功能，扰乱了正常的住房消费市场。居高不下的房价绑架了整个社会资源，致使大部分 80 后、90 后年轻人难以安家乐业，社会浮躁不安，严重影响城镇化发展质量。2016 年 6 月 3 日，国务院办公厅发布《关于加快培育和发展住房租赁市场的若干意见》（国办发〔2016〕39 号），确认实行购租并举，培育和发展住房租赁市场。这是深化住房制度改革的重要内容，是实现城镇居民住有所居目标的重要途径。该意见要求完善住房租赁法律法规，明确当事人的权利义务，规范市场行为，稳定租赁关系。现笔者就一起房屋租赁合同纠纷案与读者一同来探讨如何通过依法保护承租人的优先购买权来稳定租赁关系。

* 广东华商律师事务所律师。

** 广东晟典律师事务所律师。

二、案情介绍

本案系笔者代理的一起真实案例，由深圳仲裁委员会审理并作出裁决。

2012 年 4 月 12 日，承租人陈某（笔者作为其代理人）与出租人深圳某公司签订《房屋租赁合同》，合同约定：出租人将位于深圳市罗湖区罗沙路莲塘鹏兴花园一商铺出租给承租人使用。商铺建筑面积为 83.82 平方米，月租金为人民币 5197 元；租期两年，自 2012 年 5 月 1 日至 2014 年 4 月 30 日。双方于 2012 年 4 月 18 日办理了房产租赁凭证。

租赁合同第十六条约定："本合同期限内，甲方（出租人）需转让租赁房屋的部分或全部产权的，应在转让前一个月书面通知乙方（承租人），乙方在收到甲方书面通知后 3 个工作日内给予甲方回复，乙方在同等条件下有优先购买权。"租赁合同第二十五条约定："甲、乙双方约定以下通信地址为双方通知或文件的送达地址：甲方送达地址为深圳市八卦二路×××栋，乙方送达地址为莲塘鹏兴花园五期××栋。送达地址未经书面变更通知，一直有效。一方给另一方的通知或文件按照送达地址邮寄视为送达。如按上述地址邮寄文件被邮政部门退还的，退还之日视为送达之日。"

合同签订后，出租人如期将租赁商铺交付承租人使用，承租人也按约定向出租人交纳了租赁保证金并一直依约支付租金。

2012 年 12 月 19 日，出租人派工作人员前往承租人租赁商铺，向承租人当面告知了出租人欲出售包括租赁商铺在内的物业，并现场向承租人送达了《放弃优先购买权确认函》，承租人在收到《放弃优先购买权确认函》后，没有签字确认放弃优先购买权，亦没有明确表示欲购买拟出售物业。

2013 年 1 月 18 日，出租人按照租赁合同第二十五条载明的承租人送达地址，通过邮政 EMS 向承租人邮寄了《房屋出售通知书》《愿意购买物业确认函》以及《放弃优先购买权确认函》。该邮件于 2013 年 1 月 20 日被邮政部门退回。退回原因为"原写地址不详，无电话"。

2013年1月15日，包括承租人陈某在内的共11名承租人向出租人提交了书面《申请报告》。该报告显示：承租人已经收到并知悉出租人准备出售租赁商铺的通知内容；申请人希望在出售租赁商铺所在物业前与出租人重新签订租约，适当延长租期。

2013年3月1日，出租人在《深圳特区报》C4版刊登《通知》，催促申请人于《通知》见报之日起15日内以书面形式回复是否行使涉案物业的优先购买权，逾期将按照相关法律规定处理。

2013年9月8日，包括承租人陈某在内的11名承租人向出租人提交了书面《报告》。该《报告》显示，申请人已经接到了被申请人准备出售鹏兴花园五期商铺的通知，收到了出租人发放的《放弃优先购买权确认函》。

2013年9月16日，包括承租人陈某在内的11名承租人向出租人提交了书面《请求报告》。在《请求报告》中，承租人表示，得悉出租人已出售涉案房产，因出租人的违约行为侵害了法律赋予承租人的优先购买权，故要求出租人承担因其侵害承租人优先购买权的赔偿责任。

2013年9月25日，出租人与案外买受人订立了房产买卖合同，将涉案房产出售给了买受人，并于2013年9月30日办理了过户登记手续。涉案房产的销售总价为人民币约3.3亿元。

2013年10月8日，包括承租人在内的11名承租人向出租人发出《求偿函》。函中指出，由于被申请人已经将涉案房产出售，承租人行使优先购买权已无可能，故出租人应当承担赔偿责任。要求按照每平方米1万元的标准向申请人进行赔偿。

双方几经协商未果，承租人遂根据租赁合同约定的仲裁条款向深圳仲裁委员会提起仲裁。

三、仲裁及审理过程

2013年11月8日，承租人陈某等11位承租人共同委托笔者提起仲裁，将出租人诉至深圳仲裁委员会，深圳仲裁委员会受理案由为房屋租赁合同纠纷。

承租人的主要仲裁请求为：

1. 请求裁决被申请人依法向申请人赔偿因侵犯承租人优先购买权而给申请人造成的可得利益损失83.82万元及利息（利息按照中国人民银行同期贷款利息计算，从申请仲裁之日起计至被申请人实际付清之日止，货币：人民币，下同）。

2. 请求裁决被申请人承担本案的一切仲裁费用，包括仲裁受理费、案件处理费、评估费等。

出租人答辩认为：

1. 出租人在出售涉案房屋之前，已严格按照双方租赁合同的约定和法律的规定，适当地履行了通知义务。

2. 在出租人依约、依法适当履行通知义务后，被答辩人并未在租赁合同约定的时限或法律规定的时限内明确表示购买，因此，承租人对涉案房屋享有的优先购买权早已放弃、归于消灭。

3. 承租人对涉案房屋的优先购买权已经归于消灭，不存在被侵害的可能，承租人的全部仲裁请求依法均应当予以驳回。

四、案件焦点、仲裁认定及裁决分析

本案争议焦点主要集中在三个方面：其一，出租人是否向承租人恰当履行了通知义务；其二，承租人是否放弃了优先购买权；其三；若承租人的优先购买权受到侵害，赔偿标准如何确定。

现具体分析如下：

（一）关于通知义务

我国《合同法》第二百三十条规定：“出租人出卖租赁房屋的，应当在出卖之前的合理期限内通知承租人，承租人享有以同等条件优先购买的权利。”

通知义务的履行包括通知的期限、通知的方式、通知的内容等。

关于通知的期限，仲裁庭认为：出租人应当将拟出售租赁房产的交易信息提前通知承租人。无论根据《合同法》第二百三十条，还是

《租赁合同》第十六条，均规定了租赁房产出卖人的提前告知义务。本案中，出租人于2012年12月19日已提前将其拟出售租赁房产的信息告知了承租人，且承租人在其书面文件以及庭审陈述中均予以肯定。从时间上看，距出租人实际出售涉案房产已经远远超过了法律规定的“合理期限”及租赁合同约定的“一个月”。故本案中，出租人的通知在送达时间上符合法律和合同的要求。

笔者认为，仲裁庭认定出租人的通知在时间上符合要求是完全正确的。出租人产生出售租赁房产的意向到实际售出之间有一段时间，出租人能在产生出售意向时即告知承租人，属于在出卖前告知承租人。但如出租人有多次出售意向，且每次因各种原因未能成交，且告知承租人其已决定暂不出售，则如出租人在明确告知承租人暂不予出售后又产生出售意向时，是否需要重新通知呢？笔者认为需要重新告知。

关于通知的方式，仲裁庭认为：通知应依照法律规定或者合同约定的方式送达承租人。根据《租赁合同》第二十五条规定，出租人的邮寄通知虽被退件，但符合《租赁合同》关于送达的约定，应视为有效送达。

关于通知的内容，仲裁庭认为：通知应承载涉案房产出售的基本交易条件，如价格等信息。所谓“优先购买权”是指：在同等条件下，承租人对租赁房产有优先购买的权利。交易条件，至少基本交易条件的披露，对于承租人决定是否行使优先购买权至关重要。因此，通知承载的信息不仅应包含出租人出售租赁房产的意图，还应当包括出售租赁房产的基本交易条件。

笔者认为，仲裁庭关于通知内容的论述及观点是完全正确的。

本案中，仲裁庭认定出租人虽然向承租人送达了出售涉案房产的通知，但并未向承租人披露涉案房产出售的交易条件。因此，出租人没有恰当履行关于优先购买权的通知义务。

（二）关于承租人的优先购买权是否被放弃或归于消灭

出租人认为，根据《最高人民法院关于审理城镇房屋租赁合同纠纷案件具体应用法律若干问题的解释》（法释〔2009〕11号）第二十四条第（三）项的规定，出租人履行通知义务后，承租人在15日内未明确表示购买的，承租人主张优先购买房屋的，人民法院不予支持。由于承租人没有在上述规定或者租赁合同约定的期限内明确表示购买租赁房产，故其优先购买权已随着行使期限的届满而归于消灭。

仲裁庭认为，前述司法解释对房屋承租人行使优先购买权规定的答复期限是建立在出租人恰当履行通知义务的前提上。在出租人具体披露出售租赁房产的基本交易条件前，承租人不明确表示购买在情理之中。因此，申请人的法定或约定的答复期限不应起算；在此种情形下，除非承租人明示放弃优先购买权，否则，其沉默不能视为默示放弃其优先购买权。

笔者完全赞同仲裁庭的认定，承租人的优先购买权是其依法享有的一项权利，除非承租人明确表示放弃该权利或者出现其他导致权利消灭的情形，否则不能对当事人的行为或意思表示做主观臆断。

（三）侵害优先购买权的赔偿责任

《最高人民法院关于审理城镇房屋租赁合同纠纷案件具体应用法律若干问题的解释》（法释〔2009〕11号）第二十一条规定，出租人出卖租赁房屋未在合理期限内通知承租人或者存在其他侵害承租人优先购买权情形，承租人请求出租人承担赔偿责任的，人民法院应予支持。但请求确认出租人与第三人签订的房屋买卖合同无效的，人民法院不予支持。

关于侵害优先购买权的具体赔偿标准，目前法律没有明确规定，解决该问题需要探究承租人优先购买权的性质。承租人优先购买权是指出租人转让不动产时，承租人在同等条件下，依照法律规定享有优先于他人购买该不动产的权利。我国法律设立优先购买权，主要是从生存和安全价值考量，是对一种基本社会秩序的维护。对于优先购买权人而言，该项权利确保了购买机会上的优先和排斥他人取得承租物业所有权的保障，但没有购买条件上的优惠，所以不会形成对出租人所有权的限制和出卖条件的减损。仲裁庭认为，出租人侵害承租人的优先购买权，其后果是：承租人由此丧失了以出租人出让价格及条件获得租赁房产的权利和机会。在这种情形下，承租人应有权从市场上购买条件相当的替代物业，出租人理应对承租人购买替代物业所发生的额外支出承担赔偿责任。基于前述逻辑，仲裁庭认为，在深圳，以税务机关和国土部门同期公布的房地产计税参考价和同一房产转让的实际成交价的差额作为赔偿之计算依据不失为一种较为公允的选择。

笔者完成赞同仲裁庭的裁判意见。笔者认为，仲裁庭准确把握了承租人优先购买权的立法原意和内涵，承租人优先购买权被侵害所丧失的是以同等条件购买租赁物业的机会，所以造成的损失应当是租赁物业的差价，即以同期租赁物业的市场价同出租人与第三人签订房屋买卖合同的合同价之间的差价作为赔偿的依据。

五、办案总结

承租人优先购买权作为一项历史悠久、影响深远的民商法律制度，其立法原旨是在承租人居住权和所有权人的自由处分权相冲突的情况下，基于“两利相权取其重”之原则而体现的一种人道主义精神。

我国法律中最早关于承租人优先购买权的规定是《最高人民法院关于贯彻执行〈中华人民共和国民法通则〉若干问题的意见（试行）》［法（办）发〔1988〕6号，1998年4月2日发布，以下简称《民法通则意见（试行）》］，其第一百一十八条规定，出租人出卖出租房屋，应提前3个月通知承租人，承租人在同等条件下，享有优先购买权；出租人未按此规定出卖房屋的，承租人可以请求人民法院宣告该房屋买卖无效。该规定赋予了优先购买权被侵害的承租人可以请求人民法院宣告该房屋买卖无效的权利，充分确保了租赁关系的稳定性。1999年10月1日颁布实施的《合同法》第三章“合同的效力”第五十二条规定了合同无效的5种法定情形，第十三章“租赁合同”第二百三十条规定了承租人享有优先购买权，第二百三十条的规定应理解为承租人的优先购买权系债权，不具有对抗第三人的效力。2008 年 12 月 18 日，最高人民法院公布的《关于废止 2007 年底以前发布的有关司法解释（第七批）的决定》中，以《民法通则意见（试行)》第一百一十八条的规定与《物权法》规定冲突为由，予以废止。2009 年 9 月 1 日，最高人民法院颁布实施的《关于审理城镇房屋租赁合同纠纷案件具体应用法律若干问题的解释》（法释〔2009〕11 号）第二十一条明确规定，承租人请求确认出租人与第三人签订的房屋买卖合同无效的，人民法院不予支持。承租人优先购买权受侵害的，承租人可以请求出租人承担赔偿责任。

从以上关于优先购买权的法律规定的变迁可以看出，对于承租人优先购买权的保护力度在逐渐弱化，且近年来学术研究鲜有涉及优先购买权的文章，造成司法实践中对这一权利的漠视。另外，我国现行法律在侵害优先购买权的赔偿方面规定得过于简约和笼统，缺乏操作性。

本案系承租人依法享有的优先购买权被侵害后被判令支持赔偿的真实案例。在人民法院明确不予支持承租人请求、确认出租人与第三人签订的房屋买卖合同无效的情形下，请求出租人承担赔偿责任的难度很大，主要难点就是法律没有明确规定侵害优先购买权的具体赔偿标准。本案仲裁庭首席仲裁员陈学明、仲裁员周成新、仲裁员朱光辉通过充分理解法律设立承租人优先购买权的立法原意和内涵，把握住了优先购买权制度针对承租人的人性理念，精致而体贴地对出租人、善意第三方的权利加以权衡和思量，既保护了出租人作为所有权人的处分权，又保障了承租人稳定生活可能被打乱的赔偿问题。本案在确定侵害优先购买权的具体赔偿标准方面做出了有益的司法探索，值得致力于完善和健全住房租赁法规制度的立法者借鉴和参考。一个有效的租赁市场离不开法律的强大保障，而一个有活力的租赁市场是房屋买卖市场的替代选项或必要补充。在承租人的租赁权益得不到法律充分、有力支持的情况下，租赁市场的魅力必将减少，这从表面上看会增加房屋买卖市场的机率或热度，但也无疑使房屋买卖交易变得更为疯狂。加强租赁市场的建设绝不只是一句空话，而要做许多实实在在的事情。承租人优先权只是租赁体制中众多分支制度之一，但从这个小小的侧面可以给承租人以强大的租房信心。居住就是生活，而生活必须高于交易。本案的仲裁裁决结果恰恰给市场注入了这样的信心，因此，其意义是不言而喻的。笔者希望人们更多地从法律制度建设方面支持住房租赁消费，稳定租赁关系，促进住房租赁市场健康发展。

（责任编辑：李奔科）

浅谈经济犯罪案件的辩护与代理

郭朝辉* 王 朝**

法律业务在行业内有诉讼与非诉讼之分，从律师最终获得的收益来看，也有高端与低端之分。有人认为公司业务、IPO、知识产权、招标投标等商事业务是高端业务，可谓“高大上”，反之则将人身损害、经济纠纷、婚姻、刑事辩护等业务称之为低端业务。针对这一观点，笔者持否定态度，或许这跟笔者的履历有一定关系。笔者在深圳“经侦”部门（“经侦”全称经济犯罪侦查局，主要侦办经济犯罪案件）工作多年，对经济犯罪的业务比较熟悉。经济犯罪活动与市场经济的运作过程息息相关，是市场经济发展过程中消极因素的综合反映。随着市场机制的高度扩张，经济犯罪的发生亦更加频繁，且呈现多样化趋势。就这一业务领域，笔者认为对律师来讲，会有很大的作为空间。以笔者自身经验，不能说刑事案件就是低端业务，关键还是要看客户，尤其是涉案标的金额较大的案件，客户自身能量是很大的，他不需要代理律师去调动身后的社会资源，但需要律师拿出专业知识、亮出专业意见为他提供法律服务，这类案件带来的收益也是比较可观的。

* 广东晟典律师事务所高级合伙人。

** 西南政法大学法学院2015级硕士研究生。

一、经济犯罪的概念界定

现阶段，学界对经济犯罪的概念的定义方式往往采取两种不同的方法：一种是外延式定义方式，另一种是内涵式定义方式。[①] 笔者本人比较倾向于内涵式的这种定义方式。以这种方式对经济犯罪进行界定，笔者认为比较具有代表性的观点有：（1）经济领域说，认为经济犯罪就是经济方面的犯罪或者经济领域里的犯罪；（2）经济法规说，认为经济犯罪就是指一切违反我国刑事法规、经济法规，破坏社会主义经济秩序，危害我国经济制度及公共财产关系，情节严重，依法应追究刑事责任的行为；（3）经济关系说，认为经济犯罪是侵犯我国社会主义经济关系，依照法律应当受到刑法处罚的行为；（4）经济领域与犯罪客体混合说，认为经济犯罪是指在经济领域中，破坏社会主义经济，实施侵害我国刑法所保护的社会关系的行为。[②]

笔者比较倾向于第四种观点，即经济犯罪是指经济领域中破坏社会主义经济，实施侵害我国刑法所保护的社会关系的行为。因为具体来说，经济犯罪可能涉及整个经济领域，从纵向看其可能发生在生产、交换、分配、消费各个领域中；从横向看，则可能发生在农业、工业、交通、商业、金融等各个领域。经济犯罪在经济领域可以说无处不在，且其破坏的是刑法所保护的社会经济关系。因此，笔者也认为高铭暄、王作富主编的《中国惩治经济犯罪全书》中关于经济犯罪概念的界定较为准确，即经济犯罪是指在商品经济的运行领域中，为谋取不法利益，违反国家法律规定，严重侵犯国家管理制度、破坏社会经济秩序，依照刑法应受刑罚处罚的行为。

二、经济犯罪的新特点

经济犯罪是当前社会高速发展的商品经济的负面效应和历史遗留的

① 张明楷：《刑法学（第2版）》，法律出版社2003年版。

② 涂龙科：《改革开放三十年来经济犯罪基础理论研究综述》，载《河北法学》2008年第11期。

封建特权畸形结合的产物，这是总的社会历史原因。其次是思想领域内“腐败难免”的思想在作祟。再次是遏制机制不健全，为犯罪分子打开了方便之门。

随着经济犯罪的蔓延，经济犯罪手段的多样化，其也呈现出一系列的新特点：（1）经济犯罪主体的身份级别越来越高。由保安、库管员、出纳等为主演变为公司高管如董事长、财务总监、经理等，其上升趋势越来越明显。（2）经济犯罪案件与日俱增。改革开放30年里，经济犯罪的案件成几何式增长，其案件总数增长了几十倍甚至几百倍。（3）贪污贿赂的案值越来越大。在近年查处的贪污贿赂案件中，数额在百万以上的案件比比皆是，动辄上千万元，甚至上亿元。（4）经济犯罪的触角已到了无孔不入的地步。从经侦部门查处的经济案件看，罪犯凭借在执法机关、金融系统、公用事业单位、企业经营管理中的权力，有的向那些有求于他们的单位和个人索取各种费用，或采用高价进低价出的手段谋取私利；有的利用建筑市场的不完善，在工程的招标中搞虚假招标，私通标底，高估冒算等违法犯罪活动，从中收受施工单位的贿赂……总之，只要有权可以换钱物的地方，都有可能出现此种肮脏的交易。（5）经济犯罪形式、手段趋于复杂和狡诈。过去多在本单位本系统中单一或二人以上共同犯罪，现在已发展到跨系统，跨地区的你中有我，我中有他的犯罪复合体。① 例如利用互联网的经济犯罪，其涉及的面非常之大，可能跨越地区，甚至跨越国家形成一个利益关系的纽带，来共同实施犯罪，或者直接成立集团，实施集团犯罪。

三、经济犯罪案件的刑事辩护

由于经济犯罪呈现着复杂性和多样性的特点，经济犯罪案件的辩护将面临新的困难和挑战。例如，由于经济犯罪主体一般都具有身份性和范围性，而且范围在不断扩大，新的身份也不断地产生，这就对辩护律师提出了很高的要求。而且律师在选择辩护策略时，需要考虑该案件是

① 范愉、沈恒斌主编：《多元化纠纷解决机制原理与实务》，厦门大学出版社2005年版。

属于刑事案件还是民事纠纷案件，因为经济犯罪和经济纠纷大多时候并不是泾渭分明的，对可能属于民事、经济纠纷的，辩护律师应当理直气壮地作无罪辩护。针对控诉机关的指控，辩护律师能否抓住本案要领，能否在国家公权力的威慑下发现证据、提取证据、对证据进行质证，就看辩护一方能否发挥主观能动性，以法律赋予的权利，通过正当合法的途径与控诉方展开对抗，最大限度地维护当事人的合法权利。所以在处理经济犯罪案件的过程中，笔者认为最重要的应该考虑的几项内容如下：

1. 关于犯罪数额和数量。对于大多数的经济犯罪来说，犯罪数额是认定其行为是否构成犯罪和怎样进行定罪量刑的衡量标准和主要依据。经济犯罪数额的大小直接反映犯罪行为的社会危害程度，在其他因素相同或者相类似的情况下，犯罪数额越大，社会危害性也就越大，反之则相反。因为经济犯罪的数额对定罪量刑起着十分重要的作用，能够准确把握《刑法》中规定的各类具体经济犯罪中有关数额和数量的不同要求显得格外重要。从《刑法》规定的经济犯罪来看，大致包括破坏社会主义市场经济秩序罪、侵犯财产罪和贪污贿赂罪三大类，其中盗窃罪、职务侵占罪、贪污罪均采用了秘密窃取的、非法占有的手段，但由于犯罪主体的不同，出现了不同的犯罪数额和量刑标准。盗窃罪的主体是一般主体，500～2000 元就构成了数额较大的起点；职务侵占罪和贪污罪的主体是特殊主体，如果没有其他情节，贪污 3 万元以下、职务侵占 6 万元以下的则不构成犯罪。特别要注意把握一些罪名的“数额较大”“数额巨大”或“数额特别巨大”的具体标准和数额，因为其代表了不同的量刑档次。类似这样具体的犯罪数额和数量还有很多，对于我们辩护律师而言对此的把握显然应当做到具体和熟悉。[①]

2. 经济实体类型和财产所有权归属。经济犯罪的准确定性，离不开对目前我国存在的各类公司、企业经济实体类型的准确认识。同时，

① 陈光中主编：《中华人民共和国刑事诉讼法（修改条文释义与点评）》，人民法院出版社 2012 年版。

要准确把握各种混合所有制单位，以及企业承包经营、租赁经营、挂靠经营等经济实体中的财产所有权的产权界定。因为就其本身而言，经济犯罪涉及的就是财产，对于财产的认定，比如房屋产权的登记，以及公司的登记，这对于辩护律师认定其犯罪的数额和数量有非常重要的作用。

3. 主体资格和利用职务之便。经济犯罪与职务或职业犯罪紧密相连。正确辨析行为人的主体资格身份要素，以及是否利用职务之便，是确定罪与非罪、此罪与彼罪的关键环节。当然主体资格的认定本身也是认定犯罪非常重要的一步。

4. 主观要件和客观要件。大部分经济犯罪都必须具备直接故意或“明知”的要件，而经济犯罪要证明主观上的目的，是一个十分复杂疑难的问题，必须通过客观行为来具体分析推断。同时，对具体犯罪手段、犯罪对象的辨析，也是认定相似犯罪，区分此罪与彼罪的主要方法。

5. 收集和保全证据，审查判断证据和运用证据认定案情。熟练掌握收集证据的法定程序，主动、及时、全面地调查收集有利的证据；熟练掌握审查判断证据的证明力和证据能力的方法；注重对全案证据综合审查，通过对证据的分析、比较、相互印证，避免片面性和倾向性；从而达到事实清楚，证据确实充分的证明要求。

四、经济犯罪案件的代理

被害人与犯罪嫌疑人，被告人在刑事诉讼中的利害关系是对立的，双方的诉讼权利保障构成了刑事诉讼中人权保障的基本内容，忽视双方中的任何一方都是片面的、不适当的。新的《刑事诉讼法》在强化犯罪嫌疑人、被告人的辩护权保障的同时，对被害人的诉讼地位和权利也予以很大的重视。原《刑事诉讼法》把公诉案件中的被害人作为一般诉讼参与人看待，而修改后则把他定位为当事人。这一修改强调了对被害人保护的整体性和被害人在诉讼过程中的全面参与，改变了被害人在传统的刑事司法制度中的被动地位，使被害人从一个被遗忘的角色变为积极的、主动的参与主体。这表明我国的刑事司法政策由以被告人为中心，转化为强调被害人与被告人权利的平衡，并开始强调被害人利益与国家利益的平衡。[①] 新《刑事诉讼法》在提高被害人的诉讼地位的同时，赋予了被害人广泛的诉讼权利。为了保证被害人诉讼权利的实现，《刑事诉讼法》规定了被害人有委托诉讼代理人参加刑事诉讼的权利。根据《刑事诉讼法》第三十三条的规定，公诉案件的被害人及其法定代理人或近亲属，自案件移送审查起诉之日起，有权委托诉讼代理人。人民检察院自收到移送审查起诉的案件材料之日起三日以内，应当告知被害人及其法定代理人或其近亲属有权委托诉讼代理人。根据《刑事诉讼法》第四十五条的规定，委托诉讼代理人的人员范围，参照第三十二条有关委托辩护人的规定执行。诉讼代理人接受被害人的委托，依照《刑事诉讼法》的规定参与诉讼，这是十分必要的。[②]

另一方面，从案件的结果上来看，被害人与案件处理结果有着直接利害关系，如果没有诉讼代理人提供法律帮助，显然会处于不利的诉讼地位。因此，被害人通过委托诉讼代理人参加诉讼，从而充分行使诉讼权利是十分必要的。[③] 具体来说，在经济犯罪案件中受损失最大的是被害人，那么代理被害人维权也是刑事律师的非常重要的一项工作。其中，对被害人而言，事发之后当务之急莫过于如何在公安机关迅速立案。随着《关于人民法院推行立案登记制改革的意见》于2016年5月1日正式施行，民事案件、行政案件、刑事自诉案件立案难问题有所缓解，但刑事报案并非实行登记制，须经公安机关立案审查。当受害者寻求律师帮助，准备报案材料，借助国家权力机关使犯罪嫌疑人受到法律制裁时，律师应如何帮助这些受害者在公安机关立案呢?

(一) 认真分析案由，定性准确

面对客户所说的案件经过和提供的证据材料，首要工作是先要对这

① 罗国良:《公诉案件中被害人的代理》，载《中国刑事法杂志》总第45期。

② 陈光中:《我国刑事辩护制度的改革》，载《中国司法》2014年第1期。

③ 王隽、周塞军主编:《北京律师发展报告》，社会科学文献出版社2011年版。

些材料进行认真地分析，作出正确判断。正确定性是律师办好经济犯罪案件的根本前提。笔者个人认为，在分析案情要定性的时候，先要确定客户所提供的报案材料是涉及经济犯罪还是涉及经济纠纷？具体到罪名的时候，是诈骗犯罪还是合同诈骗犯罪？如果定性错了，相当于出发点就错了，这样整个案件都没办法走下去，即使做再多的工作去帮客户准备报案材料都是徒劳的。

（二）合理地组织材料

首先，在日常工作中要有收集证据、自我保护的意识。其次，在立案前应当准备以下材料：（1）举报单位、人的基本情况；（2）被举报单位、人的基本情况；（3）被侵害的事实、经过；（4）可提供的证据材料（书证、物证、证人、鉴定意见等）；（5）法律依据（是否达到刑事追诉标准）。具体到个案，如侵犯商业秘密犯罪，被害人在立案前就应当准备以下材料：（1）商业秘密性质、同一性鉴定；（2）对商业秘密采取的保密措施；（3）是否签订并违反《保密协议》；（4）非法获取商业秘密的手段；（5）提供被举报人的电脑、邮件等证据；（6）损失评估。

（三）熟悉经侦内部的管辖与职能分工

俗话说，“知己知彼，百战不殆”。经过准确判断和定性，帮助客户准备好报案材料后，该去哪一级经侦部门报案也是律师需要注意的问题。经济犯罪在经侦内部以涉案金额划分，分为三级办理，从大到小分别是市局经侦支队、分局经侦大队和派出所，这一点就需要律师去熟悉本市公安局对经济犯罪案件管辖的分工规定以及办案流程，指引客户前往指定管辖区域去报案。除此之外的依据还有《最高人民检察院公安部关于公安机关管辖的刑事案件立案追诉标准的规定（二）》及其补充确定的 89 种由经济犯罪侦查部门管辖的案件，在此不逐一列举。

五、结语

随着市场经济体制的确立与完善，与市场经济有关的法律、法规更替发展速度很快。同时，经济犯罪往往与经济纠纷交织在一起，情况复杂，定性困难。这就要求律师必须不断充实和巩固法学理论，同时要广泛地涉猎会计、外贸、工商管理等专业知识。同时，司法解释工作的滞后，远远不能满足司法实践的需要，也为律师队伍在办理经济犯罪案件时加大了难度。而且由于相应的法律解释未能及时跟进，使得构成犯罪所必需情节的认定缺乏标准，这不仅使公安机关认定犯罪难，而且造成公、检、法三家对经济犯罪案件的分歧不断，难以形成统一认识。在呼吁两高加快完善司法解释的同时，作为律师，在掌握经济犯罪案件的辩护与代理所必要的技巧和策略的同时，把公、检、法三家的相关办案流程和办案规定熟记于心对办案来说也是极为必要的。

（责任编辑：杨飞）

换股并购的企业所得税问题研究

——从“香梨股份（600506）”卖壳交易说起

王永敬*

一、引言

这是最好的时代，亦是最坏的时代。我们身处炙热仲夏，我们面临凋敝寒冬。这个市场满是机会，这个市场又暗藏危险。某些新锐企业高歌猛进，不少巨头企业日渐黯然。当投资的边际效益不断递减，当外贸的形势日趋严峻，依赖积极货币政策支撑下的需求拉动式经济政策日趋无效，我们尽情体验了“凯恩斯主义”经济刺激政策所带来的经济亢奋，也尝到这粒药丸余味中的深深苦涩。我们需要供给侧的改革，我们正在进行供给侧的改革。

供给侧改革的策略和路径表现为产业结构的调整，但其内核应是自由经济政策，抑或说是更加市场化的社会主义市场经济政策。自由经济政策的宗旨是：让市场在资源配置过程中起决定性作用。要实现这个目标，一需减轻交易税负，二需减少交易审批，其中减轻交易税负是经济性策略，最贴近市场需求。

* 广东晟典律师事务所高级合伙人，获贵州大学法学学士学位及武汉大学会计硕士学位，擅长业务领域包括投资并购等资本交易的法律、财税、估值等，持有律师、注册税务师、注册资产评估师、注册咨询工程师投资（投资）、房地产估价师、会计师、金融经济师、并购交易师、证券及基金等专业资格。

产业结构调整的最主要方式就是企业及其资产的并购重组。为配合国家推动的产业结构调整政策的实施，近年来财政部与国家税务总局出台或完善了许多针对企业并购重组的企业所得税政策。造船不易，出海更难，这些企业所得税政策与理念虽然已经比较完整周全，但在具体执行中仍需准确适用。本文所述，即为例证之一。

二、案例简述

为方便理解和计算，案例中的数据、金额因本文研究需要，进行了取整、模拟和重设，具体交易数据可见公开资料及信息。

新疆库尔勒香梨股份有限公司（以下简称香梨股份）系上海证券交易所主板上市公司，股票代码600506，主营业务为种植与销售新疆库尔勒香梨。新疆融盛投资有限公司（以下简称融盛投资）持有香梨股份25.22%的股份，新疆新业国有资产经营有限公司（以下简称新业公司）持有融盛投资100%的股权，新业公司通过间接持股方式持有香梨股份的控股权。2011年11月8日，国务院国有资产监督管理委员会关于《新疆库尔勒香梨股份有限公司国有股东所持股份间接转让有关问题的批复》（国资产权〔2011〕1161号），批准新业公司将所持融盛投资100%的股权转让给新疆昌源水务集团有限公司（以下简称昌源水务）。昌源水务发布的《详式权益变动报告书》披露，本次交易的转让价格4.65亿元，昌源水务全部以现金支付。在实际支付对价时，昌源水务以其所持新疆风能有限责任公司（以下简称风能公司）17.7%的股权作为支付对价。

中国水务投资有限公司（以下简称中国水务）持有昌源水务51%的股份，水利部综合事业局作为中国水务的开办单位，是昌源水务的实际控制人。

本次交易中，融盛投资100%股权的账面价值为1亿元，经评估后的融盛投资100%股权公允价值为4.65亿元；风能公司17.7%股权的投资成本为0.95亿元，经评估后的风能公司17.7%股权的公允价值为4.65亿元。为完成本次股权转让交易，新业公司与昌源水务签订了股权转让合同及相关协议，昌源水务基于该项交易成为上市公司香梨股份的间接控股股东，实现买壳之目的。

新业公司对该项股权转让交易的账务处理如下：

借：长期股权投资——风能公司　4.65 亿元

　贷：长期股权投资——融盛投资　1.00 亿元

　　　资本公积——其他资本公积　3.65 亿元

为完成该项交易的税务申报与缴纳工作，新业公司和融盛投资就本次股权转让事项向主管税务机关进行申报，并依据“财税（2009）59号”文《财政部、国家税务总局关于企业重组业务企业所得税处理若干问题的通知》（以下简称《通知》）的规定，申请主管税务机关核准对本次股权转让交易实行特殊性税务处理，即新业公司转让所持融盛公司100%股权所获得的溢价3.65亿元暂免征收企业所得税。新业公司要求暂免缴纳股权转让所涉及企业所得税的理由为，本次股权转让满足“财税（2009）59号”《通知》关于股权转让特殊性税务处理的相关规定，同时满足了以下主要条件：

1. 融盛投资被转让的股权比例为100%，超过“财税（2009）59号”《通知》规定的所转让股权不低于全部股权的75%（目前的税收政策已改为50%）的要求；

2. 昌源水务支付的对价全部是股权，超过“财税（2009）59号”《通知》规定的支付的对价中以股权支付的比例不低于85%的要求；

3. 本次股权转让具有合理的商业目的，间接转让上市公司香梨股份控股权后，控股股东将对香梨股份的业务进行调整。

主管税务机关认为，新业公司和融盛投资申请股权转让的特殊性税务处理的理由是充分的，但是账务处理错误。税务机关认为，新业公司既然要求按特殊性税务处理，则新业公司所取得的昌源税务支付的对价——风能公司17.7%的股权应当按原成本入账，即新业公司的账务处理应调整为：

借：长期股权投资——风能公司　0.95 亿元

　　资本公积——其他资本公积　0.05 亿元

　贷：长期股权投资——融盛投资　1.00 亿元

新业公司不同意税务机关作出的调账处理，认为企业会计处理应执行企业会计准则，按《企业会计准则——非货币性资产交易》规定，企业换入的非货币资产应按公允价值入账，即新业公司所取得风能公司17.7%的股权应按4.65亿元入账。征纳双方争执不下，遂以书面方式向国家税务总局某税务科研教学机构寻求解决方案。该机构回复意见为：

1. 会计准则规定和税法规定存在差异属于正常情况，企业应当按照企业会计准则进行账务处理，税务机关要求企业在非货币性资产交易中按成本入账是没有道理的，但企业在以后年度的企业所得税申报资料中按成本价列示所取得货币性资产价值，并在未来转让该非货币性资产取得的溢价收入时缴申报缴纳企业所得税。

2. 根据“财税（2009）59号”《通知》第二条的规定，在股权转让过程中，收购方以股权支付是指收购方以本企业或其控股企业的股权支付，昌源水务仅持有风能公司17.7%的股权，该股权不属于昌源水务控股企业的股权，用该股权作为支付对价，不符合“财税（2009）59号”《通知》规定的特殊性税务处理的条件，应执行股权转让的一般性税务处理，即新业公司应就转让所持融盛投资100%股权的转让溢价3.65亿元申报缴纳企业所得税。

主管税务机关得到该权威税务科研机构的咨询意见后，否决了新业公司提出的融盛投资股权转让的特殊性税务处理申请，要求新业公司按一般性税务处理就股权转让溢价3.65亿元申报缴纳企业所得税。新业公司提出纳税异议，但最终仍被申报缴纳了该项股权转让涉及的企业所得税。

三、案例争议要点

在该股权转让涉及企业所得税的税企争议中，税务机关认为昌源水务以持股17.7%的风能公司股权向新业公司支付收购融盛投资100%股权的对价，不属于以控股企业的股权进行支付，不构成以股权支付。新业公司认为，国家税务总局2010年第4号公告《企业重组业务企业所得税管理办法》（以下简称《办法》）第六条规定：“《通知》第二条所称控股企业，是指由本企业直接持有股份的企业。”因此，新业公司收到昌源水务直接持股的风能公司17.7%的股权作为对价，符合《通知》规定的股权支付。

综上，要分析该纳税争议案的事实与法理，争议要点归纳为：

1.《通知》所述的控股企业的股权指的是什么？

2. 新业公司收到的风能公司17.7%股权对价，是否属于《通知》所述的股权支付？

3. 换股并购方式下，股权转让方应否就该项转让行为申报、缴纳企业所得税？

四、案例解析

（一）“财税（2009）59号”《通知》所述的控股企业，应当所指本企业持有控股权或实际控制权的下属企业

在税收实务界，对“财税（2009）59号”《通知》中所述的“控股企业”通常有三种理解：

1. 认为控股企业是指本企业的上级控股企业。该种理解看似难以理解，却在税收实务界和税务行政管理部门得到广泛认同。国家税务总局甚至在2013年11月发布的《企业重组业务企业所得税管理实施办法》中第四条第二款中规定：“《通知》第二条所称控股企业，是指直接持有80%以上本企业股份的企业。”

2. 认为控股企业是指本企业拥有控股权的下属企业（子公司），这是最符合商业常理和公司法理论的理解。

3. 认为控股企业是指本企业能够直接持有股份的企业。即，只要直接持有股权的下属企业，均属于本企业的控股企业，而不论持股比例是多少。

笔者认为，“财税（2009）59号”《通知》中所述的“控股企业”不能理解和认定为直接持有本企业控股权的上级企业。首先，从语义上理解，直接持有本企业控股权的企业，应当称为本企业的控股股东而非控股企业；其次，从《公司法》及《合同法》的角度理解，本企业作为股权交易的主体，对持有的下属企业的股权有处分权，而控股股东的

股权是由控股股东的股东所拥有，中间隔了两层，本企业对控股股东的股权没有处分权，在控股股东的股东不作为交易主体的所有股权收购交易中，转让方将无法适用股权转让的特殊性税务处理；最后，如果作为交易主体的本企业的控股股东是自然人或国资委，该控股股东不发行股份或股权，则造成本企业作为收购方，无论如何均不可能以股权支付方式收购其他企业的股权，也会造成以控股股东是自然人或国资委的企业作为收购方的所有股权收购交易中，转让方均不可能适用股权转让特殊性税务处理政策。

笔者认为，从《公司法》和商业角度而言，“财税（2009）59 号”《通知》中所述的“控股企业”也不能简单理解为本企业直接持有股份的企业。根据持有下属企业股权的比例及是否拥有实际控制权，本企业直接持有的股权分为控股股权和参股股权。如果本企业直接持有股份的企业均算作本企业的控股企业，则直接持有千分之几、万分之几股权的企业也将成为本企业的控股企业，这极其违背《公司法》法理和商业常识。

笔者认为，从“财税（2009）59 号”《通知》出台的背景和目的分析，该《通知》中所述的“控股企业”原意应指本企业拥有控股权的下属企业（子公司）。首先，无论从《公司法》和商业常识的视角，还是从文义理解，控股企业应当指本企业拥有控股权的下属企业；其次，《通知》出台的背景和目的是鼓励和促进产业的调整，当互为股权交易的转让方与受让方之间以彼此持有的下属企业的控股权进行交换时，才属于企业产权及所附带整体经营资源的交换，才可以享受股权转让特殊性税务处理优惠政策。

（二）昌源水务以风能公司 17.7% 股权作为股权收购的对价，不应属于《通知》所述的股权（股份）支付

笔者认为，风能公司并非昌源水务拥有控股权的控股企业，昌源水务将所持风能公司的 17.7% 股权作为对价支付给新业公司，不属于《通知》规定的股权（股份）支付，转让方新业公司不能适用股权转让的特殊性税务处理。理由如下：

首先，如上所述，“财税（2009）59 号”《通知》的政策宗旨是通过税收优惠促进企业重组及产业整合，当一项股权转让的目的和结果是交易双方之间企业整体经营资产及其经营权互换或重组时，适用特殊性税务处理予以暂免纳税。否则，按一般性税务处理，对股权转让所得立即征税。当股权收购方以本企业股权作为支付对价时，属于发行股份购买购买整体经营性资产；当股权收购方以所持直接控股企业的控股权作为支付对价时，实质上等于股权收购方与转让方进行经营性整体资产的交换；在股权收购方不以本企业股份或直接控股企业的控股股份作为支付对价的情形下，收购方换出的仅是一项股权投资而非经营性的整体资产，该项换股交易在本质上更近似于一般的股权转让而非企业重组。

其次，《办法》第六条规定：“《通知》第二条所称控股企业，是指由本企业直接持有股份的企业。”笔者认为，《办法》中该条款的本意并非扩充性解释，即将本企业直接持有股份的企业全部界定为控股企业；而是缩限性解释，即将本企业的控股企业直接确定为本企业直接持有控股权的下属企业，而不包括本企业以间接持股方式控制的企业（孙公司或曾孙公司）。在股权转让交易实践中，存在着股权收购方以孙公司、曾孙公司甚至第三方公司的股权作为支付对价的情形。从公司法与物权法的角度，孙公司股权并非本企业的财产；从税法的角度，孙公司股权转让的直接纳税义务人是本企业的子公司而非本企业。本企业只有以本企业直接控股权作为支付与交换，才产生本企业转让股权的企业所得税问题，才有基础和前提谈及是否适用股权转让的特殊性税务处理。

最后，《办法》第四条规定：“同一重组业务的当事各方应采取一致税务处理原则，即统一按一般性或特殊性税务处理。”在本案中，如果昌源水务以所持风能公司 17.7% 的股权作为对价收购新业公司所持融盛投资 100% 的股权，则新业公司并未基于该股权交易获得目标企业风能公司 75% 以上股权，显然新业公司不能够依据《通知》使用特殊性税务处理，则昌源水务也不能适用特殊性税务处理。因此，依照逻辑，《办法》第六条本意就不应该是规定无论直接持有股份多少的企业均属于控股企业。

（三）我国税法及税收政策应该明确规定：在换股并购中，以上市公司流通股作为支付对价的，转让方应当于当期申报缴纳企业所得税；以非上市公司股权或上市限售股作为支付对价的，应暂缓申报缴纳企业所得税

上述《通知》以及《办法》的主要条款内容基本出自美国联邦所得税法中企业并购重组所得税问题的相关条文。由于语义环境的差异、中美公司法及物权法领域存在的差异等，导致即便严格遵照《通知》及《办法》的原文来执行企业并购重组的企业所得税问题，也会出现多种理解、意见分歧甚至前后矛盾的情形，比如本案争议的换股并购的企业所得税争议。这就促使我们回归本土的税法、公司法等领域的理论、政策与实践来重新研究企业换股并购的企业所得税问题。

所以，在换股并购中如果一方交换的股权并非本企业所控股企业的直接控股权的情况下，笔者建议，不妨考虑跳出《通知》与《办法》的范畴限制，重新分析和研究此类换股并购涉及的企业所得税问题。笔者认为，在换股并购中，收购方作为对价所支付的股权如果属于非上市公司的股权或上市公司限售流通股，均应准许转让方暂免申报缴纳企业所得税，收购方以上市公司流通股作为支付对价的，转让方应就该股权转让所得申报缴纳企业所得税。

在换股并购中，如果转让方取得的对价是股权，即使转让方转让目标公司控股权获得的对价是另一企业的非控股企业股权，实质上也属于转让方将一项股权投资转为另一项股权投资，虽然投资的标的股权有所变化，但并未改变股权投资的实质属性。股权投资在实际转让前，并未发生实际的纳税义务。

在换股并购中，作为标的股权和作为对价支付的股权虽然以高于其投资成本的公允价格进行互换，但这种公允价格及其溢价实际上是基于双方或第三方机构的估值模拟，本质上属于一种账面浮盈，而非市场上真实的交易价格和溢价。

根据量能课税原则，税款征纳应考虑纳税人的税负承担能力和税款支付能力。《企业所得税法》《税收征收管理法》等法律法规允许国务

院财税主管制定税收优惠政策，对企业的某些收入和所得进行纳税递延处理。税收实践中，国务院财税主管机关也已制定、执行了一些递延纳税的政策，如非货币资产投资的企业所得税、资本公积转增资本的所得税、上市公司限售流通股的所得税等。在换股并购中，涉及转让方整体经营资产和权益的出让，交易规模金额通常十分巨大，而转让方此时并未取得货币性收入，对其立即征纳巨额税款，不符合税收公平原则和量能课税原则，应对其转股交易的转让溢价实行递延纳税处理方为公平合理。

在递延纳税处理中，转让方获得的股权支付虽然以双方认可的公允价值入账，但在税法上，该资产仍应以原交易时的成本作为计税基础，并继续负有纳税义务，在转让方未来转让该作为对价的股权时，仍需对实际转让价格与计税基础（原成本）之间的差额进行申报纳税。《通知》中所述的特殊性税务处理实际上也是一种递延纳税的优惠待遇。

换股并购中，当转让方获得的股权对价是上市公司的非限售流通股时，应当在交易当期申报缴纳股权转让企业所得税。理由在于：首先，上市公司非限售流通股具有公开的活跃市场，可以立即变现，上市公司非限售流通股的流动性近似于货币资金；其次，我国当前税法和税收政策对上市公司二级市场的股票免征资本利得税（转让溢价所得税），因此换股并购中，需对转让方获得该类股票时立即征纳企业所得税，以免转让方日后再行转让该等股票时税务机关无法征收转让溢价的企业所得税，造成税款流失。

换股并购中，当转让方获得的股权对价是上市公司的限售流通股时，也应当以转让方的换股收益进行递延纳税处理。该等情形下，转让方换股收益的实际纳税义务发生时间并非该股票实际转让时，而是该等股票解除限售条件时。

综上所述，在换股并购中，根据用于交换的股权比例和性质，换股并购的企业所得税处理可总结为以下主要情形：

1. 如果交易双方交换的股权均是其控股企业的控股权，则可毫无争议地适用《通知》规定的特殊性税务处理。

2. 如果一方用于交换的股权是其控股企业股权，另一方用于交换的是其直接持股的非控股的上市企业流通股，则转让控股权的一方应就本次交易立即申报缴纳企业所得税，另一方可准予递延纳税处理。

3. 如果一方用于交换的股权是其控股企业股权，另一方用于交换的是其直接持股的非控股的非上市企业股权，则双方均可准予递延纳税处理。

4. 由于客观上存在上述第二种和第三种所述的一方可递延纳税、另一方应当期纳税的合理情形，则《通知》第二条规定用于股权支付的股权必须是控股企业股权有失周全，《办法》第四条规定同一重组业务的当事各方应采取一致税务处理原则流于偏颇。

5. 如果交易双方交换的股权均不是其控股企业的控股权，则不属于《通知》《办法》规定的企业重组，其交易的税务问题按非货币资产交易的相关政策、法规执行。

五、后记

供给侧改革方兴未艾，企业并购重组作为重头戏任重道远。换股交易的双方期待更加健全和完善的税收政策及更加优惠的税收待遇，但更应该准确而深入地理解和运用现时有效的税收政策法规，做好交易前的税务筹划，避免承担多余的、不必要的交易税负。在包括换股并购在内的各种资本交易中，合理的交易结构的设计以及合法、完整、清晰的交易文本不仅是各参与方权利义务的载体、交易风险防控的手段，更是交易税收筹划的落脚点。参与资本交易的当事各方，应在相关的纳税义务发生前，充分进行分析、咨询，从而对资本交易的法律交易架构和税务方案作出准确的决策。

（责任编辑：廖素芳）

浅谈在专利申请中“公开不充分”问题的答复策略

杨艳颖* 白祥美**

一、《专利法》中的“公开不充分”的理解

专利申请需要满足《专利法》规定的条件才能够获取最终的授权，申请人或代理人经常收到审查员发出关于申请文件公开不充分的审查意见通知书。《专利法》第二十六条第一、二款的规定，一件发明专利申请应当有说明书（必要时应当有附图）及其摘要和权利要求书；一件实用新型专利申请应当有说明书（包括附图）及其摘要和权利要求书。《专利法》第二十六条第三款规定，说明书应当对发明或者实用新型作出清楚、完整的说明，以所属技术领域的技术人员能够实现为准，说明书和权利要求书是记载发明或者实用新型及确定其保护范围的法律文件。《专利法》第二十六条第四款规定，权利要求书应当以说明书为依据，清楚、简要地限定要求专利保护的范围。众所周知，专利制度的一个基本原则就是要向公众公开技术内容换取专利权，从而保证在一定时间独占市场的权利，《专利法》第二十六条规定说明书对技术内容的公开所需达到的程度，即需达到所属技术领域的技术人员按照说明书记载

* 广东省深圳市龙成联合专利代理有限公司高级工程师。

** 广东晟典律师事务所律师。

的内容，不付出创造性劳动就能够实现该发明或实用新型的技术方案，解决其技术问题，并且产生预期的技术效果的程度。否则就术语公开不充分，不符合《专利法》的相关规定。[①]

二、"公开不充分"的原因分析

在申请专利时，由于申请人或者代理人，为了追求更大的权利保护或者最大限定地保留、不公开自己的技术方法，在撰写申请文件的时候没有平衡好撰写的公开程度，从而导致说明书公开不充分；或者由于审查员没能知晓发明创造所属技术领域所有的现有技术，导致审查员在审查认知时出现错误，从而导致申请说明书公开不充分的情况。

三、"公开不充分"的类型及具体案例

在申请发明或者实用新型专利时，作为申请人常常想要在法律保护范围内追求权利最大化，同时也要求尽量不公布自己的技术方案；与此同时，作为代理人，也追求更高质量的申请文件和最大的保护范围，又最大限度保护客户的商业秘密。笔者认为在上述的前提下，当出现申请人交底材料不详细，以及代理人在阅历、水平、能力和责任心等方面存在问题时，就很容易造成公开不充分的问题。下面归纳几类在实际审查过程中常见的公开不充分的情况进行探讨。

常见的公开不充分的类型，包括以下几种：

1. 说明书给出了含糊不清的技术手段，本领域技术人员无法根据说明书的描述实施该技术手段。以中国专利 CN201520791431. 4 的第二次审查意见通知书及其答复为例：该专利涉及一种"食品成型机"，其所要解决的技术问题是"现有技术中的在生产过程中经常因为食品残存在模中从而影响下一次成型的质量，因此影响到生产的效率，使得成本也大大的增加"，说明书中记载了"食品成型机，包括机架和送料斗，其特征在于，该机架上安装有由间歇机构控制转动的印模辊，该印模辊

① 王艳江：《说明书公开不充分的审查意见的应对》，载 http：//www. unitalen. com. cn.

的辊面上开有若干凹陷的饼干模；该机架上还设有与印模辊皮带连接的喂料辊，喂料辊和印模辊之间的间隙与送料斗的出料口相对；印模辊的中心凹陷形成安装腔，该安装腔内设有竖直向下的脱模气缸；印模辊的下端与绷紧有帆布脱模带的橡胶脱模辊接；所述的机架内还设有检测装置，检测装置设在饼干模”“4. 在食品模中增加感应装置，防止成型后的存留物影响食品生产中的成型质量……5. 结构简单，在操作且拆装上均能够快速进行，降低操作难度的同时提高拆装效率”“红外发送器设置饼干模 5 内，感应器 14 设置设在印模辊 4 与喂料辊 7 之间，当食品模中有残留物时，感应器在一定的间隔时间内感应不到红外线源，则报警器报警”。说明书中没有详细阐述红外发送器的布置方式，由图 1 可知，饼干模截面为梯形，当饼干模侧壁具有残留物时，红外发送器发出的红外线为直线形式，其无法检测到上述残留物，进而不能解决上述技术问题，对所属技术领域的技术人员来说，该手段是含糊不清的，根据说明书记载的内容无法实现，附图中也缺少实施该设想的具体产品结构，使得说明书及附图所记载的内容不能构成一个清楚完整的技术方案，因而不符合《专利法》第二十六条第三款的规定。

笔者在认真地研读审查通知书后，认为在遇到此种问题时并不需要太过紧张，因为审查员也跟我们一样，是自然人，并由于阅历和掌握的知识不能够达到“所属的技术领域的技术人员”的水平也就无法达到知晓发明创造所属技术领域所有的现有技术，在这样的情况下审查员做出的审查意见通知书经常出现误判。审查员在审查通知中指出，对于本领域的技术人员而言，“红外发送器”的布置方式不能够在申请文件中清楚完整地得到，而笔者则认为，事实上对于本领域的技术人员而言，根据本申请文件的记载和现有技术的结合，已经能够清楚完整地得到本申请的“红外发送器”的设置方式。

笔者在意见陈述书中首先详细地陈述红外发送器根据在本申请之前的现有技术就可能采用到的设置方式，接着收集关于红外发送器设置的现有技术，其中包括获得授权相关的发明创造专利以及红外发送器的使用手册，将此类收集到的现有技术作为证据一起提交。审查员经过认真的考虑后接受了这样的争辩，并给予本申请的授权。

2. 说明书给出了具体的实施技术方案，但是没有给出实施证据或者试验数据，而该方案必须依赖试验数据加以证实才能成立。以某专利的第二次审查意见通知书及其答复为例：该专利涉及打磨粉中低含量贵金属回收处理方法，审查员在第二次审查意见通知书中指出了申请人在申请文件中公开了“将打磨粉和碳酸钠以1：2配比为搅拌均匀后，放入加热炉内，一直升温至保温温度，并保温3～4小时，缓慢冷却后，加入稀酸溶解，浸出含铝化合物，贵金属富集于残渣中”这个具体的处理步骤，但是没有公开具体的保温温度范围。也就是说，申请文件中只给出了对于打磨粉的除杂富集的技术方案过程，但是该打磨粉富集中的加温技术手段是含糊不清的，即本技术领域的人员并不能从说明书记载的内容中获知将温度升至多高进行火法富集会达到本发明的技术效果。因此，本领域的普通技术人员无法根据说明书的描述具体实施该技术手段。这使得说明书记载的内容不能构成一个清楚完整的技术方案，因而不符合《专利法》第二十六条第三款的规定。

笔者认为答复这类问题最好的方法就是提供证据，笔者在跟申请人沟通后发现，本申请相对应现有技术的主要创新点在于贵金属富集的工艺步骤，而温度范围不是创新点。同时，发明人找到了一篇论文——《废铱坩埚提炼铱工艺研究》，论文中提到了利用合金法溶解贵金属的试验数据，并论文中对于具体温度对于贵金属回收率的试验数据进行了分析。笔者分析认为，结合论文的相关试验数据能够充分地证明，本领域技术人员可以在本申请的申请日前获知具体关于影响贵金属的回收率的温度范围。笔者以此论文作为证据，并同时在意见陈述书中论述，该温度值是本技术领域的普通技术人员可以从现有技术中得出的而进行争辩，最后审查员接受了笔者的观点。

3. 说明书给出了技术方案，但是实施该技术方案之后，并不能解决发明或实用新型所要解决的技术问题，也未达到所需的有益效果。以某专利的第一次审查意见通知书及其答复为例：该专利涉及一种纸张快速干燥机，审查员在第一次审查意见通知书中指出了，申请人在申请文件中公开了关于如何快速干燥纸质的技术手段，同时说明书和权利要求的技术方案中还记载有“烘干罩内设有测温装置和和报警器”，而说明书中并没有描述该技术手段要解决的技术问题和能达到的技术效果。因此本领域的普通技术人员无法根据说明书描述的具体技术手段得到解决节能环保的技术问题，从而达到节约电能的有益效果。所以说，说明书记载的内容不能构成一个清楚完整的技术方案，因而不符合《专利法》第二十六条第三款的规定。

笔者分析认为，出现该审查意见是由于说明书中没有给出本实用新型的要解决的技术问题和技术效果。主要是该实用新型的说明书中仅仅描述了本实用新型的技术方案，没有描述其能够达到的技术效果以及要解决的技术问题。所以，审查员从说明书公开的内容中无法得知本实用新型的技术方案要解决的技术问题是什么，是否达到了发明效果。因此这也是一种典型的公开不充分的情形。

笔者认为，在遇到这种形式的公开不充分的审查意见时不必慌张，只要在答复时首先从本发明创造的具体结构特征出发，接着在说明书中简要论述本发明的效果和要解决的技术问题。但是需要注意的是，审查指南中明确规定，不得在说明书中增加本技术领域的技术人员不能直接从原始申请中导出的有益效果，也不能补入试验数据以说明发明的有益效果。① 所以，笔者在答复对说明书修改增加有益效果和技术问题的内容时，仅增加能够从技术方案的“测温装置和和报警器”直接导出的监控温度的有益效果和监控干燥过程的技术问题，而不增加本技术领域普通技术人员不易想到的或不易推导出的技术效果。同时，笔者在意见陈述书中详细论述所增加的技术效果和技术问题是可以由原始申请的内容中直接导出的。

4. 由多个技术手段构成的技术方案，对于其中的某个技术手段，所属的技术领域的技术人员按照说明书记载的内容无法实现。以中国专利 CN201520427650.4 的第一次审查意见通知书及其答复为例：该专利

① 王艳江：《说明书公开不充分的审查意见的应对》，载 http：//www. unitalen. com. cn.

涉及钮扣校正机构，审查员在第一次审查意见通知书中指出了申请人在申请文件中公开要解决的技术问题为“节能环保、使用方便、灵活和适用范围大、稳定性好”，而说明书的技术方案中并没有记载关于解决节能环保的技术手段，同时说明书中的有益效果还详细地记载了关于节约电能到达的好处。因此本领域的普通技术人员无法根据说明书描述的具体技术手段，得到解决节能环保的技术问题，从而达到节约电能的有益效果的结论。所以说说明书记载的内容不能构成一个清楚完整的技术方案，因而不符合《专利法》第二十六条第三款的规定。

在答辩时，笔者与发明人取得联系，认真沟通了本申请关于节能环保的问题，笔者得到关于节能环保的技术问题和有益效果是多余记载内容的结论。

也就是说，该技术问题没有对应的技术手段，同时，即使删除该技术问题也并不会影响说明书的完整性，笔者将说明书中记载该技术问题和相关的有益效果的内容删除，使得说明书中记载的技术手段与技术问题对应，然后进行争辩，审查员接受了笔者的观点并给予本申请授权。

5. 说明书中只给出了任务和/或只表达一种愿望和/或结果，而未给出任何使所属领域的技术人员能够实施的技术手段。以某专利的第一次审查意见通知书及其答复为例：该专利申请涉及一种带有对讲功能的手机，审查员认为：说明书中只记载了要达到的目的“结构简单、用户体验度高和功能多”，和记载关于解决问题的手机内的功能模块，所以申请文件的内容只是一种任务和/或设想，或者只是表明一种愿望和/或结果，然而说明书并未公开功能模块的具体电路结构或者具体型号，也没有公开具体模块之间的连接关系，未给出任何使所属技术领域的技术人员能够实施的技术手段，附图中也缺少实施该设想的具体产品结构，使得说明书及附图所记载的内容不能构成一个清楚完整的技术方案。

笔者在认真地研读审查意见通知书，同时对比申请文件后，得出的结论是，审查员在审查的过程中并没有完全理解本申请的技术方案，同时也没有完全掌握本领域所有现有技术。针对上述的结论，笔者作如下的答复：首先，针对审查员没有完全了解技术方案的问题，笔者在意见陈述书中详细地介绍本申请方案的技术方案、本方案的具体工作原理和过程；其次，针对没有掌握现有技术的问题，笔者采用检索同类发明创造申请成功的例子作为证明文件提交，使得审查员能够更好地理解本申请的技术方案。

值得注意的是，在审查实践中，笔者认为要合理地利用现有技术、工具书和教科书等作为证据进行答复，同时结合通过紧密的逻辑推理的陈述进行争辩，这样才能更好地说服审查员认可我们提出的观点，从而达到发明创造授权的目的。

笔者认为对于上述的第 1 和 2 种情况，由于申请文件的技术方案包含某些参数变量缺少定义或者数字范围，使得审查员认为申请保护的技术方案含糊不清。① 同时，审查员也只是自然人，对于阅历以及知识的掌握很难达到“所属的技术领域的技术人员”也就无法达到知晓发明创造所属技术领域所有的现有技术，在这样的情况下审查员做出的审查意见通知书经常出现误判，审查员就会做出说明书公开不充分的结论。

笔者认为，通过紧密逻辑推理的陈述、争辩引导审查员正确地认识到错误，有必要时，应该积极地提供证明文件用证明文件证明申请文件已经充分地公开了详细的实施方案。也就是在单纯的论述无法说服审查员的时候，只要能够充分地用证明文件有效地弥补审查员未掌握的信息，从而使得审查员知晓发明创造所属技术领域所有的现有技术，这样就能够有效地反驳审查员，这样的方法是最直接和最有效的。

笔者认为，对于上述的第 3 和 4 种情况，可以根据《专利法》第三十三条的规定，通过修改原申请文件的技术问题，或者删除技术手段技术方案不能解决的技术问题，实现要解决的技术问题对应记载的技术手段，从而解决说明书公开不充分的问题，② 并加以解释说明，使得审查员能够充分地了解申请文件中的技术方案。

笔者认为，上述的第 5 种情况较前 4 种类型更复杂，但是也没必要

①② 岳泉清主编：《无授权前景发明专利申请的答复技巧》，知识产权出版社 2015 年版，第 116 页。

太紧张，只要在答复时把握好以下步骤即可。首先认真地研读审查意见通知书，看审查员在认定申请的技术方案时是否出现认定错误的情况，或者找出审查员认定和推论过程出现瑕疵的地方，接着进行有效地争辩。当然笔者认为，在答复中至关重要的是合理地利用相关的证明文件进行有利的反驳，这里的证明文件最具有反驳效果的是同类发明创造申请成功的例子，这样更能使审查员认识到错误，并更进一步了解申请的技术方案。

当说明书公开不充分的时候，主要的原因是，说明书对发明创造没有做出清楚、完整的说明，导致所属技术领域的技术人员很难从申请文件中得到实施该发明创造的技术方案，所以，代理人或申请人只有更好地了解了《专利法》中所述的“所属的技术领域的技术人员”定义后，才能更好地解决说明书公开不充分的问题。也就是说，代理人或者申请人必须从审查通知书出发，客观地判断审查员是否了解在申请日前已经公开了的现有技术以及公知常识，也就是指审查员是否是“所属的技术领域的技术人员”，同时利用有利证据进行有效的争辩、陈述意见，最后使得审查员认可申请的技术方案，进而获得授权。

（责任编辑：胡秋华）

探索与实证
tan suo yu shi zheng

城中村房屋纠纷案件若干法律适用问题之探讨

——以深圳集体土地国有化后之现状为论域

杨 震*

作为改革开放的先行城市，深圳的城市化进程无疑走在全国的前列，但是，作为中国唯一一个没有农村的城市，却有1/3强的建筑都是“历史遗留非法建筑”，即所谓小产权房，且“历史遗留非法建筑”历经数次清理，反而愈演愈烈，一度失控。虽然深圳市出台了地方法规，允许符合条件的“历史遗留非法建筑”进入租赁市场，但因为这些房屋缺乏合法的准生证——建设工程规划许可证，依现行法律和司法解释，属于不得进入市场的违法建筑，当事人签署的与之有关的买卖、租赁等合同均按无效处理，这就意味着当事人的意思自治原则无法发生作用，交易的稳定性和可预期性受到严重影响。更有甚者，因为城中村的房屋问题涉及到“历史遗留非法建筑”的转正、土地权益的归属等敏感社会法律问题，非法院一力所能解决，法院长期采取“拒敌于国门之外”的策略，除租赁纠纷外，拒绝受理其他类型案件，使大量纠纷难以进入司法诉讼程序，这一现象至今未能完全得到解决。作为社会正义的

* 广东省深圳市福田区人民法院法官。

最后一道防线，司法应当发挥其息诉止争的角色，通过司法裁判的方式引导公众采取适法行为解决纠纷。本文将立足于深圳集体土地国有化后的现状，结合深圳地区的司法实践，类型化分析城中村法律纠纷的特点、难点并提出针对性的法律适用建议。

一、深圳土地国有化的历史和现状

（一）深圳集体土地概况国有化的历史背景

深圳的集体土地国有化采取了所谓概况国有化的形式。土地概况国有化是指在我国当前社会经济生活中所存在的这样一种现象：因城市建设的发展，原属农村的乡（镇）村全社区整体性地并入城市建成区，并随着乡（镇）村的建制撤销，农村基层行政组织或居民自治组织转变为城市基层行政组织或居民自治组织，农村集体经济组织成员全部由农村居民转为城镇居民，原属农村集体所有但尚未经征用的土地或者土地大部被征用之后的残余土地，便随之全部概括性地转归国有①。深圳市作为全国改革开放的前沿城市，经济发展迅速，城市大幅扩张，需要不断增加土地和空间以容纳新的发展空间。深圳市采取了大规模概况国有化的形式将深圳市辖区内的原农村集体经济组织吸纳进深圳市城市规划范围之内，将原有的农民转为市民，将原有的集体土地一次性“转化”为国有土地，完成了所谓“土地所有权实现了从国家所有和农村集体所有的二元结构到国家所有的一元结构的转变”。其中，第一次大规模国有化是在1992年通过《关于深圳经济特区农村城市化的暂行规定》将原深圳经济特区内（现福田区、罗湖区、南山区和盐田区）的集体土地概况国有化，另一次是在2003~2004年间将原特区外的龙岗区和宝安区集体土地概括国有化。但是这种在合法性上存在很大争议的概括国有化在事实上也没有与《土地管理法》的土地征收制度结合起来，通过土地征收完成事实上的国有化，深圳市至今仍远没有完成这个

① 陈甦：《城市化过程中集体土地的概括国有化》，载《法学研究》2000年第3期。

进程。

（二）违建之城的违建盛宴

“在深圳，你所看到的每三个建筑中至少有一个是违章建筑。而具体到关外的某些社区则很难看到合法建筑。”① “2011 年深圳全市土地总面积 1991 平方公里，建设用地 917.77 平方公里中，其中原农村集体用地为 390 平方公里，占比高达 42%。在这些集体用地中，有近 300 平方公里的土地，都属于非法占用。”②

概况国有化后，深圳市政府并没有完成土地国有化征收的法律程序，对于绝大多数原集体经济组织成员而言，转换仅是形式上的，土地仍然控制在披上了股份合作制外衣的原集体经济组织和村民手中。正如威廉·配第所言，“土地是财富之母”，随着深圳的经济发展，房价随之水涨船高，居住成本急剧增加，手持财富之母的原住民，最好的生财之道便是“种”房子出租，获取稳定、高额的租金收益。而历届深圳市政府在此问题上也采取了典型的“小政府”主义，未能采取有效措施阻止一轮一轮的抢建潮，导致城中村的违建愈演愈烈。事实上，深圳市历次出台的法律文件，对于违建所坚守的红线一步步在退让：1999 年 2 月 26 日出台的《深圳市人民代表大会常务委员会关于坚决查处违法建筑的决定》声称“本决定实施以后所发生的违法行为，应依法从重进行查处”；2002 年 3 月 1 日施行的《深圳经济特区处理历史遗留违法私房若干规定》亦声称“对 1999 年 3 月 5 日以后新建、改建、扩建私房的违法行为，按照《深圳市人民代表大会常务委员会关于坚决查处违法建筑的决定》和其他有关法律、法规的规定从严查处”。但是 2009 年 6 月 2 日施行的《深圳市人民代表大会常务委员会关于农村城市化历史遗留违法建筑的处理决定》（以下简称《决定》）则要对此前的违法建筑进行统一普查登记，并称“经处理确认产权的违法建筑，因实施城

① 马丽：《深圳城市化困境》，载《法人》2010 年第 5 期。

② 《深圳土改：“小产权房”的地，就是海绵里的水》，载《南方周末》2012 年 6 月 16 日。

市规划、旧城（村）改造、公共基础设施建设等公共利益需要拆迁时，依法予以补偿”。深圳市的这种态度，导致违建行为的违法成本极低，并且可以通过“转正”获取巨额利益，最终导致违建愈演愈烈，违建之城的称号也当之无愧地加诸于深圳这颗改革开放的明珠城。

二、城中村房屋纠纷的类型与特征

城中村指在城市总体规划区内仍然保留和实行农村集体所有制、农村经营体制的农村社区，是城市化过程的产物，是发展到一定阶段的特殊现象[①]。根据《深圳市城中村（旧村）改造暂行规定》第二条的规定，深圳的城中村（含城市待建区域内的旧村）是指深圳城市化过程中依照有关规定由原农村集体经济组织的村民及继受单位保留使用的非农建设用地的地域范围内的建成区域。作为一个共性，城中村涉及房屋的法律纠纷，往往与违建相伴生。

通常而言，城中村与房屋有关的法律纠纷包括亲属法所涉及的法律纠纷，包括析产、继承等纠纷，这些多发生在原集体经济组织成员家庭内部，因该部分纠纷并不突出，本文所讨论的论域限定于市场交易关系，不包含该部分涉及亲属法的内容。

1. 合作建房纠纷。即原集体经济组织成员将其拥有的土地与他人合作，以土地—资本合资的形式兴建房产，并对合作建成的房产约定分成。外来人员参与建房的方式有两种[②]：一种是向集体经济组织或村民购买土地自行建房；另一种是与集体经济组织或村民合作建房。通常情况下，如果集体经济组织或村民违约，非集体经济组织成员的合作建房者就面临合同无效、无法获取房屋价值的风险，但高额的利润仍吸引着大批的投机者继续参与城中村违建的建设。

2. 土地买卖纠纷。如前所述，部分违建参与者以土地买卖的方式购买集体经济组织或村民的土地自行建设房产。交易的标的有宅基地，

① 舒晓辉：《论“城中村”房屋买卖的效力》，载《法制与社会》2008 年第 1 期（下）。

② 赵静、闫小培：《城中村非正规住房供给市场形成原因分析——以深圳市为例》，载《城市问题》2012 年第 3 期。

也有其他土地。与合作建房一样，外来土地购买者在获取巨额收益的同时也面临着巨大的法律风险。

3. 房屋买卖纠纷。主要是外来人员向原集体经济组织或其成员及其合作方购买房产。伴随着房价“越控越高”的趋势，大批涌入城市的人口无力购买合法的市场商品房，而价格相对低廉的城中村“农民房”，成为了这个消费层次人群的选择。

前述三类纠纷最大的法律风险来自于城市更新改造过程中的拆迁补偿。通常情况下，租金或使用利益，不足以导致原集体经济组织或其成员违反诚实信用原则主张合同无效，但土地征收或拆迁补偿的巨额利益，超出脆弱的商业信誉所能包容的范围。如深圳市岗厦村土地征收和拆迁过程中，造就了10个亿万富翁和数个千万富翁①，如此巨额的经济利益，诱发大量的违约纠纷。

4. 房屋租赁纠纷。绝大多数外来中低收入务工者，包括部分现已步入中高层收入的人群，都曾有过在城中村租房的经历。深圳市政府对符合条件的城中村房屋，也积极协助引入一些高质量的企业进驻，例如深圳市福田区科技局引入设立的上沙创新科技园②。

对于租客而言，租赁城中村房屋最大的风险仍然在于其合同权利难以得到法律的保护。城中村“二房东”盛行、层层加租等因素也增加了合同履行的不确定性。

三、深圳独特历史背景下的城中村房屋纠纷特点

随着《决定》的出台，深圳市对于城中村历史遗留违法建筑的清理形成了制度化规则。具体指：

1. 违法建筑的申报。《决定》要求违法建筑建设当事人或者管理人应当在本决定实施之日起六个月内，按照普查工作要求向违法建筑所在街道办事处申报，没有申报的“由街道办事处在建筑物所处社区、辖区

① 载http：//news. qq. com/a/20091225/001471. htm，访问时间：2014年5月20日。

② 载http：//www. sskjy. com. cn/aboutus. asp，访问时间：2014年5月21日。

主要公共场所以及市、区政府网站公告三个月；公告期满仍不申报的，由街道办事处临时管理，并在普查工作结束时，依法予以拆除或者没收”。虽然事实上在龙华、观澜等原特区外地区仍然有相当规模的抢建事件，但深圳市相关部门确实加大了执法力度。

2. 确权。即对于经普查记录的违法建筑，符合确认产权条件的，适当照顾原村民和原农村集体经济组织利益，在区分违法建筑和当事人不同情况的基础上予以处罚和补收地价款后，按规定办理初始登记，依法核发房地产证。根据《〈深圳市人民代表大会常务委员会关于农村城市化历史遗留违法建筑的处理决定〉试点实施办法》（以下简称《试点实施办法》）第三十二条的规定，“转正”后的房产为“非商品性质房地产，限定自用，不得抵押、转让”。部分符合特定条件的房产可以转化为市场商品房。但是，根据《试点实施办法》第二条关于“对非原村民所建住宅类农村城市化历史遗留违法建筑、对以房地产开发为目的未经批准建设的住宅类违法建筑（包括建成后已实际分割转让的情形），不予处理确认”的规定，非集体经济组织的外来人员购买城中村违建房产、购买土地自建或合作建设的房产，不予确权。

3. 临时性使用许可。《试点实施办法》第四十条规定：“历史遗留违法建筑经普查记录后依法处理前，符合本实施办法规定条件的，应当办理临时使用备案”，获准临时使用的，“临时使用期限为 5 年。未办理临时使用备案的历史遗留违法建筑，不得出租、进行经营性活动”。申报临时使用，需要提交以下文件：（1）书面申请书；（2）当事人或者管理人身份证明；（3）历史遗留违法建筑申报受理回执；（4）临时使用的用途；（5）临时使用承诺书；（6）根据本实施办法第二十条第二款规定应当由具备法定资质的地质灾害危险性评估机构出具的符合地质安全要求的评价报告；（7）房屋安全鉴定机构出具的经区建设主管部门备案的房屋安全鉴定合格的报告；（8）公安消防部门出具的消防验收或者备案凭证。临时使用承诺书主要包括历史遗留违法建筑当事人或者管理人对下列事项的确认及同意：（1）临时使用是政府依据《决定》对历史遗留违法建筑的临时监管措施，不代表对历史遗留违法建筑的确认；（2）政府有权在任何时间对临时使用的历史遗留违法建筑依法采取处理措施且临时使用的备案证明自动失效；（3）历史遗留违法建筑当事人或者管理人不得仅凭临时使用的备案证明索取任何赔偿、补偿。临时使用的用途由历史遗留违法建筑当事人或者管理人申报，作为对消防安全等临时使用行为的监管依据。未按前述程序申报或未通过前述程序审查的房产，在法律上仍界定为违建，属于待拆除、没收的对象。

由于上述地方法规的出台，导致深圳市城中村的房屋出现了四种类型：第一，原具备合法报建手续或具有建设工程规划许可证的房产；第二，原为违法建筑经申报审查补缴地价后转化为合法建筑并予以确权的房产，包括确权为非市场商品房和市场商品房的房产；第三，虽未确认为合法建筑但取得临时使用许可的房产；第四，违法建筑。前述房产包括了原村民超出准建范围超标准、超面积建设的情况。这种极具深圳地方特色的城中村房屋状况，要求深圳市法院系统在解决城中村房屋纠纷时必须采取更为灵活的方式处理，而不是机械适用法律和司法解释。

四、深圳现行司法应对政策的局限性

（一）法律、行政法规对城中村房屋法律纠纷的态度

现行法律和行政法规对城中村房屋的法律限制源于两点：《土地管理法》和一系列的行政法规、法律政策对于集体土地上房屋转让的严格限制；《城乡规划法》对于建筑物规划合法性的强制性限制。该两种限制性法律规范在民法上均属于效力性的强制性法律规范。

基于第一种限制，只有本集体经济组织内部成员才有权取得宅基地，宅基地或其上的房屋的转让也仅限于集体经济组织内部。该种限制是一种效力性强制性规定，一经违反则合同无效，故依照现有的法律和行政法规，凡是非本集体经济组织成员购买宅基地或其他非建设用地类型的集体土地的，或购买其上建造的房屋的，合同一概无效。基于第二种限制，只要城中村房屋未取得合法的建设工程规划许可证，则与之相

关的房屋买卖、租赁等民事法律行为一概无效。在前述两种限制之下，城中村所涉房屋买卖、租赁、合作建房等法律关系基本上全部无效。

（二）深圳法院系统的司法应对措施

深圳法院系统对于城中村房屋纠纷案件做了大量的调研，此前也提出过相应的建议，并主要针对租赁合同纠纷案件提出了符合深圳地区特点的一些灵活适用法律的意见，但整体上并未形成统一的意见，这种认识上的不统一，导致了部分同类案件不同处理。

总体上，司法实务中主要的困惑和问题包括如下几点：

1. 驳回起诉还是实体处理。对于原集体经济组织或其成员未经规划国土部门同意将集体土地出让给非集体经济组织成员建造房屋或与非集体经济组织成员合建房屋所引起的纠纷，法院系统内部存在两种观点：一种观点认为，为避免影响审判与政府处理历史遗留问题行政行为的冲突，上述纠纷应先由政府有关部门对历史遗留违法建筑处理，法院应当驳回当事人起诉。事实上，深圳法院系统目前事实上是对此类纠纷不予受理，受理后亦驳回起诉。但该种处理方式不仅引起当事人和有关政府部门的不满，在法院系统内部也有不同观点。因为该种纠纷属于人民法院应当依法审理的民事法律纠纷范畴，法院不予受理此类案件与法院的司法功能不符，也缺乏法律依据。目前，深圳乃至广东省司法系统仍未对如何处理此类案件达成一致意见。

2. 如何协调《决定》与前述效力性法律法规的关系。（1）因合作建房、集体土地出让和房屋买卖引起的纠纷多由原集体经济组织或其成员提起，其目的在于利用法律的效力性强制性规定来宣告合同无效，达到违反诚实信用原则单方占有土地和房屋增值利益的效果。一方面，违建可以通过法定途径转正（转为国有土地上的非市场商品房或商品房）；另一方面，在这些房产转正之前因合同一方的违约行为导致另一方丧失全部合同利益显失公正，法院简单按法律的规定进行处理势难调和双方矛盾，难以取得较好的社会效果。（2）在租赁合同纠纷中，租赁合同因绝大多数房产缺乏建设工程规划许可证或合法的报建手续而无效，导致当事人合同利益无法得到有效保护，考虑到深圳违建房的规模，该种处理方式的社会效果极差。虽然也有观点对于许可使用期间的违建房产采取灵活态度，但这种观点仍然要求政府部门先行出具临时性的建设工程规划许可，可行性非常低。

3. 法院系统在自觉无法突破现行法律对合同效力认定的限制下对城中村案件的畏难情绪明显。事实上司法实务中主张从探究法律真意和立法意旨的角度灵活适用法律者并不在少数，但面对城中村房屋纠纷利益博弈激烈的现状，法院内部的保守主义司法态度仍占主流。法院对于解决此类纠纷对政府部门提了很多建议，但对于法院如何解决此类纠纷却一直采取回避态度，深圳号称“违建之城”，违建之规模世所罕见，但深圳法院系统至今只处理涉及违建的租赁合同纠纷，而对其他案件仍以不予受理为主流。

苏力有言，“法律的基本社会功能是保持社会秩序和行为规则不变，使之制度化，因此才有所谓的法治或规则的统治，人们才有可能根据昨天预测今天和明天他人的行为，才有可能根据此地的情况判断彼地的情况，也才有可能做到法律面前人人平等，才有可能最终形成一种进行合作、解决纠纷的‘定式’”，故而保守乃法律的基本品格之一。但“法律的保守品格不是要求法律人抱残守缺，而要求法律人采取渐进的方式将最先进的法治文明理念贯彻到现行的法律及其机制中，力求在保持现状的基础上有步骤、有节制地，是在人们可以有预期的范畴的改造、修正和发展①”。作为社会正义最后一道防线的法院，不应该置身于纠纷之外，对于诉至法院的纠纷应在司法职权范围之内充分发挥司法功能予以妥善处理。

① 许家华：《法律的保守品格》，载《法制日报》2014年2月12日第10版。

五、城中村房屋纠纷的适用法律规则建议

（一）土地转让纠纷

未获规划国土部门批准的集体土地使用权不得向集体经济组织成员之外的人出让，但在深圳集体土地全面概括国有化的历史背景之下，如何处理该类案件确实值得探讨。

目前深圳市主要是通过城市更新的方式对城中村进行改造，并在改造过程中完成概括国有化未完成的征收程序。其具体方式通常为政府按年度提出城市更新的规划，由各区重建局（城中村改造办）等相关部门提出具体的更新方案，然后通常是通过招标的方式引入房地产开发企业，由房地产开发企业与拟更新片区的房地产权利人或准权利人协商拆迁补偿或购买拟拆迁房产等事宜，最后由房地产开发企业与国土部门签署国有土地出让合同。通过这一程序，最终实现了原集体土地实质意义上的国有化。而在这一过程中，最困难的实际上是房地产开发企业与原房地产权利人或准权利人协商解决拆迁安置补偿或购买拟拆迁房产的问题，一旦这个问题解决，整个项目即可按序递次推进。就此点而言，深圳城市更新改造过程中，房地产开发企业与房地产权利人或准权利人拆迁安置补偿协议或购买协议与集体土地转让合同具有一定的类似性。如，某企业在土地国有化政策出台前与某原集体经济组织签订一份《土地征收补偿协议》，约定该企业补偿某集体经济组织征地款若干，集体经济组织则将该土地出让给该企业开发建设。在集体土地已整体国有化的今天，该份《土地征收补偿协议》的效力应如何认定？在原集体土地已概括国有化转为法律上的“国有土地”之后，是否还要适用规范集体土地的法律确认无效？

笔者认为，《最高人民法院关于适用〈中华人民共和国合同法〉若干问题的解释（一）》（以下简称《合同法司法解释一》）第三条规定：“人民法院确认合同效力时，对合同法实施以前成立的合同，适用当时的法律合同无效而适用合同法合同有效的，则适用合同法。”该条规定

以司法解释的形式明示了学理上广为接受的一个合同解释和法律适用规则，即鼓励交易的有效解释和法律适用规则。对于此前购买集体土地的，因集体土地已转为国有土地，具备了法律上交易的可能性，该买卖关系违反法律效力性强制性规定的情形已经消失，应当对合同按有效处理。在能够确认此前土地出让方土地权利（如原宅基地使用权人）的情况下，可以认定合同有效。因该土地交易并未考虑国有化过程中的征收补偿问题，可以根据土地的增值价值与建设房屋投资成本和原地价价值之和的比例确定一个合理的分成比例确认征收补偿利益的归属，而非按合同无效的规则，使受让人仅得主张合同对价的返还和投资成本的收回。若协议并未实际履行的，可以情势变更原则对合同进行解除或变更。该种处理方式，事实上只不过是进一步贯彻落实《合同法司法解释一》确认的鼓励交易的有效解释和法律适用规则。

对于尚未进入城市更新程序或土地征收程序的城中村房地产，若原村民或集体经济组织诉请主张确认合同无效、收回土地的，可以先行确认合同有效，驳回其他诉讼请求，待政府完成土地征收或城市更新时，再由当事人协商或通过诉讼方式处理征收补偿分配问题。

这里需要强调的是，土地出让合同有效不代表确认非集体经济组织违法建房行为的合法性，违建房屋能否认定为合法建筑以政府部门按《决定》作出的处理为准，但违建房屋的合法与否与其能否获得拆迁补偿并非是同一层面的法律问题。

（二）合作建房纠纷

集体土地不得用于开发建设房地产，如不考虑深圳集体土地概括国有化的背景，合作建房显然违反了《土地管理法》的效力性强制性规定；即使在集体土地已经概括国有化的情况下，合作建房行为的合法性仍然存在问题，通常，城中村的合作建房行为不大可能获得规划上的批准。

《试点实施办法》规定："对非原村民所建住宅类历史遗留违法建筑、对以房地产开发为目的的未经批准建设的住宅类违法建筑（包括建成后已实际分割转让的情形），不予处理确认”，即深圳市对于合作建房的合法性不予确认，该类房产应该难以通过合法途径合法化。故，在不考虑深圳市地方法规变动可能的情况下，合作建房行为无法通过申报、确权途径转正合法化，当事人之间的合作建房法律关系因违反《城乡规划法》的效力性强制性规定而无效。在具体处理方案上，虽然拆迁补偿款或征收补偿款所补偿的主要是地价增值，但同时也要考虑房屋建筑对土地价值增值所做之贡献，故应当对合作建房关系中非集体经济组织或其成员一方在分配拆迁补偿款或征收补偿款上给予一定的补偿，即因合作方对土地的增值所做之贡献已物化为房屋建筑的一部分，应当以房屋的价值和土地价值之比例来确认合作方应分得的补偿款，而非完全倾向于原集体经济组织或其成员一方，由其享有全部拆迁补偿或征收补偿收益；若所涉房产未进入拆迁补偿程序或城市更新计划之列，在确认合同无效的同时，可以以土地、房屋之价值尚未通过征收或城市更新程序确认，暂不宜处理财产返还问题为由不处理财产返还问题。这样，有利于稳定城中村现有的法律关系，避免出现大规模的诉讼或信访现象引起社会不稳，也有利于惩戒部分原集体经济组织和成员的失信行为。

（三）房屋买卖合同纠纷

城中村的房屋买卖主要是指原集体经济组织及其成员或合作方将其建造的房产对外出售的情形，这里既包括集体经济组织的无合法规划审批手续的“统建楼”，也包括村民个人及其合作者将违法建造的房产对外出售。涉及原集体经济组织或村民所建具有合法报建手续房产买卖的情形较为少见。

城中村违法建筑的违法性同样来自于来两方面：集体土地上所建房屋除经批准外，不得向集体经济组织成员之外的人员出售；建筑物的建造应获得规划上的审批许可。通常而言，法院会基于前述两种理由确认房屋买卖合同无效，并按合同无效的处理原则处理财产返还问题。但是，如前所述，该种处理方式无法解释深圳集体土地国有化之后，为何还以规范集体土地转让的法律规范来确认合同的效力问题，也无法解决该种处理方式与鼓励交易的有效解释和法律适用规则冲突的问题。这里仍应结合深圳集体土地概括国有化的实际灵活的适用法律：既然是国有土地，其土地使用权在法律上属于可转让的标的物，至于政府有无实际完成征收和土地造册等细节，则属于合同履行的事宜，不应再以此来否认合同的效力。总而言之，不应再基于《土地管理法》等法律对于集体土地的种种限制来解决深圳集体土地概括国有化之后的法律纠纷。

对于城中村违法建筑的建设工程规划许可欠缺问题，应结合深圳市历史遗留违法建筑清理进程的实践来妥善处理。具体指：

第一，对于原集体经济组织或其成员自建的合法建筑，因集体土地国有化之后集体土地使用权出让、开发建设的各种限制性规定已不再适用，依据鼓励交易、有效解释和适用法律的规则，其与非本集体经济组织成员签订的房屋买卖合同均应按有效处理。若卖方以无法办理过户手续等主张履行不能要求解除合同，可以考虑以双方当时签订买卖合同时对过户并无预期为由，不予支持，由买方继续享有房产的使用收益权利。若遇拆迁补偿，则由卖方享有相关房产的拆迁补偿收益。

第二，对于已经经过合法程序确认权属的建筑，无论确认的房产性质是否属于市场商品房，对于此前已经签订买卖合同但未确权为业主的买方，相关买卖合同应确认为有效，其他处理细节可以按前述第一点处理。已经确权后的房产，无论其性质是否属于市场商品房，亦无论其是否可以分割转让，权利人将房产出售的，均应视为合同有效，并按普通商品房买卖合同纠纷予以处理。

第三，对于尚未完成确权手续，但已获得政府部门的临时使用许可的违法建筑物，因政府相关部门尚未完成建筑物的合法性最终确认，此时法院不宜作出实体处理，可以采取暂时不予受理的方式或受理后中止审理的方式予以处理。

第四，对于既未经确权，亦未获得临时使用许可的违法建筑，因其已确定的不能通过申报程序转为合法建筑，基于《城乡规划法》的效力性强制性规定，相应买卖合同应确认无效，并按合同无效的原则予以处理。

（四）房屋租赁合同纠纷

房屋租赁合同纠纷是深圳法院现阶段处理的最多的城中村房屋纠纷案件。因集体土地概括国有化导致对集体土地上房屋使用收益方式的限制失去约束，影响租赁合同效力的主要因素是建设规划许可手续的欠缺。结合深圳清理城中村历史遗留违建的实践，对于涉及城中村的房屋租赁合同纠纷应依如下原则处理：

第一，原集体经济组织或其成员自建的合法房产及经确权转正的违法建筑租赁合同为有效合同，应依据合同约定处理双方的权利义务关系。

第二，对于尚未确权，但已经取得临时使用许可的房产，不宜认定为无效。根据《城乡规划法》关于“在城市、镇规划区内进行建筑物、构筑物、道路、管线和其他工程建设的，建设单位或者个人应当向城市、县人民政府城乡规划主管部门或者省、自治区、直辖市人民政府确定的镇人民政府申请办理建设工程规划许可证”的规定，建设工程规划许可证的颁发主体为市、县人民政府的规划主管部门。《决定》属于深圳地方立法机构制定的地方法规，深圳市相关政府部门的行政行为应受其约束，其依据该《决定》作出行政行为具有法律效力。据此，深圳市政府有关政府部门依据该《决定》作出的临时使用许可属于合法行政行为，其法律效力应予确认。该行为虽不具有最终使违法建筑合法化的效力，但考虑到获取临时使用许可的建筑已通过了消防、安全等检测，其出租、使用不损害社会公共安全，应视为深圳市的临时使用许可属于深圳市在规定年限内对相关房产在规划上的容忍，可以参照临时规划许可证的规定，在临时使用年限内确认合同有效。当然，最好的解决方案还是由规划主管部门对获得临时使用许可的房产颁发临时建设工程规划许可证。只有这样处理，才不会出现政府部门历史遗留违法建筑的清理工作与人民法院民事审判工作认定规则冲突的问题，避免因此导致公权力失信。

（责任编辑：李奔科）

征地补偿过程中的程序合法性

——姚良坤征地补偿行政诉讼案

钟刚强*

一、基本案情

根据2003年12月25日深圳市人民政府常务会议纪要（三届八十五次）及2003年12月26日宝安区人民政府工作会议纪要《公明光明高新园区征地协调会议纪要》的相关决定，光明高新技术产业园区征地工作开始实施。

2004年8月18日，深圳市规划与国土资源局宝安分局和原深圳市宝安区公明街道办（现为深圳市光明新区公明办事处，下同）签订《光明南高新技术园区（公明片区）用地补偿工作包干协议书》，约定由原深圳市宝安区公明街道办负责光明辖区内的土地及地上青苗、附着物、建（构）筑物等征收补偿工作。

2006年9月10日，原深圳市国土资源和房产管理局宝安分局（甲方）、被征用土地单位深圳市宝安区公明街道塘家居民委员会（以下简称塘家居委会）（乙方）以及原深圳市宝安区公明街道办（丙方）共同签订《征地补偿协议书》（深国房宝补〔2004〕第74号），将包括地块

* 广东晟典律师事务所高级合伙人。

CQAZ06－001 在内的共 1900.15 亩土地征为国有，并向被征用土地单位塘家居委会支付土地补偿款和安置补助费，共计人民币 34346970 元。由于被征用土地单位塘家居委会与姚良坤就补偿问题未能达成一致意见，致使补偿事宜一直拖而未决。

2010 年 4 月 9 日，该地块功能由高新技术园区改变为光明新城“整体拆迁统建上楼”高新东（塘家）拆迁安置房用地。

2010 年 7 月，公明办事处委托深圳市华韵测绘科技有限公司对姚良坤的青苗、建（构）筑物及其附着物进行清点测绘，并将清点统计结果在塘家居委会“居务公开栏”中进行公开；深圳市同致诚土地房产估价顾问有限公司于 2010 年 6 月至 2011 年 1 月间对青苗、建（构）筑物及其附着物进行评估，评估总额为人民币 947355 元。2011 年 2 月 18 日，评估报告送达姚良坤，但其拒绝在送达回证上签字。之后，公明办事处一直与姚良坤就补偿安置事宜进行协商，但始终未能达成一致意见。

基于以上事实，深圳市规划与国土资源委员会光明管理局应公明办事处申请，于 2011 年 5 月 12 日作出《征地补偿决定书》（深规土光〔2011〕66 号），决定书直接向塘家居委会发出，其内容如下：（1）地块 CQAZ06－001 的土地补偿款和安置补助费归塘家居委会所有并已全额支付。关于地上青苗、建（构）筑物及其附着物的补偿，根据评估报告确定的评估价值由公明办事处支付给塘家居委会。属于第三人姚良坤所有的，由塘家居委会支付给第三人姚良坤。关于补偿款的内部分配问题，由塘家居委会与第三人姚良坤自行协商解决，协商不成的，可依据当事人双方的约定向人民法院提起民事诉讼。（2）本决定书生效之日起 5 日内，公明办事处将地上青苗、建（构）筑物及其附着物的补偿款共计人民币 947355 元一次性支付给塘家居委会。（3）塘家居委会、第三人姚良坤应在本决定书生效之日起 10 日内迁出。（4）本决定书自送达之日起生效。被征地单位对本决定不服的，可以在决定书生效之日起 60 日内申请行政复议或 15 日内向人民法院提起诉讼。

二、处理过程

（一）行政复议

姚良坤不服深圳市规划与国土资源委员会光明管理局于2011年5月12日作出的《征地补偿决定书》，以深圳市规划与国土资源委员会为被申请人，向深圳市人民政府行政复议机关申请复议。

申请人姚良坤认为：被申请人的征收决定明显违法，严重侵害了申请人的合法权益，请求予以撤销。具体理由是：

1. 申请人享有该征收地块的承包经营权，符合法律规定。

2. 补偿决定中“涉及的土地范围内的土地补偿款和安置补助费，被申请人已与塘家委员会签订《补偿协议书》，且支付土地款和安置补助费”的行为明显与中共中央、国务院关于当前农业和农村经济发展的若干政策措施及《土地管理法》的规定相违背，是无效的。申请人在收到本补偿决定时才知道申请人承包经营的养猪场被征收，更未收到关于申请人承包的养殖场被征收的任何补偿，申请人不认可该《补偿协议书》。

3. 被申请人在未与申请人协商选定评估机构的情况下，单方委托没有经营损失评估资质的评估机构评估，且对申请人经营损失没有进行评估，此行为明显不当，该评估结果不能作为征收的依据。

4. 申请人享有合法承包经营权的养殖场被征收，征收单位理应按照《土地管理法》《物权法》的规定给予补偿；应当与申请人就关于安置补助费、地上附着物和青苗的补偿费进行协商并将补偿款直接支付给享有承包经营权的申请人。

5. 该征收决定明确叙述征收申请人享有承包经营权的养殖场土地的用途为安置房项目建设，申请人强烈要求征收部门将征收该地块的政府规划相关文件公开，不得改变征收土地的用途。

6. 《土地管理法》《物权法》《国有土地上房屋征收与补偿条例》均属于上位法、新法，其效力远高于《深圳市征用土地实施办法》，应当按照上位法的规定进行补偿。

被申请人深圳市规划与国土资源委员会答复称：被申请人依法履行法定职责，所作具体行政行为所依据的事实清楚、证据充分、程序合法、适用法律正确，请求予以维持。具体理由如下：

1. 依据《深圳市土地征用与收回条例》第三条[①]、第十条[②]之规定，被申请人具有作出《征地补偿决定书》的法定职权。

2. 被申请人依法作出《征地补偿决定书》所依据的事实清楚、证据充分。根据2003年4月25日市政府常务会议纪要以及2003年12月26日光明新区工作会议纪要《公明光明高新园征地协调会议纪要》（深宝府会纪〔2003〕183号）的相关决定，公明光明高新园区征地工作开始实施。2004年8月18日，深圳市规划与国土资源局宝安分局和原深圳市宝安区公明街道办签订《光明南高新技术园区（公明片区）用地补偿工作包干协议书》，约定由原深圳市宝安区公明街道办包干负责光明辖区的土地及地上青苗、附着物、建（构）筑物等征收补偿工作。2006年9月10日，深圳市国土资源和房产管理局宝安分局、被征用土地单位塘家居委会以及原深圳市宝安区公明街道办共同签订《征地补偿协议书》，将包括地块CQAZ06-001在内的土地征为国有，并向被征用土地单位塘家居委会支付了土地补偿款和安置补助费。由于被征用土地单位塘家居委会与申请人就补偿问题未能达成一致意见，致使补偿事宜

① 《深圳市土地征用与回收使用权条例》第三条规定：深圳市人民政府（以下简称市政府）根据国家法律、法规和有关用地规划的规定，作出征用土地的决定。市政府土地管理部门（以下简称主管部门）是负责组织实施征用土地与收回土地工作的主管部门。主管部门的派出机构（以下简称派出机构）受主管部门的委托组织实施征用土地或收回土地工作。主管部门或派出机构组织实施征用土地或收回土地，可以委托开发建设单位办理补偿、安置等方面的具体事务。

② 《深圳市土地征用与回收使用权条例》第十条规定：征用土地或收回土地需给予补偿、安置的，主管部门或派出机构应当在被征用或被收回土地的决定送达之日起60日内，就补偿、安置事宜与当事人进行协商。超过本条前款规定的期限，未能与当事人达成补偿、安置协议的，主管部门或派出机构应当在30日内作出征用土地或收回土地的补偿安置决定。按本条第二款规定作出补偿安置决定后，当事人不履行，又不在规定的期限内交出土地及其地上建筑物、附着物的，主管部门或派出机构可以申请人民法院强制当事人迁出。

一直拖而未决。被申请人于2010年4月9日核发《深圳市建设项目选址意见书》，本案所涉CQAZ06－001地块被纳入选址范围，4月21日核发用地预审《关于光明新城“整体拆迁统建上楼”高新东（塘家）拆迁安置房用地的审查意见》。2010年7月，公明办事处重新委托深圳市华韵测绘科技有限公司对姚良坤的青苗、建（构）筑物及其附着物进行清点测绘。深圳市同致诚土地房产估价顾问有限公司于2010年6月至2011年1月间对青苗、建（构）筑物及其附着物进行评估。2011年2月18日，评估报告送达申请人，但其拒绝在送达回证上签字。之后，公明办事处与申请人就补偿安置事宜进行协商，但始终未能达成一致意见。被申请人于2011年5月12日作出《征地补偿决定书》，并于5月28日送达塘家居委会和申请人，且已将土地补偿款和安置补助费足额支付给塘家居委会。因此，被申请人作出《征地补偿决定书》依据的事实清楚、证据充分。

3. 被申请人作出的《征地补偿决定书》程序合法、适用法律正确。2006年9月10日，因公明光明高新园区建设需要，深圳市国土资源和房产管理局宝安分局、塘家居委会以及原深圳市宝安区公明街道办签订三方《征地补偿协议书》，将包括地块CQAZ06－001在内的土地征为国有。原深圳市宝安区公明街道办一直与申请人就补偿安置事宜进行协商，但始终未达成一致意见。

根据《深圳市征用土地实施办法》第十八条的规定，对补偿方案有异议并且在征地公告发布后不能按期签订补偿安置协议的，由主管部门或派出机构作出补偿安置决定书，并申请公证机构将征地补偿费予以提存处理。被申请人于2011年5月12日作出《征地补偿决定书》，并于5月28日予以送达。该决定明确告知当事人依法享有行政复议或行政诉讼的权利。因此，被申请人作出的《征地补偿决定》程序合法、适用法律正确。

4. 光明新城“整体搬迁统建上楼”高新区（塘家）拆迁安置房用地项目已进入启动阶段，CQAZ06－001号地块处在项目范围之内。根据《深圳市住房建设规划2011年度实施计划》，光明新城“整体搬迁统建上楼”高新区（塘家）拆迁安置房用地属于光明新区保障性住房建设项目之一，目的是为改善民生，保障公共利益需要。2011 年 6 月 1 日，被申请人对光明高新区塘家社区（龙大高速西侧）2010 - 00N - 006 号地块办理了建设用地规划许可证，本案所涉 CQAZ06 - 001 号地块在项目范围之内。

复议机关认为：根据被申请人提交的证据及所作出的《征地补偿决定书》，本案有关征地的补偿项目符合规定，支付金额于法有据；被申请人决定的土地补偿款和安置补助费归被征地单位所有，青苗、建（构）筑物及其附着物的补偿亦符合法律、法规及规章规定；补偿决定的其他各项内容亦无不妥之处。申请人与被征地单位之间的补偿争议属另一法律关系，应另循法律途径解决。故驳回申请人的复议申请。

复议决定：维持被申请人深圳市规划和国土资源委员会以《征地补偿决定书》作出的具体行政行为。

（二）法院审理

姚良坤不服行政复议决定书，以深圳市规划与国土资源委员会为被告，以公明办事处为第三人，于 2011 年 9 月 7 日向深圳市光明新区人民法院提起行政诉讼，法院受理案号为（2011）深宝法行初字第 71 号。

原告姚良坤诉称：被告作出的《征地补偿决定书》错误，应当予以撤销。主要理由为：

第一，该补偿决定没有前提事实依据。根据《土地管理法》第四十六条、《土地管理法实施条例》第二十五条的相关规定，征用土地应当就征地相关事项在被征用土地所在地的乡（镇）、村予以公告。被告在补偿决定中称包括地块 CQAZ06 - 001 的土地虽已被征收，但至今未见任何征地公告。因此并不存在政府征收土地的情况，更无从发生征地补偿，即被告做出征地补偿决定没有征地的前提事实依据。

第二，征地补偿决定遗漏了原告对地块 CQAZ06 - 001 享有农村土地承包经营权的事实。原告的父亲和几个亲戚作为村民于 1983 年共同承包了位于公明街道原东坑村、甲子塘村、塘家村共有的养殖场，后其他承包经营者退出经营，该养殖场由原告父亲一人承包。按照原告父亲与村集体经济组织的约定，原告父亲享有该养殖场的永久承包经营权。原告父亲去世后，该承包经营权被原告合法继承，原告父亲和原告始终按照承包合同的约定，对该养殖场经营至今。按照1993年11月5日中共中央、国务院《关于当前农业和农村经济发展的若干政策措施》规定，为了稳定土地承包关系，鼓励农民增加投入，提高土地生产率，在原定的耕地承包期到期后，再延长30年不变。因而，申请人从1993年11月5日起仍至少享有该养殖场30年的承包经营权。

第三，征地补偿的主体及补偿方法错误。原告是地块CQAZ06-001的合法使用权人，有权获得征地补偿，被告的征地补偿决定却将原告置于征地补偿权利主体之外，显然主体错误；地块CQAZ06-001已为原告合法从事养殖经营，按照《土地管理法》第四十七条第一款“征收土地的，按照被征收土地的原用途给予补偿”的规定，原告应当依该用途获得补偿。

第四，补偿决定内容违背了法律上的权利与义务相一致的基本原则。尽管补偿决定部分承认了原告在地块CQAZ06-001上享有建（构）筑物及其附着物，但未将原告列为被决定主体；在决定第三项后部规定“姚良坤应于本决定生效之日起10内迁出”，却是在给原告设定义务，违反法律上权利与义务相一致原则。综上所述，原告认为被告作出的《征地补偿决定书》中所认定的事实与实际不符，其决定结果与法律相悖，故请求法院依法撤销被告作出的《征地补偿决定书》。

被告深圳市规划与国土资源委员会辩称：被告作出的《征地补偿决定书》正确合法。主要理由为：

第一，被告具有作出《征地补偿决定书》的法定职权，且所依据的事实清楚、证据充分、程序合法、适用法律正确。（1）被告具有作出《征地补偿决定书》的法定职权。《深圳市土地征用与收回条例》第三条规定：“市政府土地管理部门是负责组织实施征用土地与收回土地工作的主管部门、主管部门的派出机构受主管部门的委托组织实施征用土地或收回土地工作”。该条例第十条亦明确规定，主管部门或派出机构在补偿安置事宜与当事人无法达成协议时，有权就征用土地的补偿安置作出决定。（2）被告作出《征地补偿决定书》所依据的事实清楚，证据充分。根据2003年4月25日市政府常务会议纪要以及2003年12月26日《公明光明高新园区征地协调会议纪要》的相关内容，公明光明高新园区征地工作开始实施。2004年8月18日，深圳市规划与国土资源局宝安分局和原深圳市宝安区公明街道办签订《光明南高新技术园区（公明片区）用地补偿工作包干协议书》，约定由原深圳市宝安区公明街道办包干负责龙大公路两侧用地的土地及地上青苗、附着物、建（构）筑等征收补偿工作。2006年9月10日，深圳市规划与国土资源局宝安分局、被征用土地单位塘家居委会以及深圳市宝安区公明街道办共同签订《征地补偿协议书》，将包括地块CQAZ06-001在内的土地征为国有，并向被征用土地单位塘家居委会支付了土地补偿款和安置补助费。由于被征用土地单位塘家居委会与本案原告就补偿问题未能达成一致意见，致使补偿事宜一直拖而未决。2010年初，光明新城“整体搬迁统建上楼”高新区（塘家）拆迁安置房用地项目建设启动，被告于2011年4月9日核发《深圳市建设项目选址意见书》，本案所涉CQAZ06-001地块被纳入选址范围。4月21日核发用地预审《关于光明新城“整体搬迁统建上楼”拆迁安置房用地的审查意见》。2010年7月，深圳市光明新区公明办事处（以下简称公明办事处）重新委托深圳市华韵测绘科技有限公司对本案原告的青苗、建（构）筑物及其附着物进行清点测绘。深圳市同致诚土地房产估价顾问有限公司于2010年6月至2011年1月间对青苗、建（构）筑物及其附着物进行评估。2011年2月18日，评估报告送达本案原告，但其拒绝在送达回证上签字。之后，公明办事处与本案原告就补偿安置事宜进行协商，但始终未能达成一致意见。被告于2011年5月12日作出《征地补偿决定书》，并于5月28日送达塘家居委会和本案原告。因此，被告作出《征地补偿决定书》依据的事实清楚、证据充分。（3）被告作出《征地补偿决定书》程序合法、适用法律正确。2006年9月10日，因公明光明高新区建设需要，深圳市国土资源和房产管理局宝安分局、塘家居委会及公明办事处签订三方《征地补偿决定书》，将包括地块 CQAZ06－001 在内的土地征为国有。此后，公明办事处一直与本案原告就补偿安置事宜进行协商，但始终未能达成一致意见。为此，根据《深圳市征用土地实施办法》第十八条的规定，对补偿方案有异议并且在征地公告发布后不能按期签订补偿安置协议的，由主管部门或派出机构作出补偿安置决定书，并申请公证机构将征地补偿费予以提存处理。被告于 2011 年 5 月 12 日作出《征地补偿决定书》，并于 5 月 28 日予以送达。该决定明确告知当事人依法享有行政复议或行政诉讼的权利。因此，被告作出《征地补偿决定书》程序合法、适用法律正确。

第二，本案原告并非本案适格主体，其与被征用单位之间无论是否存在补偿争议均应另循法律途径解决。本案原告并未提供任何证据证明其对涉案养猪场享有合法的承包经营权。被告已将土地补偿费和安置补助费足额支付给塘家居委会，本案原告即便有充分证据证明其对于涉案养猪场享有权利，亦应由其与塘家居委会协调解决。

第三，光明新城“整体拆迁统建上楼”高新区（塘家）拆迁安置房用地项目已进入启动阶段，CQAZ06－001 地块处在项目范围之内。根据《深圳市住房建设规划 2011 年度实施计划》，光明新城“整体搬迁统建上楼”高新区（塘家）拆迁安置房用地属于光明新区保障性住房建设项目之一，目的是为改善民生，保障公共利益。2011 年 6 月 1 日，被告对塘家社区（龙大高速西侧）2010－00N－0016 号地块办理了建设用地规划许可证，本案所涉 CQAZ06－001 号地块在项目范围之内，本案原告的滥诉行为已经严重妨碍项目的实施。

综上，被告依法履行法定职责，所作具体行政行为所给依据的事实清楚、证据充分、程序合法、适用法律正确、土地利用合法、符合国家政策规定，本案原告在起诉状中诉称的理由不能成立。

光明新区人民法院认为：根据《深圳市征用土地与收回土地使用权条例》第三条、《深圳市征用土地实施办法》第十八条的规定，被告深圳市规划和国土资源委员会作为市政府土地管理部门，是负责组织实施征用土地与收回土地工作的主管部门，光明管理局系被告的派出机构，具体负责光明辖区内土地征用工作，对于在征用土地和收回土地过程中产生的补偿安置争议有权做出补偿安置决定。但在做出相关决定时应当具备行政决定的形式要件，并遵照法律、法规规定的范围和程序。

本案中，被告以公文形式将“塘家居委会”作为主送机关，将原告作为抄送对象，对“公明办事处”的申请人地位及“塘家居委会”的被申请人地位均未予以列出，在送达本诉补偿决定时亦未向申请人公明办事处送达，应属程序违法。

原村民委员会的行政管理职能应当归于居委会，而经济职能则归于股份合作公司。被告作出的本诉《征地补偿决定书》系针对公明办事处和塘家居委会之间的补偿争议，涉及的是原塘家村集体经济组织的经济权益，未以继受原村集体经济组织经济权益和义务的“股份合作公司”作为决定的当事人，却以承载原村委会行政管理职能的“居委会”作为当事人，亦属程序错误。

同时，在征用土地和收回土地的法律关系中，被征用土地或被收回土地一方的当事人范围应为“被征用土地的使用存在合同关系并涉及补偿的”主体，法律地位为“第三人”，并不包含在“当事人”范围之内。本案中，被征用土地单位为塘家村集体经济组织；即便姚良坤具有合法的承包权，其法律地位亦仅属法律关系中的“第三人”，而不属于征用土地和收回土地的法律关系中的“当事人”；基于原先所产生的补偿纠纷，是原告与塘家村集体经济组织之间因对被征用土地的使用是否存在合同关系并涉及补偿而发生的民事纠纷，并非在征用土地和收回土地过程中所发生的补偿安置纠纷，该纠纷依法应当通过被征用土地单位与原告姚良坤协商解决。原告不属于《深圳市征用土地与收回土地使用权条例》中规定的“当事人”范围，被告在作出本《征地补偿决定书》时却将其纳入决定范围，并在决定主文中要求其“应在本决定生效之日起 10 日内迁出”，不仅扩大了行政主体有权对其作出征地补偿决定的对象范围，还对不属于征地补偿决定范围的对象赋予法律义务，其决定的该部分内容已经超越了被告关于征地补偿决定的法定职权。

判决结果：撤销被告深圳市规划和国土资源委员会于 2011 年 5 月

12 日作出的《征地补偿决定书》。

三、法律分析

通过本案的行政复议及行政诉讼，我们可以对本案的事实进行如下的法律分析：

1. 本案征地的目的是光明新城“整体搬迁统建上楼”高新区（塘家）拆迁安置房用地，属于光明新区保障性住房建设项目之一，是为了社会公共利益的需要。

2. 征收补偿关系中主体资格不存在问题。深圳市规划和国土资源委员会作为市政府土地管理部门，是负责组织实施征用土地与收回土地工作的主管部门，光明管理局系被告的派出机构，具体负责光明辖区内土地征用工作，对于在征用土地和收回土地过程中产生的补偿安置争议有权作出补偿安置决定。

本案中，被征用土地单位为塘家村集体经济组织，即便姚良坤具有合法的承包权，其法律地位亦仅属法律关系中的“第三人”，而不属于征用土地和收回土地的法律关系中的“当事人”。

3. 《征收决定书》在程序上存在瑕疵。（1）在《征收决定书》的公文形式上，深圳市规划和国土资源委员会光明管理局以公文形式将“塘家居委会”作为主送机关，将姚良坤作为抄送对象，对“公明办事处”的申请人地位及“塘家居委会”的被申请人地位均未予以列出明显不妥。（2）原村民委员会的行政管理职能应当归于居委会，而经济职能则归于股份合作公司。《征地补偿决定书》系针对公明办事处和塘家之间的补偿争议，涉及的是原塘家村集体经济组织的经济权益，未以继受原村集体经济组织经济权益和义务的“股份合作公司”作为决定的当事人，却以承载原村委会行政管理职能的“居委会”作为当事人，亦属程序错误。（3）姚良坤不属于《深圳市征用土地与收回土地使用权条例》中规定的“当事人”范围，深圳市规划和国土资源委员会光明管理局在作出本《征地补偿决定书》时却将其纳入决定范围，并在决定主文中要求其“应在本决定生效之日起 10 日内迁出”，不仅扩大了行政主体有权对其作出征地补偿决定的对象范围，还对不属于征地补偿决定范围的对象设定义务，其决定的该部分内容已经超越了深圳市规划和国土资源委员会光明管理局关于征地补偿决定的法定职权。

四、心得体会

通过对本案案情的了解及本案所涉及的法律问题进行分析，政府为了改善民生，为了社会公共利益的需要进行征地固然是好事，但在征地补偿过程中若出现程序上的瑕疵，即便在实体操作上依据法律、法规的规定进行处理，仍然存在得不到法律支持的风险。

（责任编辑：刘中舜）

船舶优先权的认定及其依据

——从一起海事诉讼一、二审判决的比较说起

周海荣*

船舶优先权是海商法中的一个概念。《海商法》第二十一条规定："船舶优先权，是指海事请求人依照本法第二十二条的规定，向船舶所有人、光船承租人、船舶经营人提出的海事请求，对产生该海事请求的船舶具有优先受偿的权利。"那么，这个优先权究竟优先到什么程度呢？对此我国《海商法》有明确规定。根据《海商法》第二十五条第一款的规定："船舶优先权先于船舶留置权受偿，船舶抵押权后于船舶留置权受偿。"也即，在船舶优先权、船舶留置权和船舶抵押权当中，最优先的是船舶优先权，其次是船舶留置权，再次才是船舶抵押权。

那么，究竟哪些权利属于船舶优先权呢？答案在《海商法》第二十二条，该条规定："下列各项海事请求具有船舶优先权：（一）船长、船员和在船上工作的其他在编人员根据劳动法律、行政法规或者劳动合同所产生的工资、其他劳动报酬、船员遣返费用和社会保险费用的给付请求；（二）在船舶营运中发生的人身伤亡的赔偿请求；（三）船舶吨税、引航费、港务费和其他港口规费的缴付请求；（四）海难救助的救助款项的给付请求；（五）船舶在营运中因侵权行为产生的财产赔偿请

* 法学博士、广东晟典律师事务所高级合伙人。

求。载运2000吨以上的散装货油的船舶，持有有效的证书，证明已经进行油污损害民事责任保险或者具有相应的财务保证的，对其造成的油污损害的赔偿请求，不属于前款第（五）项规定的范围。”

虽然立法上已经赋予了当事人这个超级优先权，但要实实在在地享受到它实非易事。下面要讲的是一个真实的案例。这个案例的特别之处在于，对于同样的事实，一审判决认为原告没有船舶优先权，而二审判决认为上诉人（即一审原告）有船舶优先权。鉴于被告的财产只剩下一条船舶（即肇事船舶），而被告公司又在航运业景气时将这条船舶以极高的估值给银行作了抵押贷款，参考波罗的海贸易海运交易所干散货运价指数已跌落至900点左右的低谷，甚至不足2008年金融危机之前接近12000点高位的1/10。故这条船舶在肇事时的估值已经远远低于银行的抵押贷款金额。如果原告提出的船舶优先权的请求不能成立，则即使法院判决要被告赔偿给原告再多钱也毫无意义。因为这条船所背负的抵押贷款足以“吃光”这条船的所有价值。若要避免原告的诉讼请求被银行的抵押权吃掉，就必须使原告的全部诉讼请求成为船舶优先权的一种。那么，认定一项海事请求权是否具有船舶优先权的依据究竟是什么？为什么这些事实或因素能够成为认定船舶优先权的依据？通常情况下，船舶优先权的依据主要源于《海商法》第二十二条的规定。但在有些情况下，《海商法》的其他规定也对船舶优先权的是否成立起着生死攸关的作用。本文想通过作者亲历的案例对此作一些分析。

一、天灾连着人祸

从深圳市区出发，沿着海岸往东驱车约40分钟左右就脱离了深圳地界。出深圳后第一站就是一个名叫小桂的出口。这是一个空间逼仄的海边小村，原始的小山包挺立在岸边不远处，坑坑洼洼的路面更多透露出的是人对于大自然的渴望和无奈。这个村的官名叫惠州市澳头镇东升渔村。这个东升渔村的特点就是海产丰富。这些丰富的海产既有大自然的馈赠，也来自村民们对海田的辛勤“耕种”。海鱼养殖在这里已经成为了百姓求生存谋发展的主要营生。站在村民们叫作老码头的地方朝海上望去，海面上漂着各种各样的渔排。有的渔排主要经营海鲜餐厅，通常这种餐厅还会兼营钓鱼业务，人往往比较多。另有一些渔排是纯粹的养殖，少有人光顾，但平静的渔排下面围养着数量惊人的鱼群。

原告两兄弟就经营着这样两个纯养殖渔排，合在一起有近百米长，20米左右宽，实际使用海域面积达1818平方米。鱼排的面层全部由长方形的木条连接而成，这些横竖交叉的木条也被当作人在渔排上行走的小径。排上建有木屋，供养鱼人和各自家眷居住。

天有不测风云。2012年7月23日深夜，台风“韦森特”来袭。作为渔民，他们并不是第一次遇到台风，他们收到台风预报后早早地把长长的渔排拖回岸边避风。但即便如此，他们的渔排仍未能逃过一场巨大的灾难。原来是他们的渔排被一艘数千吨重的砂船撞了。这艘砂船也不是故意想撞渔排的，而是由于锚链被拉断导致被强风挤向岸边，愣是将渔排整个儿“推”上了海岸。渔排内围养的鱼就这么被强行带到岸上，有部分幸运儿乘机逃入海水中，更多的鱼因在岸上缺水不幸干涸而死。这艘沙船就是被告公司所拥有的“粤东江2号”船。事故发生在漆黑的夜里（即7月24日凌晨时分），惠州市海事局指挥中心在台风正肆虐时就接到原告的报警求助电话。但当时台风还没有过去，指挥中心曾提出让渔政部门施救，但渔政部门称其船舶抗风能力不足，无法迎风出航实施施救，只能口头要求沙船方和渔排方人员自救。终于等到台风过去，指挥中心联系了两艘拖轮前来救助，但由于“粤东江2号”船已经搁浅且搁浅位置水深不足，故拖轮也被迫停止了现场救助。一直到2012年8月2日，即事故发生10日后，借助一轮较大的海潮上升，拖轮才将“粤东江2号”拖走。“粤东江2号”被拖走后，更靠岸边（实际已经完全上岸）的渔排才被由受害人开动两艘快艇将其拖入海中。在此之前，2012年7月24日和25日，即事故发生后第一天和第二天，渔政大队、海事局、水产技术推广站、澳头街道办、海洋与渔业局等人员组成的核查工作小组，详细了解了原告兄弟俩的养殖鱼和渔排设施的直接损失情况，并将此情况书面报告了“中华人民共和国惠州港海事处”和“惠州市海洋与渔业局大亚湾经济开发区分局”。这两个部门成立的联合调查组从2012年7月24日起对事故进行了调查。经过近4个月的调查，联合调查组出具了《广东惠州大亚湾7.23粤东江2号轮触碰渔排等养殖业事故的调查报告》。根据该报告的描述，“粤东江2号”国籍是中国，船籍港为东莞，总长108米，船宽21.50米，型深6米，总吨5153吨，净吨2885吨，船舶种类：自卸砂船，主机：内燃机（2台），总功率：2208KW，航区：内河A级。船舶建造时间：2011年1月，建造者：东莞众兴船舶制造有限公司。事故发生时“粤东江2号”轮上共有9名工作人员，其中仅两人有内河一类船长证书，其余7人未能提供任何适任证书。据中央气象台预报，2012年7月23日8时至24日8时受“韦森特”台风和西南季风的共同影响，南海中北部海域有7~9级大风，“韦森特”中心经过附近海域风力可达10~12级，阵风13级。据“粤东江2号”船员描述，事故发生时惠州港海域吹东南风，风力大约11级。查阅《潮汐表》，事故发生时惠州港海域潮汐为涨潮。由于“粤东江2号”事故时没有开启AIS设备，AIS回放记录未能显示“粤东江2号”的航迹数据。但结合当时的风向、风力、船员及受害渔排人员描述，仍可大致复原船舶事故中的漂移轨迹。该调查报告认定的事故经过为：2012年7月23日约20时，收到台风预警的“粤东江2号”在惠州港内1#锚地附近抛八字锚避台，左艏锚为霍尔锚，用钢丝缆连接，放出长度约100米，右艏锚为霍尔锚，用锚链连接，放出长度约100米。已打尾压载水，艉吃水约5米，艏吃水约1.5米。7月23日约22时，该轮值班船员发现船舶走锚，经检查发现右锚链已断，当时就马上启动主机顶风，因为风大，船左右摇摆，难以控制，船慢慢向西漂移，进入养殖水域，离渔排约0.8海里处，“粤东江2号”船螺旋桨被养殖青口的吊绳缠住，发动机失去动力，当时海面阵风有11级。7月24日约凌晨30分，船长拨打12395电话，向惠州海事局指挥中心报告该轮走锚及即将碰压渔排的险情，在指挥中心的要求下，“粤东江2号”开启AIS，随后在约凌晨40分右抛下艏锚，放出钢丝缆约70米。7月24日约凌晨50分，该轮右炫开始挤压渔排，并推住渔排一直往西漂移，直到与渔排一起搁浅在乞仔洲南边的礁石上。搁浅位置距该轮初始抛锚位置约2.5海里远。

对于事故的原因及责任判定，该调查报告认为：（1）走锚及锚链崩断是造成事故的直接原因。“粤东江2号”轮左艏锚使用钢丝缆连接不符合规范，造成该船的右艏锚及锚链承受了大部分的台风冲击力和海浪推力。在台风和海浪的综合作用下，船舶右锚链崩断并走锚。[①] 在船舶失控的情况下触碰到附近的渔排等养殖业，是造成事故的直接原因。“粤东江2号”轮违反了《海上交通安全法》第十条的规定。（2）恶劣环境因素是造成事故的间接原因。事故发生时正值2012年8号台风“韦森特”登陆期间，事故当时海域风向东南，风力11级，又值涨潮时间，在强风、潮汐和海浪的综合作用下，直接影响到船舶锚泊的安全，以致发生船舶走锚，并造成触碰渔排等养殖业损失的后果，恶劣环境因素是造成本事故发生的间接原因。（3）船员不适任是造成事故的间接原因。对于事故责任，该调查报告认为，此起事故的发生除台风“韦森特”影响的客观原因外，“粤东江2号”轮应承担起触碰渔排等养殖业事故的全部责任；渔排等养殖业固定在非航道、锚地海域，受到走锚漂移的“粤东江2号”船触碰，不承担本起触碰事故的责任。

二、一审判决的认定：它竟是一条内河船

原告在2012年10月10日向广州海事法院提出诉讼［案号分别为（2012）广海法初字第998号和第999号］。在原告的赔偿请求后面还有一项特殊的诉讼请求，即，请求人民法院依法确认原告的诉讼请求具有船舶优先权。因为原告主张的损害赔偿请求，是基于被告名下“粤东江2号”船舶的侵权事实，根据《海商法》第二十二条第（五）项的有关规定，船舶在营运中因侵权行为产生的财产赔偿请求具有船舶优先权。

那么，我国《海商法》第二十二条第（五）项规定中的“船舶”

① 所谓走锚，是一个海事专业用语，船舶停泊时一般向海底下两个大铁锚，如果其中一个锚链断裂，船舶就只能靠另一只锚固定其位。但如这剩下的一只锚无力固定船舶的位置，那么船舶就会拖着这只锚移动，出现类似锚在走动的情形。——本文作者注

是什么船舶呢？我国《海商法》第三条对船舶进行了定义：“本法所称船舶，是指海船和其他海上移动式装置，但是用于军事的、政府公务的船舶和20总吨以下的小型船艇除外。前款所称船舶，包括船舶属具。”根据这一规定，只有海船及其他海上移动式装置才属于海商法管辖。在海事调查报告中已经确认“粤东江2号”是一艘内河船。

在广州海事法院一审开庭过程中，肇事船“粤东江2号”的“身份”信息进一步得到确认。经查，广东省交通运输厅于2011年12月9日作出《关于同意东莞市淦昌建材有限公司开业的批复》（粤交水〔2011〕1605号），该批复中说：“你司淦昌字〔2011〕06号文悉。你司经我厅粤交水〔2011〕1325号文批准筹建完毕，经研究，同意你司开业，经营范围：广东省内河普通货船运输。同意你司‘粤东江1号’自卸砂船（总吨5150、载货量8250.57吨）、‘粤东江2号’自卸砂船（总吨5153、载货量8533.59吨）经营广东省内河各港间普通货物运输（该船舶检验证书载明航区），请按规定办理《水路运输许可证》和《船舶营业运输证》手续”。被告东莞市淦昌建材有限公司在一审过程中还提供了中华人民共和国水路运输证（广东省交通运输厅发，确认该公司主营旅客运输及货物运输【从事广东省内河普通货物运输】）、船舶年审合格证（广东省东莞市交通运输局发，确认本船核定的经营范围是【从事广东省内河各港间普通货物运输［该船舶检验证书载明航区］】）、内河船舶检验证书簿（广东省船舶检验局东莞分局发）。

据此一审判决认定：“‘粤东江2号’轮于2011年1月17日建成，钢质散货船，船舶总长108.00米，船宽21.50米，型深6米，总吨5153吨，船舶所有人、船舶经营人均为被告。该轮持有内河船舶适航证书，准予航行A级航区，作自卸砂船用。载货量：内河A类8533.59吨，内河B类8547.15吨。该轮的船舶国籍证书、内河船舶适航证书等均在有效期内。其中，该轮的船舶最底配员证书载明船舶最低安全配员为12人”。

一审判决在“本院认为”部分，对船舶优先权作出了如下结论：“原告主张前述涉案事故损失具有船舶优先权，因‘粤东江2号’轮为内河船而非海船，依照《中华人民共和国海商法》第三条的规定，该轮不适用《中华人民共和国海商法》有关船舶优先权的规定，原告的主张缺乏法律依据，不予支持。”

三、二审判决的看法：它其实是一条海船

一审判决否决了原告提出的船舶优先权的请求，理由就是涉案肇事船舶的身份。因为船舶优先权是《海商法》中特有一项制度，而内河船舶以及内河运输不属于《海商法》的适用范围，内河船舶的责任问题被规定在交通部颁布的《国内水路货物运输规则》中。

但是在世界各国的海商法中，船舶在营运中因侵权行为而引起的财产赔偿请求，都被列入船舶优先权的范畴。我国《海商法》之所以也如此规定，有学者认为主要是出于两个公共政策方面的原因：“首先，是鼓励安全航海；其次，是为了保护那些因过失方的疏忽而受到伤害的人。”[①] 在我看来，此项立法的主要动机是与国际惯例接轨，船舶优先权制度是国外比较成熟的一项海商法制度，经过了数百年的海上运输实践，相对能平衡船舶所有人和经营人与相关各方的权利义务。当然，将侵权行为引入其中可以起到限制船舶所有人及经营人在海上的任意及不当行为的作用，对受害人的保护当然就更不必说了。

联系到本案，如果不确认侵权受害人的优先权，那么，侵权受害人的权利将被排在船舶抵押权人之后。而抵押权人实际上是半个物主，其法律地位与船东是相对一致的，即抵押权人对船舶同样应有管理义务。换言之，抵押权人实际也是侵权的一方，若侵权受害人的权利排在船舶抵押权人之后，将造成不保护受害人反倒要先保护侵权人的可悲局面。这样的后果肯定不应当是任何法律追寻的目标，凭什么不保护受害人反而要先保护侵权人呢？

所以，对于我国《海商法》引入船舶优先权制度的原因，大连海事大学的司玉琢教授认为：“船舶优先权的项目，实际上是指受船舶优

① 傅廷中：《海商法论》，法律出版社 2007 年版，第 49～52 页。

先权担保的海事请求权项目……我国在制定《海商法》时，借鉴了国外的经验并参考了国际公约的规定，将下列几种海事请求列入受船舶优先权担保的项目：……5. 船舶在营运中因侵权行为产生的财产赔偿请求。”[①] 笔者认为，这一看法是比较符合客观实际的。

一审判决的否决理由看起来似乎事实依据和法律依据均非常充分，但这仅仅是表面现象，实际上并非如此。

首先来看事实依据。一审判决认定涉案船舶的身份为内河船，但人们不禁要问，为什么这条内河船会触碰到海里的渔排呢？

原来，肇事船“粤东江 2 号”从 2012 年 5 月 31 日起就被中华人民共和国惠州港海事处处以“责令停航”的海事行政强制处罚，处罚理由是该船被准予在内河 A 级航区航行，但该海事处执法人员在海上巡查中发现该船停泊在惠州港泽华码头东侧沙场水域作业，而惠州港水域是沿海水域，该船超过核定航行航区，现已处于不适航状态，故依据《海上交通安全法》第十九条一款第（二）项的规定对其实施责令停航的强制措施，处罚期限为 60 天。该船在台风“韦森特”来临时正被责令停泊在惠州港水域的一号锚地。也就是说，这艘“内河船”的确做了不符合其合法身份的事。那么，它是否一贯如此呢？

为了使案件的真相得到彻底查明，我方在二审开庭前及二审庭审中正式向二审法院提出申请，请求法院向“粤东江 2 号”船舶所涉的两家海事局，即东莞海事局及惠州海事局进行调查，查明“粤东江 2 号”从船舶登记之日起的所有航行轨迹。只要查明该船并没有内河航行的“历史”，就能得知它的过往航行轨迹。如果这条船从下水之日起一直在海上航行，那么根据我国《海商法》第三条“本法所称船舶，是指海船和其他海上移动式装置”的规定，又有什么理由不确认它是《海商法》管辖范畴的船舶呢？

在二审过程中，正当我方为“粤东江 2 号”船的航行轨迹发愁之时，船东的一个举动反倒帮了我们的忙。船东东莞市淦昌建材有限公司

① 司玉琢主编：《海商法（第 3 版）》，法律出版社 2012 年版，第 382 页。

为了避免再与海事处执法人员发生不愉快的遭遇，故向广东省交通运输厅提出扩大航行水域的申请，即，将原定的内河水域扩大至沿海水域。广东省交通运输厅于2014年7月30日给出了如下批复（水交〔2014〕986号）："东莞市淦昌建材有限公司：你司《关于我公司扩大经营范围从事广东省至香港、澳门航线普通货船运输的申请》悉。经研究，批复如下：(1) 同意你司扩大经营范围从事港澳航线水路砂石运输业务。(2) 同意你司经营'粤东江1号'自卸砂船（总吨位5150、净吨位2884、载货量8250.57吨、主机功率2×110KW）、'粤东江2号'自卸砂船（总吨位5153、净吨位2885、载货量8533.59吨、主机功率2×110KW）运输出口砂石（依据你司与中国广州经纪技术合作有限公司签订的天然砂料出口香港、澳门航线，航行有效期至2015年3月31日止）。请按规定向有关部门办理船舶、船员证书。"

被告方"自投罗网"的做法彻底解救了被法律条文困住的当事人和法院。在这里，需要说明的是，我方之所以能挖掘到这条证据，原因有两个：一方面，是被告方没有意识到优先权争议的核心是船舶的身份，更不能体会有优先权一方的关切，他们可能觉得优先权问题没有什么意义，因为不论是船舶优先权在前还是船舶抵押权在先，作为债务人其所看到的都是债务，对他们而言都是一样的；另一方面，他们可能忽略了政府信息公开的做法，没有料到他们的申请结果会被公布。但不管怎么说，这个证据对我方而言当然是非常有利的。

其次，从法律方面来看，一审判决更是犯了明显的错误。这可以从以下两个方面来分析：

1.《海商法》第三条虽然规定该法所称的船舶是指海船，但对于什么叫海船该法并没有进一步给出明确的定义。为了解决实际操作中对"海船"这个名词理解的把握，最高人民法院曾予以明确。《最高人民法院关于适用〈中华人民共和国海事诉讼特别程序法〉若干问题的解释》（法释〔2003〕3号，自2003年2月1日起施行）第三条的规定：《海事诉讼特别程序法》第六条规定的海船指适合航行于海上或者通海水域的船舶。"《海事诉讼特别程序法》第六条是关于海事诉讼地域管辖的规定，该条规定："海事诉讼的地域管辖，依照《中华人民共和国民事诉讼法》依照的有关规定。下列海事诉讼的地域管辖，依照以下规定：（一）因海事侵权行为提起的诉讼，除依照《中华人民共和国民事诉讼法》第二十九条至第三十一条的规定以外，还可以由船籍港所在地海事法院管辖；（二）因海上运输合同纠纷提起的诉讼，除依照《中华人民共和国民事诉讼法》第二十八条的规定以外，还可以由转运港所在地海事法院管辖；（三）因海船租用合同纠纷提起的诉讼，由交船港、还船港、船籍港所在地、被告住所地海事法院管辖；（四）因海上保赔合同纠纷提起的诉讼，由保赔标的物所在地、事故发生地、被告住所地海事法院管辖；（五）因海船的船员劳务合同纠纷提起的诉讼，由原告住所地、合同签订地、船员登船港或者离船港所在地、被告住所地海事法院管辖；（六）因海事担保纠纷提起的诉讼，由担保物所在地、被告住所地海事法院管辖；因船舶抵押纠纷提起的诉讼，还可以由船籍港所在地海事法院管辖；（七）因海船的船舶所有权、占有权、使用权、优先权纠纷提起的诉讼，由船舶所在地、船籍港所在地、被告住所地海事法院管辖。"《海事诉讼特别程序法》第六条有多处出现了"海船"这个概念，而法释〔2003〕3 号司法解释正是为了填补立法所采用的特定名词的含义空缺。从法释〔2003〕3 号司法解释的理解来看，它主要是从船舶活动的地理属性来破解船舶身份的归属的。这一视角与我国国内的主流学术观点不谋而合。

如我国《海商法》较早时期的权威学者魏文达教授就认为："海商法所称的'船舶'，除军事舰艇外，任何能在海上航行的船舶均包括在内。凡是不能在海上航行的船舶均不包括海商法所指定船舶范围之内。"[①] 在魏教授看来，能在海上航行与不能在海上航行是区分海商法是否予以管辖的标准。

我国现阶段海商法权威学者司玉琢先生认为："海船是指具有海上

① 魏文达编著：《海商法》，法律出版社 1984 年版，第 5 页。

航行能力的机动或非机动船舶。”①“一般来说，海船是指具有海上航行能力的机动或非机动船舶；海上移动装置则指具有自航能力的可在海上移动的装置，如海上钻井平台等。”②

海商法学者傅廷中认为：“海商法由其性质所决定，其适用的范围当然是针对海上而言，具体地说，就是指海上或与海相通的可航水域”。③ 这个概念很接近法释〔2003〕3号司法解释的表述。但遗憾的是，傅在进一步解释其概念时又将登记因素塞入海船了：“按船舶的登记形式划分，可将船舶分为海船和非海船。海船是指具有海上航行能力并登记为海船的船舶；非海船是指不具有海上航行能力或虽具有海上航行能力，但不是以海船名义登记的航行于江河、湖泊的船舶。海商法对海船和非海船的适用程度是不同的，例如，关于海上货物运输合同的规定，只适用于海上货物运输的船舶，而船舶碰撞、海难救助和共同海损等制度，对于非海船也同样适用。”

武汉大学的张湘兰教授认为：“构成我国《海商法》上的船舶，必须具备如下几个要件：（1）作为一种‘装置’，它应当是构造物。船舶本身是一个合成物，由船体、桅樯、船机、甲板、船舱等部分构成，同时还要配备锚链、罗经、海图、探测仪、消防救生设备等属具。竹筏、木排等由于不具有一定的构造，不能被视为海商法上的船舶。（2）它应当具备航行功能，以移动为目的。如果不能航行，如灯船、驳船、无动力的石油钻井平台等，在一般情况下不属于海商法的调整范围。但我国《海商法》对船舶航行的动力并无限制，即使是非机动船，只要具备航行器具，如风帆等，也可作为《海商法》上的船舶。（3）它应当能在海上或与海相通的水域航行，即属于海船。这是指在海上航行或江海之间航行的船舶，才是我国《海商法》调整的对象，而航行于我国内湖或内河的船舶，虽然也是航行于水面或水中，但不能算作《海商

① 司玉琢等编著：《新编海商法学》，大连海事大学出版社1999年版，第59页；司玉琢主编：《海商法》，法律出版社2012年版，第19页。

② 傅廷中：《海商法论》，法律出版社2007年版，第11页。

③ 傅廷中：《海商法论》，法律出版社2007年版，第26页。

法》上的船舶，因为内河船舶与海上航行的海船在船舶构造、性能以及对航行的要求、船员的配备等方面有所不同”。[①] 张教授的第三点看法也支持法释〔2003〕3 号司法解释所下的定义。

中国政法大学张丽英教授认为：“海商法的重心在‘海’，从海上伸入内陆的‘水’，应以海船能达到的‘水’为标准，适用海商法，‘海’的止境是海船不能达到的地方，即使其上游变宽变深又可供海船航行。例如，江河湖泊地带，仍不能视其为与海相通的水域，这些区域也不应适用海商法。当然，可供船舶航行也不是绝对的，如在海边的浅滩部分或海湾处，虽然其深度不能供海船航行，但仍是海的一部分，如在这些地方发生船舶碰撞、共同海损、救助、船舶搁浅等事件，仍应适用海商法的规定。依航行的区域可将船舶分为海船和非海船。海船为在海上航行的船舶。非海船是指在内河航行的船舶。我国《海商法》的大部分规定主要适用于海船。由于我国的国情，内河航行及沿海运输一直与远洋运输分别实行不同的制度，因而区分海船和非海船就显得尤为重要了”。[②] 张教授从《海商法》的本质来解读海船，其观点也是支持法释〔2003〕3 号司法解释对海船所作的解释的。

在办理本案过程中，笔者向二审法院提供了以上学者的观点。除此以外，笔者还向法院提供了吴焕宁、傅旭梅、郭瑜及莫世健等学者的学术观点和意见。

2. 在一个案件中针对同一条船舶的属性能否作出不同的定性？在本案中被告提出了船舶所有人责任限制的答辩意见并向一审法院申请设立海事赔偿责任限制基金，这是基于肇事船舶是海船提出的请求。从当事人的角度来看，尽管其做法的理由涉嫌严重互相矛盾，但也无可厚非。但作为法院来说，必须能甄别出当事人一方的主张中所包含的前提或理由是否互相一致或能否成立。而在本案中一审法院现一方面以被告的肇事船舶为海船为由，同意其船东享有责任限制的权利，另一方面却

① 张湘兰主编：《海商法》，武汉大学出版社 2008 年版，第 18 页。

② 张丽英：《海商法学》，高等教育出版社 2010 年版，第 5 页、第 14 页。

以其登记身份不是海船为由，否定原告以海船为由提出的船舶优先权，可见，一审判决中可能有一个决定是错误的。

在本案二审庭审过程中，笔者作为上诉人的代理律师指出，本案涉案肇事船舶虽以内河船舶的身份登记在东莞海事局，但其案发前被执法部门逮到的违法作业地就是惠州港海域。后来发生碰撞的地点就在其从停泊锚地漂移到海岸边的海途之中，且该船在解除扣押后一直在宽达30 公里的琼州海峡上面航行作业，它从海南岛北岸抽挖海砂，然后运输到在雷州半岛湛江港附近砂场卸砂。此外，淦昌公司在二审庭审的过程中为“粤东江 2 号”轮取得了交通行政主管部门新的批复，使其有权在香港、澳门海岸水域通航。《海域使用管理法》第二条的规定：“本法所称海域，是指中华人民共和国内水、领海的水面、水体、海床和底土。本法所称内水，是指中华人民共和国领海基线向陆地一侧至海岸线的海域。”因此，该船无疑应被认定为航行于海上或者通海水域的船舶，理所当然应作为海船来对待。

广东省高级人民法院在二审判决中指出：“本案事实表明，涉事船舶‘粤东江 2 号’轮虽登记为内河船，但其事发前在沿海水域惠州港水域作业，并因该跨区违规作业行为被海事部门责令停止航行，在沙场前沿水域抛锚接受调查，因此，‘粤东江 2 号’轮在事发前从事的是沿海作业和营运活动，虽然该作业与营运因违反行政部门的强制性规定而受到行政处罚，但并不影响其系沿海作业与营运的性质。根据《中华人民共和国海商法》第二十二条第一款第（五）项关‘船舶在营运中因侵权行为产生的财产赔偿请求’具有船舶优先权的规定，吴秋平主张其针对于的‘粤东江 2 号’轮具有优先受偿权，该主张符合法律规定，应予支持。一审法院未认定吴秋平所诉债权具有船舶优先权，该处理不当，本院予以纠正。”（见广东省高级人民法院〔2014〕粤高法民四终字第 153 号民事判决书）

由于有了这个优先受偿权，所以本案原告债权的执行就十分顺利，银行债权虽有船舶抵押权作为支撑，但必须排在本案原告之后，待本案原告的债权全部满足之后才去参与剩余财产的分配。

四、结语：法律不能总是有惊无险

本案涉及多个争议问题，有事实认定问题也有法律适用问题。船舶优先权只是法律适用问题中的一个。本文讨论并介绍的船舶优先权问题也许离我们绝大多数人的生活过于遥远，但对于亲身经历了这段历程的当事人及代理律师来说可谓刻骨铭心。所以，尽管案件已经结束了，但是，笔者的思考未就此打住。

通过本案可以知道，我国目前对于海域与非海域实施完全不同的两套法律制度。我们完全可以设想假如在内河运输中没有船舶优先权制度会给相关参与方带来何种损害。内河运输不是不涉及劳动者利益保护，不是不涉及侵权损害（东方之星号的损害之大我们永远不能忘记）。从另一个角度来看，如果一艘海船航行到内河水域造成损害，那么是否还是适用《海商法》呢？非海域的立法是否可以借鉴海域立法中一些比较成熟的法律制度呢？

在成文法国家，司法者扮演的是工匠的角色，先知的任务都交给了立法者。但未来的本性就在于它的不可测性。立法工作可以等待机会的成熟，而对司法工作而言，已经来的都是成熟的。山芋很烫但已在手中。立法可以与现实不同步但司法只能与现实共进出。司法者必须一次又一次地充当临时先知以给自己解围。立法的不足既然会使司法变得惊险，于是司法必须不能不足。

笔者认为，《海商法》上所称的海船应该是一种理想中的船，它应该具有充分的抵抗海洋风险的能力。为了保护不具有此能力的船，可以不赋予这些船以海船的资格。但如果这些船不理会法律对它的保护，执意要到海上去，那么它就应该承担所有海上的风险。这个时候，就不能再把自己不是海船当作挡箭牌了。

（责任编辑：黄建新）

非法证据排除规则的一点反思

——以边沁的证据法学理论为视角

易建国*

2010 年《关于办理刑事案件排除非法证据若干问题的规定》（以下简称《非法证据排除规定》）的出台为非法证据排除规则的运用提供了基本框架。然而，其在实施过程中仍面临诸多问题。本文尝试以边沁的证据法理论为视角，期望通过简要梳理边沁的证据理论，能对我国非法证据排除规则的进一步完善提供一点理论上的启示和思路。

一、非法证据排除规则在我国的构建

1998 年，最高人民法院在司法解释中规定了排除非法证据的原则。根据这一原则，侦查人员以刑讯逼供、威胁、引诱、欺骗等非法手段所获取的言词证据，法院不得将其作为定案的依据。2010 年 6 月，最高人民法院、最高人民检察院、公安部、国家安全部、司法部联合发布了《非法证据排除规定》和《关于办理死刑案件审查判断证据若干问题的规定》（以下简称《办理死刑案件证据规定》）。其中，《非法证据排除规定》对排除非法证据的问题作出了系统规定，《办理死刑案件证据规定》主要涉及在死刑案件中审判判断证据的规则，其中也包含着不少排

* 广东晟典律师事务所高级合伙人。

除非法证据的内容。这两部由我国最高司法机关参与颁布的重要司法解释，标志着中国非法证据排除规则的框架结构的初步形成。[①]

根据《非法证据排除规定》，对于侦查人员采取刑讯逼供等非法手段获取的被告人供述以及采取暴力、威胁等非法手段所获取的证人证言、被害人陈述，法庭一经确认其属于"非法言词证据"，即应将其排除，不得作为定案的依据。与此同时，对于侦查人员非法取得的物证、书证，经确认侦查人员的取证手段"明显违反法律规定"，"可能影响公正审判的"，法庭应当责令公诉方予以补正或者作出合理解释，否则，也不得将该物证、书证作为定案的依据。[②] 可见，这部证据规定对非法证据作出了不同的分类，并确立了不同的适用规则。具体而言，将非法证据区分为"非法言词证据"和"非法实物证据"。"非法言词证据"是指侦查人员非法所得的言词证据，也就是采用刑讯逼供等非法手段取得的被告人供述和采用暴力、威胁等非法手段取得的证人证言、被害人陈述；"非法实物证据"，即取得方式"明显违反法律规定，可能影响公正审判的"物证、书证。对于非法言词证据，适用"强制性"排除；而对于非法实物证据，适用"自由裁量的排除"，并对那些违法情节不严重的"程序性瑕疵"确立了"可补正的排除"规则。[③] 那么，为什么要针对不同的非法证据来分别确立"强制性排除"和"自由裁量排除"以及"可补正的排除"规则呢？

最主要的考虑在于非法取证行为的违法情节不同：排除一些违反法律禁止规定，损害后果极为严重的取证方式，允许纳入另外一些违法情节不严重的证据，有利于案件的事实真相更大程度地被发现，避免放纵犯罪的消极后果产生。概述而言，适用"强制性排除"的非法证据是指侦查人员采取了严重违反法律程序的手段获取的证据，而且，不论这些证据的种类和表现形式是什么样的，也不论这些非法证据本身真实与否，相关性如何，法院都要予以排除。与"强制性排除"严厉的程度

① 陈瑞华：《刑事证据法的理论问题》，法律出版社 2015 年版，第 60 页。
② 《非法证据排除规定》第一条、第二条、第十四条。
③ 陈瑞华：《刑事诉讼法学》，北京大学出版社 2014 年版，第 141 ~ 153 页。

不同，“自由裁量的排除”针对的则是违法情节不严重的取证方式，比如技术性违法，或者仅属于违法诉讼手续的“程序瑕疵”，这时法官就可以判定此类证据不会对司法不公造成严重影响而采纳该证据，也就是经过补正后不再排除该项证据。在自由裁量的过程中，法官在决定是否排除非法证据时一般需要考虑如下因素：一是侦查人员非法取证的性质以及违法程度；二是非法取证行为是否违反了重要的法律准则，尤其是法律所确立的禁止性规则；三是非法取证行为是否侵犯了重要的权益；四是采取该项证据对于认定案件事实的重要性；五是采取该项证据对于司法公正的影响；六是所涉及的犯罪是否重大；七是该非法证据是否可以重新发现；八是该非法取证行为是否可以得到及时的补正，也就是公诉方可否重新收集该项证据，是否可以对那些程序瑕疵做出合理的解释……①对于“可补正的排除”规则，是给公诉补救程序瑕疵的机会。“可补正的排除”可以从广义上理解为“自由裁量的排除”的一个特殊分支。显然，那些“强制性的排除”都是“不可补正的排除”。但与“强制性的排除”不同，“可补正的排除”所针对的都是非法情节较轻的“程序瑕疵”。所谓“程序瑕疵”，主要是指那些在程序的方法、步骤、时间、地点、签名等技术环节存在违法情节的调查取证行为。② 如果将这些带有技术性违法性质的“程序瑕疵”排除，那么就容易导致相关权益受到不应有的侵害，可能会使犯罪行为得不到应有的惩罚，造成实体法的实施受到阻碍。

可以看到，有关“强制性排除”“自由裁量排除”和“可补正的排除”的规则并不是非常清晰的。许多问题在非法证据排除的规定中尚未有明确的解答。比如，“强制性的排除”中，适用的具体范围有哪些？究竟怎样才是“刑讯逼供”？“暴力”或者“威胁”的具体含义是什么？或许对于这一部分的模糊情形，可以在“立法领域”中得以解决，但对于“自由裁量排除”以及“可补正排除”规则，虽然给了法官更大

---

① 陈瑞华：《刑事证据法学》，北京大学出版社 2014 年版，第 66 ~ 67 页。

② 陈瑞华：《刑事证据法学》，北京大学出版社 2014 年版，第 71 页。

的自由裁量权，但同时也让法官更难以把握。对于非法的物证和书证，法院在决定是否排除时，究竟要考虑哪些因素？这种侦查行为究竟在何种程度上违法，才会导致法院作出排除证据的决定？

这些问题在近年来的司法实践中已显现出来。值得注意的是，对于上述规则的适用以及“违法情节”的具体考量，都给了法官一定程度的裁量空间，都需要法官的审查判断。那么，会不会出现这样的情形：法官迫于多方面的办案压力，通过非善意地解释证据规则，将所有“自由裁量的排除”都自行变为“自由裁量的不排除”。[①] 对于法官在非法证据排除中的角色的质疑和反思，使得我们必须进一步深入证据法的理论。下面将对边沁（Jeremy Bentham）的非法证据理论特别是其中法官自由裁量权的问题作一点简单的梳理。边沁反对非法证据规则，包括关于证人可靠性的规则，证据的证明力和定量的规则。他用了相当长的篇幅来讨论如何保证证据的确实充分，以及如何指导法官去评价证据，这使得我们可以从另外一个独特又极具价值的视角来加深对上述问题的认识。

二、法官与证据：来自边沁证据法理论的启示

边沁一生中写了许多有关证据法和诉讼法的著作，大部分完成于1802~1812年间，包括《证据法导论》《司法程序法原则》等，其中，1827年出版的五卷本的《司法证据原理》是边沁最重要的证据法著作，其内容多达3000多页。这部著作被誉为除威格摩尔著作之外仅有的一部（也是第一部）以体系化的、严密的方式阐述整个证据法问题的英美证据法专论。海利维（Elie Halévy）这样评价这部著作：“在边沁的所有著作中，《司法证据原理》是鸿篇巨制，无疑也是最为重要的。”[②]

① 陈瑞华：《刑事证据法学》，北京大学出版社2014年版，第84页。

② 转引自吴丹红：《证据法的批判与建构——边沁的证据法思想及其启示》，载《环球法律评论》2006年第6期。Elie Halévy, The Growth of Philosophic Radicalism, trans. M. Morris, (London, 1995), 383.

边沁认为，“证据是正义的基石：排除了证据，你就排除了正义”。[①] 他写道，“显然，要发现无误的证据规则和确保正确判决的规则，是绝对不可能的；但人类的头脑倾向于创建这种只能增加错误判决概率的证据规则。一个公正的真相发现者在这方面所要做的全部事情，就是要使立法者和裁判者警惕和抵制这种草率的规则”。[②]边沁所追求的，就是裁判的真实性，所以，他反对任何非法证据排除的规则，而选择采用广泛的交叉询问的方式对待证据。他强调的不仅是细致询问的重要价值，还有中立者询问的有效性。的确，边沁把这种询问看作是其司法程序的根基，要使之行之有效，就要裁判者拥有适当的充分信息以及全面考虑他们的热诚。不仅如此，他也反对任何形式的法官造法；他认为，法官创设的技术制度有悖于人性，因为它让人们作出不利于自己利益的行为，这只不过是为了满足法律职业者的“邪恶利益”。[③]

在他构想的证据理论中，提倡一种自然制度（Natural System）。这种制度的特征是没有人为规则，也没有技术程序制度（Technical System of Procedure）下的技术性设置（technical devices）。法官应该聆听每一个人、采纳每一件事物，除非该证据：(1) 不相关；(2) 多余的；(3) 其副作用会产生过多的烦扰、支出或延误。[④]

然而，废除了证据排除规则意味着将相当大的权力和自由裁量权赋予法官，这似乎与边沁对法官以及共同体[⑤]的不信任以及法律问题的司

---

① Jeremy Bentham, Rationale of Judicial Evidence, Specially App lied to English Practice (London, 1827) [hereafter RJE], Five Volumes. , edited by Hunt and Clarke, vol. 3, chapter 1.

② 转引自吴丹红：《证据法的批判与建构——边沁的证据法思想及其启示》，载《环球法律评论》2006 年第 6 期。Betham, A Treatise on Judicial Evidence, ed. E Dumont, (London 1825), p. 180.

③ 威廉·特文宁（William Twinning）：《证据理论：边沁与威格摩尔》，吴洪淇、杜国栋译，中国人民大学出版社 2015 年版，第 108 页。

④ 威廉·特文宁（William Twinning）：《证据理论：边沁与威格摩尔》，吴洪淇、杜国栋译，中国人民大学出版社 2015 年版，第 41 页。

⑤ 在收费制度下，法官和执业律师共享着（尽管并非完全等同）同一个利益，有利可图的业务越多越好，不鼓励贫穷的诉讼当事人参与诉讼活动，没有必要的努力应该尽可能减少。法官和律师构成了一个独立的阶层，本质上是一种合伙，尽管在形式上并不是，边沁将其称之为“法官以及共同体”（Judge and Co.）

法裁量权的反对不相协调。边沁也承认在自然制度下法官被赋予了相当大的权力，也承认这种权力会被滥用。[①] 那么，边沁如何在其自然制度的构想下解决这个问题呢?

本文认为，边沁在这个问题上做出的回应和论述，对于当代证据制度的完善仍有重要的启示作用。本文尝试将其简单归纳为如下两点：

1. 对责任制度的构建。为防止法官权力滥用，边沁认为，法官需要个人对判决承担全面的责任——边沁将其称之为“责任止于此”(the buck stops here)。[②] 在《苏格兰改革》一书中，边沁写道：“大人，舞台就是一个展示台。”[③]这种责任不仅意味着法官必须承担责任，也意味着，也是边沁看来最重要的部分，就是法官应当受到公开的审查。边沁强调：(公开性) 对他的道德品质来说是一种核查机制，阻止他从事不同形式的不公正和不正直的行为；对他的智力品质来说则是一种激励因素，督促他养成不懈努力的习惯，没有这一习惯就无法确保他的注意力符合其承担职责的要求。在不需要增加太多的烦扰、费用和迟延的情况下，这就可以使法官在审判的同时处于被审判的状态之中……缺乏公开性，那么其他任何审查都是不够的。与公开性相比，其他审查都无足挂齿。[④]

2. 对收费制度的改革。边沁集中抨击了法官以及共同体的阶层利益以及作为一种制度的技术制度。但他认为，“缺陷不在个人……而在制度本身……改进了制度，你就改进了个人。如果使他们为自己的利益而追求公正的目的，公正的目的就能实现。”[⑤] 所以，一方面，他指责技术制度是收费性司法制度，目的在于赢利，因而其附带效果就是程序上的拖延以及费用的增加，这与公正司法的目的背道而驰；另一方面，

① 威廉·特文宁 (William Twinning)：《证据理论：边沁与威格摩尔》，吴洪淇、杜国栋译，中国人民大学出版社 2015 年版，第 108 页。

②③ 威廉·特文宁 (William Twinning)：《证据理论：边沁与威格摩尔》，吴洪淇、杜国栋译，中国人民大学出版社 2015 年版，第 108 页。

④ RJE, vol 1, 523 -4.

⑤ 威廉·特文宁 (William Twinning)：《证据理论：边沁与威格摩尔》，吴洪淇、杜国栋译，中国人民大学出版社 2015 年版，第 113 页。

他并没有对法官以及共同体做出过多尖锐的抨击，相反，他仍相信法官以及共同体并非腐坏到不可救药，他们仍是正直的。他认为最根本的原因就在于收费制度。所以在他的自然制度构想中，向法官和律师支付薪水，确保他们可以拥有公正无私的声誉这样一种利益，并为证言的可靠性和防范误判提供足够的保障措施。边沁对保障证言可信性的措施进行了冗长而系统的论述。法官应当被赋予足够的权力来确保证言的"可得性"，包括调查、传唤证人以及强迫证人回答问题的权力；应该通过运用书面材料，进行询问或交叉询问以及书面记录证人所说的内容来减少说谎的机会。惩罚、宣誓的改进形式以及耻辱应该结合起来以抵消撒谎的诱惑力，边沁认为这些是确保证言完整性的最佳保障措施。①

可以看到，除了对法官权力本身的监督之外，边沁也非常关注如何指导法官去评价证据。在他的自然证据制度中，立法者的任务就不是代替法官对事实作出判断，而是创造条件授予法官权力，使他们能够对事实形成正确的认知。摆脱了规则的束缚，法官的任务就是要确保所需要的证据都被提出，并由此作出正确的判断。在边沁看来，法官作出正确判决的前提就是他考虑了一切他认为有价值的信息，所以必须保证证据的完整性；更重要的是，立法者需要对法官如何评价各种证据提供指导，其提供的是"指引性"的规范而非"强制性"的规范。边沁的证据法理论虽然常常被认为是"反规范的""极端激进的"，但是他的证据法理论值得更多的关注和研究，他构建的"自然化"模式揭开了司法证明的神秘面纱，打破了司法证明高度技术化、只能为少数精英所掌握的神话，使证据制度由繁琐走向简约，这些对于我国的证据法改革的思路和方向仍然具有重要的启发意义。

（责任编辑：王静）

① 威廉·特文宁（William Twinning）：《证据理论：边沁与威格摩尔》，吴洪淇、杜国栋译，中国人民大学出版社 2015 年版，第 41 页。

继续履行劳动合同争议处理

陈　伟*

劳动合同被解除之后，劳动者通常会主张经济补偿金或者赔偿金，很少有主张继续履行劳动合同的。因此，该类劳动争议在司法实践方面较为少见，然而争议却很大。

一、继续履行劳动合同的相关法律规定及存在问题

劳动合同被违法解除后，继续履行劳动合同的法律依据，主要体现在《劳动合同法》第四十八条，该条规定：用人单位违反本法规定解除或者终止劳动合同，劳动者要求继续履行劳动合同的，用人单位应当继续履行；劳动者不要求继续履行劳动合同或者劳动合同已经不能继续履行的，用人单位应当依照本法第八十七条规定支付赔偿金。此条为劳动者主张要求继续履行劳动合同提供了法律依据。但是，对于劳动者提出继续履行劳动合同诉求后，在什么情形下裁决支持劳动者的诉求，什么情形不支持劳动者的诉求并没有做出更明确和更具体的规定；对于如何认定“劳动合同已经不能继续履行”也没有更具可操作性的规定；对于裁决用人单位继续履行劳动合同，而用人单位不实际履行裁决内容如何处理也没有具体规定。这些立法上的欠缺，在司法实践中引起争议和混乱，不利于劳动争议纠纷的解决，也不利于和谐劳动关系的构建。

---

* 北京市炜衡（深圳）律师事务所律师。

除上述规定以外，原劳动部《违反〈劳动法〉有关劳动合同规定的赔偿办法》劳部发〔1995〕223号以及原劳动部办公厅《关于处理劳动争议案件几个问题的复函》（1997年1月31日劳办发〔1997〕15号）对于用人单位违法解除劳动合同后对劳动者的赔偿问题，以及劳动仲裁委或法院裁决撤销用人单位违法解除合同的决定后的工资补发问题等，也作出了一些规定。

原劳动部《违反〈劳动法〉有关劳动合同规定的赔偿办法》（劳部发〔1995〕223号）第二条规定：用人单位有下列情形之一，对劳动者造成损害的，应赔偿劳动者损失……（4）用人单位违反规定或劳动合同的约定解除劳动合同的。第三条规定：本办法第二条规定的赔偿，按下列规定执行：（1）造成劳动者工资收入损失的，按劳动者本人应得工资收入支付给劳动者，并加付应得工资收入25%的赔偿费用……

原劳动和社会保障部办公厅《关于用人单位违反劳动合同规定有关赔偿问题的复函》（劳社厅函〔2001〕238号）规定：《违反〈劳动法〉有关劳动合同规定的赔偿办法》（劳部发〔1995〕233号）第三条第一项中的“劳动者本人应得工资收入”，是指因用人单位违反国家法律法规或劳动合同的约定，解除劳动合同造成劳动者不能提供正常劳动而损失的工资收入。

劳动部办公厅《关于处理劳动争议案件几个问题的复函》（1997年1月31日劳办发〔1997〕15号）第二条规定：在处理解除或终止劳动合同的劳动争议时，如果仲裁委员会的裁决或人民法院的判决撤销了企业解除或终止劳动合同的决定，企业应从决定解除或终止劳动合同之日起补发职工工资。

原劳动部的上述部门规章或者批复，仅适用于因用人单位违法解除劳动合同给劳动者造成损失的赔偿事宜，以及用人单位的违法解除劳动合同决定被撤销以后工资补发的事宜，但是对于前面所提及的在什么情形下裁决支持劳动者的继续履行劳动合同诉求，什么情形不支持劳动者的继续履行劳动合同诉求，以及如何认定“劳动合同已经不能继续履行”等问题，并没有提出相应的标准答案或者法律依据，问题依然存在，继续履行劳动的争议在法律适用上依然无法得到妥善解决。

二、继续履行劳动合同争议的实务处理

因为立法上的欠缺，对于同样的诉求和事实，不同的裁决者会因为对法律理解和认识的不同，而作出不同甚至完全相反的裁决结果。现举一案例，来说明继续履行劳动合同争议的实务处理。

2012 年 6 月 21 日，彭某入职亚某公司。2012 年 6 月 25 日，双方签订一份固定期限劳动合同。劳动合同期限 3 年，自 2012 年 6 月 21 日起至 2015 年 6 月 20 日止；彭某的工作岗位为省区销售经理（上海）。因公司方认为彭某工作能力差，经过延长试用期两个月后，仍然不能很好地胜任销售工作，故在 2013 年 1 月 30 日，亚某公司向彭某发出单方面解除劳动合同的通知，决定解除与彭某的劳动合同。

彭某收到上述通知后，认为公司的辞退行为违法，于是向深圳市南山区劳动人事争议仲裁委员会提出要求撤销亚某公司关于违法解除彭某劳动合同的通知，裁决继续履行彭某与亚某公司双方签订的劳动合同，以及要求裁决亚某公司按 7130 元/月的标准向彭某支付自其违法解除劳动合同之日（2013 年 1 月 30 日）起至恢复双方劳动关系期间的工资待遇损失等诉求。

针对彭某的仲裁请求，亚某公司认为辞退彭某属于依法与彭某解除劳动合同，同时，双方劳动合同解除后，亚某公司已经安排其他管理人员接替了彭某原工作岗位的全部工作内容和工作任务。因此，彭某与亚某公司之间的《劳动合同》在事实上已经不能继续履行，故不同意继续履行劳动合同的诉求。

深圳市南山区劳动人事争议仲裁委员会开庭审理了上述纠纷，且经调解双方无法达成一致协议。2013 年 8 月 16 日，该委作出深南劳人仲案〔2013〕786 号《仲裁裁决书》。关于劳动合同继续履行事宜，该委认为，亚某公司以彭某没有销售业绩为由向彭某发出劳动合同解除通知，但劳动合同并未约定无销售业绩可以辞退；岗位职责说明书没有彭某的签名，彭某也不予认可，本委对该岗位说明书不予采信；亚某公司

也未提交其他证据证明有与彭某约定“无销售业绩”可以辞退，故亚某公司解除与彭某的劳动合同的理由不成立。因此，对于彭某要求亚某公司撤销关于解除劳动合同的通知，继续履行彭某与亚某公司签订的劳动合同的请求，仲裁委予以支持。彭某要求亚某公司支付自违法解除彭某的劳动合同之日（2013 年 1 月 30 日）起至恢复双方劳动关系期间的工资待遇损失，并加付 25% 的赔偿费用的请求，鉴于彭某未明确诉求的起止时间及金额，诉求不明确，故本委对该项请求不予裁定。据此，深圳市南山区劳动人事争议仲裁委员会裁决如下：亚某公司撤销关于解除彭某劳动合同的通知，继续履行申请人与被申请人签订的劳动合同。

亚某公司收到仲裁委的裁决书后，以劳动合同事实上不能继续履行等为由，向深圳市南山区人民法院提起民事诉讼，要求法院判决不予撤销关于解除被告劳动合同的通知，亚某公司与彭某之间签订的劳动合同不再继续履行。针对亚某公司的起诉，彭某答辩称仲裁委关于继续劳动合同的处理裁决，符合法律规定，请求驳回亚某公司的该项起诉请求。

深圳市南山区人民法院依法审理后，于 2013 年 10 月 11 日作了（2013）深南法蛇民初字第 633 号民事判决书。关于劳动合同是否继续履行问题的处理方面，南山区人民法院作出了与南山区劳动人事争议仲裁委员会截然相反的认定和处理。

南山区人民法院认为，亚某公司以彭某没有销售业绩为由解除劳动合同，但劳动合同并没有相关的约定，亚某公司也未提交充足证据支持其主张，故亚某公司解除与彭某的劳动合同系违法解除，亚某公司应承担相应的法律责任。因亚某公司对彭某原来的岗位已安排了其他人员接替，且彭某自 2013 年 1 月 31 日后未在被告处工作，至今已有 9 个多月，双方所签订的劳动合同已经不能继续履行，根据《劳动合同法》第四十八条的规定，法院对彭某要求继续履行劳动合同并请求亚某公司支付 2013 年 1 月 31 日后工资及 25% 赔偿金的主张不予支持。对于亚某公司违法解除劳动合同应该承担的赔偿金，因彭某未在本案中提起相关诉求，彭某可另寻法律途径解决。据此，南山区人民法院对于彭某要求继续履行劳动合同并支付 2013 年 1 月 31 日后工资等诉求，不予支持。

劳动者彭某不服南山区人民法院的判决，上诉至深圳市中级人民法院，要求继续撤销一审判决，改判撤销亚某公司作出的解除劳动合同决定书，并判决继续履行劳动合同。二审法院经审理，认为劳动合同事实上已经无法继续履行，故判决驳回上诉，维持原判。

三、劳动合同可继续履行的因素

通过上述案例，不难看出，在用人单位违法解除与劳动者的劳动合同以后，劳动者提出要求继续履行劳动合同的，仲裁委或者法院至少应当考虑如下因素：第一，首先界定用人单位解除劳动合同的行为是否属于违法解除。如果该行为属依法解除行为（如依据《劳动合同法》第三十六条、第三十九条、第四十条、第四十一条第一款等），则应当根据《劳动合同法》第四十六条及第四十七条规定给予经济补偿金，而不再适用此条规定；第二，应当考虑劳动者的工作岗位是否仍然存在或者是否已经有人顶替或者接替。如果原岗位都已经不存在或者已有其他劳动者顶替，那么继续履行劳动合同在客观上无法实现；第三，劳动者有没有以实际行为表示继续履行劳动合同的意愿；第四，劳动者有没有入职新的用人单位并与新用人单位建立用工关系，或者劳动者有没有通过其他方式进行就业。如果劳动者已经入职新用人单位或者已经重新就业，那么继续履行劳动合同也是无法实现的；第五，其他能够证明劳动合同可以继续履行的证据事实或者情形。

从《劳动合同法》第四十八条的条文内容来看，“用人单位违反本法规定解除或者终止劳动合同，劳动者要求继续履行劳动合同的，用人单位应当继续履行；劳动者不要求继续履行劳动合同或者劳动合同已经不能继续履行的，用人单位应当依照本法第八十七条规定支付赔偿金”。我们可以理解为，在用人单位违法解除或者终止劳动合同的情况下，如果“劳动者要求继续履行劳动合同的”，那么“用人单位应当继续履行”，也就是说，“用人单位应当继续履行”的唯一依据，就是劳动者提出了继续履行劳动合同的请求。很显然，这种条文设置，从立法技术层面来讲，是非常不科学的；从司法实践角度来讲，也是有诟病的。立法者的本意，是维护劳动者的合法权益，但实际上，如果不区别情形的一律强调继续履行劳动合同，从某种程度上来讲，是对劳动者利益保护的一种损害。但是从法律规定的后半部分内容分析来看，在“劳动者不要求继续履行劳动合同”或者“劳动合同已经不能继续履行”两种情形下，用人单位应当支付法定的赔偿金。从这一条文规定，我们似乎又可以得出一个结论：劳动合同要继续履行的前提是，应当在客观下存在劳动合同可以继续履行的可能性。这个理解更能接近《劳动合同法》的立法本意以及保护劳动者权益和构建和谐劳动关系的立法宗旨，因此该理解更为可取。

因此，结合《劳动合同法》第四十八条的规定以及《劳动合同法》的立法本意，对于劳动合同继续履行的适用方面，我们可以理解为：用人单位违反本法规定解除或者终止劳动合同，劳动者要求继续履行劳动合同，并且在客观上该劳动合同可以继续履行的，用人单位应当继续履行。

四、结语

鉴于对劳动合同可继续履行存在的争议问题，建议立法机关或者最高审判机关能够对《劳动合同法》第四十八条的规定进行修订或者释明，并对“劳动合同不能继续履行”或者“客观上劳动合同可以继续履行”作出列举式的法定情形规定，以避免法律理解及适用歧义，保障法律的正确统一实施，树立司法权威，更好地发挥法律应当具有的作用及评判价值。

律师在处理劳动合同继续履行争议时，也应当明确争议焦点，包括是否属于违法解除劳动合同，以及围绕“劳动合同不能继续履行”或者“客观上劳动合同可以继续履行”等关键性问题，提出主张和观点，提供相应的证据予以证实，并引导当事人根据公平合理、互谅互让原则，友好协商解决此类争议，以避免讼累，维护当事人的合法权益，构建和谐劳动关系。

（责任编辑：王静）

离异家庭子女移民权利平衡及其实现路径
——以发展权、抚养权、探视权为视角

王　薇*

随着全球化和国际交流的日益深化，中国公民海外移民的规模越来越大，移民年龄也趋于年轻化。未成年人移民的主要途径，是作为附属申请人随父母移民。在离异家庭，子女随直接抚养方父或母申请移民，需要得到不直接抚养方的同意，这往往会引起纠纷。此类纠纷主要涉及一方对子女的抚养权、另一方对子女的探望权，以及子女自身的发展权等权利。本文以三种不同移民类型中出现的纠纷为案例，分析这几种权利的协调和平衡，探讨处理离异家庭子女移民相关纠纷的方法和策略。

一、冲突权利的优先与平衡

【案例一】婚姻移民

马某（女）与李某（男）于2010年经法院判决离婚，其子李小某判由马某直接抚养。2014年9月，马某在美国旅行时认识了美国人甲，后通过网络视频和电话交往3个月，马某准备赴美国与甲结婚。马某申请美国K签证，即专为美国公民的未婚夫/妻前往美国成婚而设立的签证类别，申请人必须在抵达美国90天之内成婚，然后由其美国公民的

* 广东君政律师事务所律师、法学博士、副教授。

配偶为其申请绿卡。马某意欲通过婚姻达到移民的目的，也希望未成年子女李小某能随其出国。根据美国相关规定，未满 21 岁的未婚子女可一起申请 K 签证前往美国，但需要其父李某协助提交相关材料，而李某不予配合。

李某认为，马某与相识不久的外国人结婚，风险很大，出国后自己的生活可能都无法保障，还要带孩子共同生活更是困难；李小某与美国人甲不一定能和谐相处，出国不一定就能为李小某提供更好的生活和学习环境；而且李小某出国后李某无法行使探望权。所以，李某坚持不配合办理李小某赴美签证手续。

马某寻求法律咨询，欲以李小某为原告提起诉讼，请求法院判令李某协助办理李小某随母赴美的签证手续。

本案争议的问题在于：第一，协助办理签证手续是否属于法院受案范围？第二，基于子女利益最大化的原则，如何衡量李小某出国的利益得失，如何充分实现李小某的发展权？第三，如果李小某出国，如何实现李某的探望权？第四，如果李小某不出国，如何实现马某的抚养权？可否变更抚养权？

第一，协助办理签证手续，属于行为请求权，理论上讲，这类纠纷可以列为案由，法院是可以受理的。但实践中，有的法院不予受理，有的受理后归入抚养权纠纷这一案由处理。本案所述情况，以李小某为原告，马某为法定代理人，诉请李某协助办理赴美签证理论上是可行的。

第二，如何衡量李小某出国的利益得失，实现子女利益最大化，是本案的关键点。李小某出国对其发展是利是弊，充满不确定性。马某和李某对此有不同的预期，所以才产生了办理签证过程中的纠纷。根据《最高人民法院关于人民法院审理离婚案件处理子女抚养问题的若干具体意见》的规定，父母双方对 10 周岁以上的未成年子女随父或随母生活发生争执的，应考虑该子女的意见。那么，如果李小某年满 10 周岁，应征求李小某的意见，随母亲出国，还是留在国内跟父亲生活。如果李小某选择随母亲出国，李某应协助办理签证手续；如果李小某选择留在国内跟父亲生活，可以变更抚养权。

比较棘手的问题是，如果李小某未满10周岁，或没有明确意见，法院就需要从保护未成年人合法权益的角度出发，综合考虑未成年子女的生活、学习状态，从而作出最优的判断。未成年子女的抚养，不仅要考虑其生父母的经济条件，更要考虑未成年子女的身心健康和心智成长。这对于涉及移民的离异子女抚养权纠纷尤其重要。一方面，相对稳定的生活环境、相对熟悉的社交环境和相对固定的语言环境，对于维护未成年人的身心健康意义重大，而突如其来的新家人、完全陌生的居住环境和较为生疏的语言环境对幼小心灵的冲击不言而喻；另一方面，改变和适应也是对未成年人能力的锻炼，国外的生活环境和教育理念可以开阔视野，为将来发展提供更广阔的空间，而且未成年人往往比成年人能更快地接纳新事物和适应新环境。

在本案中，要为李小某实现利益最大化，判断不确定的未来发展问题，最好是其生父母搁置彼此的恩怨情仇，协商处理。协商不成，则需要法院综合考虑父母双方的经济、时间、情感以及中美两国两个家庭的环境、教育、习惯等因素，作出判断。要么判决李小某随马某共同生活，判令李某协助办理签证手续；要么判决李小某随李某共同生活，即变更抚养权。

第三，如果李小某出国，李某探望权的实现就存在了时间、空间上的障碍，理论上的权利无法落实。笔者认为，李小某的发展权应优先于李某的探望权，若法院综合考量并判断李小某出国更有利于实现未成人利益最大化，李某就要为了子女的发展而改变探望权的行使方式。根据《婚姻法》第三十八条第二款的规定："行使探望权利的方式、时间由当事人协议；协议不成时，由人民法院判决。"李某的探望权行使方式可以改变为：李小某回国时李某可探望，李某要到美国探望则马某应协助办理相关手续。

第四，如果李小某不出国，如何实现马某的抚养权，可否变更抚养权？笔者认为，如果李小某不出国，不能限制马某出国，那么应变更抚养权。也就是说，如果李某不协助办理签证手续，就应同意变更抚养权，由自己直接抚养。在有利于未成年子女生活学习的前提下，调整子女的直接抚养人，在离异家庭一方移民时是比较常见的。

综上，上述案例中父母一方的抚养权、探望权与儿童自身的发展权发生冲突，解决冲突的关键在于确定这三种权利的优先等级。笔者认为，儿童自身的权利应当是优先保障的权利。联合国大会在1989年通过的《儿童权利公约》以儿童的最大利益原则为核心，倡导新的儿童观，在“儿童权利是人权”的理念下倡导儿童最大限度的生存与发展等基本权利。在《儿童权利公约》的保护框架内，注重儿童的权益，确保儿童利益的最大化，已经成为各缔约国的共识。为履行国际承诺，我国于2006年12月29日通过了修订后的《未成年人保护法》，完善国内法对儿童权利的保护性立法模式。《未成年人保护法》第三条明确规定：“未成年人享有生存权、发展权、受保护权、参与权等权利，国家根据未成年人身心发展特点给予特殊、优先保护，保障未成年人的合法权益不受侵犯。”具体到家庭领域，该法规定：“父母或者其他监护人应当创造良好、和睦的家庭环境，依法履行对未成年人的监护职责和抚养义务。”也就是说，父母对未成年人的监护权、抚养权，是为未成年人的权利而设置的，名为权利，实则职责、义务，其实质是单一价值指向的，即实现儿童利益最大化。至于探望权，根据《婚姻法》第三十八条第一款的规定：“离婚后不直接抚养子女的父或母，有探望子女的权利，另一方有协助的义务。”探望是双重价值指向的，既保障父母探望子女的权利，又尊重子女探望父母的意愿。从法律体系结构上来讲，探望权与监护职责、抚养义务并列为父母离婚背景下保障儿童权益最大化的三大法律救济途径。所以，抚养权、探望权归根结底是为儿童权利服务的，儿童的健康成长、全面发展是这两项权利的皈依。当抚养权、探望权与儿童发展权利相冲突时，理应以儿童发展权利优先为原则。

二、权利平衡的实现路径

【案例二】投资移民

姚某（男）与朱某（女）于2008年经法院判决离婚，时年10周岁的姚小某由姚某直接抚养，朱某可定期探望。姚某离婚后即开始办理赴美国的 EB－5 投资移民，姚某自己为主申请人，儿子姚小某为附申请人。由于姚小某是未成年人，须征得其生母朱某的同意。于是，姚某与朱某协商一致签订了一份书面协议，约定姚小某随姚某办理美国投资移民，朱某出具书面同意书。但一旦投资移民项目获批，姚小某与姚某获得美国永久居留权后，父子仍要回中国居住，朱某恢复行使对姚小某的探望权。

姚某在国内有稳定的工作和丰厚的收入来源，他投资移民美国的目的主要是为自己将来养老做准备。按照姚某的规划，通过投资移民取得一个海外身份作为保障，他和姚小某在中国的工作和生活仍将继续。所以，与朱某签订了上述协议。

根据《美国移民法》的规定，EB－5 区域中心项目不需要申请人直接参与投资项目的日常经营管理，只要项目方提供的商业模式被移民局认可，且投资款筹集到位，申请人便可获得 I526 签证，即有条件永久居留签证。取得 I526 签证后两年，投资者可申请 I829 签证，即去除条件限制的永久居留签证。

姚某和姚小某取得 I526 签证后在美国居住了一段时间，在此期间，父子二人对美国的环境非常适应，喜欢上了美国的生活。当顺利拿到美国 I829 签证后，姚某改变了先前的规划，打算在美国长期居住并申请入籍。按照《美国移民法》的规定，取得 I829 签证的 EB－5 投资者在达到 5 年连续居住 30 个月（2.5 年或 913 天）的要求后可申请加入美国国籍。

朱某认为姚某违反了他们之间的书面协议，侵害其行使探望权，欲起诉姚某，寻求法律咨询。

本案争议焦点在于：朱某与姚某的书面协议是否有效？朱某是否可以据此诉请姚某承担违约责任？朱某是否可以诉请姚某承担侵害其探望权的侵权责任？

首先，朱某与姚某的书面协议约定了姚某与姚小某的居住地，这是对行为自由的限制性约定。从子女最佳利益出发，姚某不能为姚小某作出限制其行为自由、阻碍其未来发展的约定。协议的该部分内容是对监护权的误用、滥用，应属无效。至于协议中有关姚某行为自由的部分，姚某可以自由处分，可属有效。

其次，既然朱某与姚某的协议有效，朱某就可以就姚某的违约行为要求其承担违约责任。一般而言，如果双方没有约定违约责任的承担方式，法院可以根据《合同法》第一百零七条的规定，判决不履行合同义务方继续履行、采取补救措施或者赔偿损失。本案中，姚某和姚小某都已取得美国永久居留权且不愿回国，如果判决姚某继续履行，法院判决将成为一纸空文。如果判决姚某赔偿损失，也可能陷入判决难以执行的尴尬境地。所以，采取补救措施，如改变探望权的行使方式、变更监护权等，也许是解决此类纠纷的最佳方案。

最后，朱某的探望权因姚某不回国而无法行使，她也可以诉请姚某承担侵权责任，这是违约责任和侵权责任的竞合。但是，笔者认为，姚小某自愿在美国居住，姚小某的意愿应得到充分尊重。根据子女最佳利益原则，姚小某的发展权优先于朱某的探望权。因为父母探望权是为了子女身心健康发展而设置的一项权利，它不是父母的特权，而是为子女利益而生的。当子女的明确意愿限制探望权的行使时，探望权不能对抗子女发展权，所以，朱某不宜以侵害探望权为由提起诉讼。

值得注意的是，如果朱某与姚某的纠纷发生在姚某父子二人取得美国永久居留权并长期居住在美国期间，那么这是一个涉外民事纠纷。如果当事人对争议解决方式及法律适用有约定且约定不违反中国法律则从其约定，如无约定则要根据相关法律规定确定法院管辖以及法律适用。根据《民事诉讼法》第四编和《涉外民事关系法律适用法》的规定，如果朱某以违约为由提起诉讼，合同签订地、履行地都在中国，可以由中国法院管辖，适用中国法律（履行义务最能体现该合同特征的一方当事人经常居所地法律或者其他与该合同有最密切联系的法律）；如果朱某以侵权为由提起诉讼，朱某与姚某没有共同经常居所地，应由侵权行为地管辖，适用侵权行为地法律，即美国法院管辖适用美国法律。从方便诉讼的角度出发，朱某也不宜以侵害探望权为由起诉姚某。

综上，在儿童发展权优先的前提下，父母一方抚养权与另一方探望权的冲突，需要在个案中寻求最佳路径实现权利平衡。最常见的是父母一方以抚养权或探望权为基础，追究另一方的侵权责任。在这类案件中，抚养权与探望权是直接形成冲突对抗的权利，结果是要么变更抚养权行使方式，要么变更探望权行使方式，实现权利平衡的关键点在于哪种方式更有利于实现儿童权益最大化。不过，涉外侵权诉讼的管辖权和法律适用规则很可能直接导致诉讼成本和难度的增加，不利于简单快捷地处理纠纷。所以如果个案中有相关约定，出现违约责任与侵权责任的竞合时，则一般选择合同为基础的违约责任来实现权利的平衡。

三、诉讼策略的考量

【案例三】技术移民

李某（男）与刘某（女）于2011年经法院判决离婚，其子李小某与李某共同生活。李某是注册会计师、精算师，从事相关工作近20年。2012年，李某通过一家国内的移民中介机构，聘请了一位加拿大注册的移民代理人，开始办理加拿大技术移民申请。

申请办理过程中，李某得知他如果要将李小某列为附属申请人一起移民加拿大，需要刘某出具同意书。李某与刘某离婚后甚少来往，而且他推测刘某可能会阻碍李小某移民，于是李某自己起草了“同意书”，并伪造了刘某签名。李某把这份“同意书”交给中介机构后，中介机构转交给移民代理人提交给加拿大公民与移民局。2015年，李某和李小某都获得了加拿大移民签证，登陆加拿大办理了枫叶卡。这时，刘某才知道李某带李小某移民的事。

刘某寻求法律咨询：如何追究李某伪造其签名的责任？如何实现其探望权？中介机构和移民代理人是否应承担责任？可否追究加拿大公民与移民局的责任？

笔者认为，刘某可以从以下几个方面考虑其诉讼策略：

一是起诉李某，要求其承担侵权责任。《民法通则》第九十九条第一款规定：“公民享有姓名权、有权决定、使用和依照规定改变自己的姓名，禁止他人干涉、盗用、假冒。”李某伪造刘某签名，侵犯了刘某的姓名权。《婚姻法》第三十八条第一款规定："离婚后，不直接抚养子女的父或母，有探望子女的权利，另一方有协助的义务。"李某伪造"同意书"，其实是伪造了刘某放弃探望权的承诺，侵犯了刘某的探望权。问题在于，如果李某和李小某长期居住在加拿大，李某如何承担责任，刘某能否实现探望权？这是类似案例二的涉外侵权法律问题。

二是将李某、中介机构、移民代理人列为共同被告，要求承担连带责任。针对刘某姓名权的侵权行为发生在中国。如果移民机构和移民代理人明知或应该知道刘某出具的"同意书"是伪造的，则属于共同侵权人，应承担连带责任。本案中，移民代理人没有要求刘某出具"同意书"的公证件，而是将"同意书"直接提交给加拿大公民与移民局，存在过错。因为移民代理人的身份，意味着他在办理刘某移民申请的过程中负有更多的审慎注意义务。移民代理人疏于审查，忽略公证程序，应承担相应的侵权责任。

三是向加拿大公民与移民局举报李某伪造签名的行为，要求取消李某的永久居留身份。一个国家给予某人永久居留权，必须遵循法定程序，审查是否符合法定条件。李某在申请过程中弄虚作假，不符合条件、违反程序，应承担不利的后果，如取消永久居留权，甚至受刑事处罚。不过，主权国家在给予永久居留权事务上有一定的自由裁量权，所以举报后加拿大相关部门如何处理就不同于中国的行政案件了。中国公民起诉加拿大公民与移民局是有先例的，2014 年加拿大政府宣布取消"投资移民计划"及"联邦企业家移民计划"，受此影响的上千名申请移民加拿大的中国人将加拿大公民及移民局告上法庭，最终并没有扭转加拿大对移民政策的调整。

四是通过求助外交、领事部门的协助，通过协商或调解，作为国际诱拐儿童案件来处理。未经有权决定儿童生活处所的人同意，单方将儿童迁移出国的行为，是典型的国际诱拐儿童行为。利用国际合作体系和法律机制来保护儿童利益，快速有效地采取措施将儿童返还，是解决这类问题的最佳途径。目前，海牙会议 1980 年制定通过的《国际诱拐儿童民事方面公约》已成为该领域成效最突出的多边合作机制。遗憾的是，虽然加拿大加入了《国际诱拐儿童民事方面公约》，我国方面没有加入该公约，中加之间也没有其他可适用的相关条约，而且中国缺乏相应的国内立法，所以本案无法启动官方合作机制和强制交还儿童机制。但我国是《儿童权利公约》的成员国，该公约规定缔约国承担确保儿童享有其幸福所需的保护和照料，考虑到其父母、法定监护人，或任何对其负有法律责任的个人的权利和义务，并为此采取一切适当的立法和行政措施。我国政府日益重视国际诱拐儿童问题，刘某求助于外交、领事部门的协助，落实公约的理念来处理纠纷也是可行的路径之一。

综上所述，离异家庭子女移民导致的纠纷集中反映了抚养权、监护权与子女利益的冲突和协调。父母双方应充分考虑未成年子女的利益和其本身的情感或感受，做出最有利于子女利益的决定。此类纠纷所涉的跨国诉讼和国际合作机制，增加了处理的复杂程度，国家层面应积极加入相关公约，并通过国内法律落实保护儿童的理念。例如，共同行使离婚后的监护权，淡化监护与探视之间的区分，强调成熟儿童表达自身意见的权利，行使单独或主要监护权施加地域限制的司法或立法实践的扩张，强调监护和探视之间的语言联系，赋予儿童与双方父母进行实质性接触的权利等等。[①] 在诉讼策略的考量上，既要考虑可能存在的多种诉讼主体，又要考虑国家主权原则、最密切联系原则等国际私法原则，还要考虑涉外纠纷的多元化解决机制，根据个案情况设计方案，实现儿童权利优先的前提下父母抚养权和探望权的平衡。

（责任编辑：陈容明）

① A. Dyer, “The Huge Convention on the Civil Aspects of International Child Abduction – Towards Global Cooperation: Its Successes and Failures”, 1 Int’l J. of Child. Rts. 273, 280 – 82 (1993)，转引自杜焕芳：《国际诱拐儿童民事问题研究》，法律出版社2014年版，第237页。

港澳台视角
gang ao tai shi jiao

对香港特别行政区法定机构制度的再认识

——兼论前海管理局法定机构制度的完善

张淑钿*

2011 年 6 月 28 日通过的《深圳经济特区前海深港现代服务业合作区条例》（以下简称《前海条例》）第七条规定：设立深圳市前海深港现代服务业合作区管理局（以下简称前海管理局）。前海管理局是实行企业化管理但不以营利为目的履行相应行政管理和公共服务职责的法定机构。随后成立的前海管理局成为全国首个法定机构。前海管理局法定机构模式对推动前海深港现代服务业合作区的统筹发展发挥了重要的作用，也是前海合作区建设的一大亮点和特色。但是，在长达五年的发展中，前海管理局法定机构模式也逐渐暴露了一些问题，包括在外部治理结构中，与政府的关系定位不够清楚，职能划分不够明确；在内部治理架构上，法定机构架构不够完整，制度设计不够周全等，这些问题都可能牵制前海管理局法定机构模式的进一步发展。众所周知，前海管理局法定机构模式是对香港法定机构制度的借鉴和移植。因此，解铃还须系铃人，有必要重新全面了解和理解香港特别行政区的法定机构制度，从

* 深圳大学法学院副教授、法学博士。

而探讨完善前海管理局法定机构模式运作的建议。

一、香港特别行政区法定机构的产生及其分类

香港特别行政区的法定机构（statutory body）又称为法定公共机构，是根据香港特别行政区法例的个别条例成立并受条例监管的公共服务机构。香港特别行政区法定机构出现于上个世纪80年代，当时香港政府为了实现政府职能，提高政府效率，增加政府运作的灵活度，同时为了吸纳社会精英，使得政策的制定有着较广泛的参与，开始推行由法定机构提供公共服务的模式。实践证明，由法定机构提供公共服务，不仅提高了提供公共服务的效率和管理的灵活性，保证了对社会事务的有效管理，也避免政府需对应不同的公共服务类型设立行政机构直接管理而造成的机构庞大问题。更重要的是，缓冲了政府承担的施政压力，当公共服务的提供受到批评时，社会大众不会把矛头指向政府，从而减轻了政府的政治压力。[①] 此后，香港特别行政区法定机构得到迅速发展，据官方统计，到2010年3月31日，香港特别行政区共有400多个咨询及法定组织。[②] 香港特别行政区法定机构制度已经成为香港特区政制体制的一大亮点和特色。

香港特别行政区法定机构按照职权性质可分为以下几类：（1）咨询类法定机构。咨询类法定机构主要是为政府的个别政策提供意见，作为政策的智囊团。咨询类法定机构一般没有决策权。例如古物咨询委员会、劳工顾问委员会等。（2）执行类法定机构。执行类法定机构代替政府行使部分管理权，具有全面行政权。例如房屋委员会、医院管理局、贸易发展局、艺术发展局等。（3）公营公司。公营公司是按照审慎的商业原则营运的市场经营机构。例如九广铁路、海洋公园公司、科

① 汪永成：《香港特区法定机构发展的历程、动因与启示》，载《湖南社会科学》2012年第5期。

② 《政府致力推动更多女性参与咨询及法定组织》，载 http：//www. hab. gov. hk/file_manager/chs/documents/publications_ and_ press_ releases/20100428_ ASB_ SC. pdf，访问时间：2011年3月。

技园公司等。（4）规管委员会和机构，如强制性公积金计划管理局、土地测量师委员会、酒牌局、选举管理委员会等。（5）信托基金和资助计划的咨询和管理委员会，如李宝椿慈善信托基金委员会、津贴学校公积金管理委员会、惩教署人员子女教育信托基金委员会等。（6）裁判类法定机构。根据不同条例处理上诉的上诉委员会，如行政上诉委员会、退休金上诉委员会等等。在上述不同类型的法定机构中，不是所有的法定机构都有制定政策的权力。有的法定机构没有决策权，例如各类咨询委员会；有的法定机构有决策权，享有广泛的政策制定的权力。例如地下铁路公司、九广铁路公司负责制定对市民影响极大的交通政策。又如机场管理局和医院管理局和房屋委员会负责制定有关机场服务、医院服务和有关公屋的政策。有的机构没有决策权，但有建议权，例如司法人员叙用委员会可就法官委任事宜向行政长官提出建议。传统上，行政长官都会遵循该委员会的建议。

二、香港特别行政区法定机构的性质与特点

（一）香港特别行政区法定机构性质

在性质上，香港特别行政区法定机构是非政府的法人团体。

1. 香港特别行政区法定机构不是政府机构。香港特别行政区法定机构虽然从事公共服务的提供，肩负公共管理职能，其职能的行使会接触或影响社会大众。但是在性质上，香港特别行政区法定机构不是政府行政机构，其与政府之间不存在纵向的组织管理关系，也不享有政府机构在法律范围内享有的特权和豁免权。例如《香港科技园公司条例》第三条规定：科技园公司是一法人团体……并非政府雇员或政府代理人，亦不享有政府的地位、豁免权或特权。又如《香港法律援助局条例》第四条规定："法援局不得被视为政府的代理人或雇员。"

当然，香港特别行政区法定机构也与政府部门存在一定联系，政府是法定机构的出资者，同时，行政长官有向法定机构发出指示的权力。但是，为了防止对法定机构独立性的削弱，条例对行政长官向法定机构

发出指示的权力有着严格的限制。行政长官只在有明显合理的需要而且相信这样做符合公众利益的情况下，才会行使这项权力。例如《香港贸易发展局条例》第5A条规定："行政长官会同行政会议如认为为公众利益而有需要，可就发展局根据本条例行使其权力和履行其职责，向发展局发出书面指示，而发展局须遵从该等指示。该等指示不得抵触本条例的任何条文。"此外，香港特别行政区法定机构最主要的职能是协助政府对相关领域进行规管，作为政府拓展职能的重要触角和支撑，体现其角色的政府性。①

2. 香港特别行政区法定机构是独立的法人团体。香港特别行政区法定机构是独立于行政机构的法人实体。在规范具体法定机构设立的条例中，都对法定机构的独立法人团体地位予以了明确。例如《香港贸易发展局条例》第三条规定："现设立一个名为香港贸易发展局的发展局，发展局是一个以该名称成立的永久存续的法人团体。"又如《香港考试及评核局条例》第五条规定："香港考试及评核局是永久延续的法人团体。"再如《香港广播事务管理局条例》第三条："现设立广播事务管理局，管理局为一个永久延续的法人团体。"作为一个独立的法人团体，香港特别行政区法定机构管理层享有对整体组织机构、财务和人员管理进行决策的管理自主权，其决策过程不受行政机构的干预，也无需得到行政机构的批准。法定机构拥有管理、人员聘用和分配自主权，依法自主办理有关业务。

（二）香港特别行政区法定机构的特点

1. 依法成立，一条例一机构。香港特别行政区法定机构都是根据有关条例的规定而成立的。每一个法定机构都有一个专门的条例以规定该机构的设立、职责和与之相关机构的关系，主要负责人的产生和免职、经费来源、活动管理等内容。一个法定机构对应一个条例，这是

① 张楠迪扬：《香港法定机构再审视：以内地政府职能转移为视角》，载《港澳研究》2016年第2期。

“保证法定机构灵活、高效、独立运作和相对稳定性的基本保障”。[①] 例如，香港贸易发展局是根据《香港贸易发展局条例》的规定成立，该条例开篇指出：“本条例旨在就香港贸易发展局的设立，其权力和职能的界定，以及相关或附带事宜订定条文”；又如，香港艺术发展局是根据《香港艺术发展局条例》成立的，该条例开篇指出：“本条例旨在就设立香港艺术发展局为法团以在香港发展艺术，以及就其职能订定条文”；再如香港医院管理局是根据《医院管理局条例》成立的，该条例开篇指出：“本条例设立一个法团管理及掌管公营医院，用以在公营医院提供医院服务，并对附带或有关事宜作出规定”。

2. 依授权行使职权，职能单一。香港特别行政区法定机构必须严格根据条例的授权行使职能。在成立法定机构的条例中，都会明确该法定机构的职能。香港特别行政区法定机构都是为执行特定职能而成立，职能比较单一。例如香港艺术发展局的职能是在香港发展艺术；香港医院管理局的职能是掌管公营医院并提供医院服务；香港贸易发展局的职能是促进协助和发展香港对外贸易；香港机场管理局的职能是营运发展和维持民航机场。

3. 资金主要来源于政府财政。香港特别行政区法定机构的资金主要来源于政府财政，政府是香港特别行政区法定机构的出资人。根据法定机构是否能够提供收费服务，香港特别行政区法定机构可以分为两类：一类是受政府经常资助的机构，其活动经费由政府全额资助；另一类是政府出资设立、按商业原则运作、提供收费服务的机构，但收费要严格核算成本。例如，香港贸易发展局由政府出资设立，政府每年予以财政拨款。《香港贸易发展局条例》第二十一条“在每个财政年度，须从立法会拨款中向发展局支付行政长官批准作协助发展局行使其职能之用的款项”。但香港贸易发展局按照商业化原则运作，也允许其收取费用。《香港贸易发展局条例》第5（1）（h）条规定：“发展局可……就

① 崔健、杨珊：《前海合作区借鉴境外法定机构管理模式研究》，载《中国机构改革与管理》2011年第4期。

使用发展局提供的任何设施或服务收取费用。”

4. 能以自己的名义起诉和被诉，能独立承担责任。作为独立的法人团体，香港特别行政区法定机构享有民事权利能力和民事行为能力，能够以自己的名义起诉和被诉，能够独立承担责任。这一点，在设立法定机构的条例中也会被强调。例如《香港贸易发展局条例》第三条规定：“香港贸易发展局……能起诉与被起诉，并在符合本条例的规定下，能作出和容受法人团体可合法作出和容受的所有其他作为及事情。”《香港科技园公司条例》第三条规定：“科技园公司为一法人团体，能起诉和被起诉。”《香港法律援助局条例》第三条规定：“法援局永久延续，并可以其法团名义起诉与被起诉。”

三、香港特别行政区法定机构的外部治理结构

1. 立法会制定条例，规范法定机构的设立、法律地位与职权。香港法定机构根据条例设立，其职能与法律地位均严格根据条例的规定界定。由于香港特别行政区法定机构的设立及运行涉及政府政策制定和执行，根据基本法的规定，由政府拟定法案并向立法会提出，或者在得到行政长官书面同意的情况下，香港特区立法会成员可以提出法律草案。可以看出，在是否设立香港特别行政区法定机构的问题上，香港政府享有决定是否提出法律草案的权力，一旦立法会通过政府提出的法律草案，该法律草案即成为条例。香港政府将根据该条例的规定设立相应的法定机构。例如，设立香港贸易发展局的《香港贸易发展局条例》是由政府提案并经立法会通过的香港条例第1114章；设立香港艺术发展局的《香港艺术发展局条例》是由政府提案并经立法会通过的香港条例第472章；设立香港医院管理局的《香港医院管理局条例》是由政府提案并由立法会通过的香港条例第113章。因此，有关是否设立法定机构以及明确法定机构法律地位和职能等内容的权力，是由香港政府和立法会行使的，香港法定机构无权自我决定是否设立、终止、明确职能及其法律地位。

2. 行政长官会同行政会议制定规例及指示，规范法定机构对具体

事项的权力。除了要遵守立法会制定的条例外，香港法定机构运作中，还要遵守行政长官会同行政会议制定的规例及指示。行政长官会同行政会议制定的规例在性质上属于附属立法，主要是规范法定机构行使具体事项的权力，香港特别行政区法定机构必须遵守规例的规定。例如《香港机场管理局条例》第十八条规定："行政长官会同行政会议可为下列的所有或任何目的订立规例（a）一般地或在某方面确保机场在安全或保安周全的情况下营运，或确保机场得到适当的维修，不论是规定须提供指明的保障或须采取指明的措施或其他的规定；（b）禁止、限制或以其他方式管制任何人、动物、车辆、船只或其他东西出入机场区或其任何指明部分或该区的任何1处或1处以上的指明地方或机场区附近范围，或以其他方式管制任何人、动物、车辆、船只或其他东西在机场区或其任何指明部分或该区的任何1处或1处以上的指明地方或机场区附近范围内的流通；（c）确保在机场区内的人或指明类别的在机场区内的人的安全；（d）禁止或阻止在机场区内或其任何指明部分内或在该区的任何1处或1处以上的指明地方（i）进行贩卖活动；（ii）提供或要约提供规例所指明的任何服务；（iii）造成妨扰；（e）实施本条例。"

除制定规例外，行政长官自己或会同行政会议如认为为公众利益而有需要，还可就具体事项对法定机构发出指示，该指示不能违反条例的内容，法定机构应遵守此等指示。例如《香港机场管理局条例》第二十条规定："即使有第6条的规定，在不抵触第（3）款的条文下，行政长官会同行政会议如认为为了公众利益有此需要，可就管理局任何职能的履行，向管理局作出他认为适当的书面指示，但该等指示不得规定管理局须作出或不得作出任何会完全或局部抵触本条例任何条文（第6条除外）的事情。管理局须在切实可行的范围内，尽快遵从根据本条所作出的任何指示。"

3. 法定机构可以制定附例或规则，调整法定机构的内部关系。在遵守立法会制订的条例以及行政长官会同行政会议制定的规例和指示下，香港特别行政区法定机关有权制定调整法定机构内部关系例如法定机构会议的召开形式以及议事程序等内容的附例或者规则。法定机构制定的附例或规则不得与条例及规例相违背。例如《香港机场管理局条例》第三十五条第一款规定："管理局可订立附例，以规管机场的使用及营运及所有在下列任何1处或1处以上的地方之内或之上的人或附例所指明类别的人的行为……根据本条订立的任何附例如与根据第十八条订立的任何规例有所抵触，则以该规例为准，或如适当的话，该附例须在受该规例的规限下解释及生效。"例如《香港旅游发展局条例》第二十条规定："发展局在行政长官会同行政会议的批准下，可籍规则订明或规定以下事项：召开发展局会议的形式；规管发展局会议的议事程序（包括会议法定人数）；根据本条例行使发展局的权力及履行发展局的责任。"此外，香港法定机构还可就其职能范围内的事项向政府提出建议和意见。例如《香港旅游发展局条例》第四条规定："发展局的宗旨在于：（f）就促进以上事宜（即发展香港旅游业）所可采取的措施向行政长官作出建议及提供意见。"

四、香港特别行政区法定机构的内部治理架构

1. 内部架构。除了一些法定机构采用公营基金运作模式管理外，例如香港土地注册处、公司注册处等，香港法定机构一般采用企业化的治理架构，具体的组织架构会因其职能不同而略有不同。一般而言，在设立香港法定机构的条例中，都会对所设立的法定机构的内部管理架构予以详细的规定。总的来说，法定机构的管理架构可分为管理委员会（或董事会、理事会）——行政总裁（或行政总监）——一般行政管理人员三层架构，实行的是管委会领导下的行政总裁负责制，决策、执行和监督三者之间既相互独立又有效制衡。

（1）管理委员会。管委会负责法定机构重大事项的决策，并对行政总裁和管理层进行监督。管理委员会成员包括政府部门、专业人士和社会各界代表。其中政府代表为当然成员，这些政府代表并非只局限于政府决策局局长，但大部分成员是非官方人士。例如香港贸易发展局委员会有19名成员，包括主席、8名当然成员、4名提名成员和6名行政长官指名委任的成员。在当然成员中，包括政策决策局局长（香港旅游

发展局主席、商务及经济发展局局长和新闻处处长）以及非官方人士（香港总商会主席、香港工业总会主席、香港中华厂商联合会会长、香港中华总商会会长）。4名提名成员均来自于非官方机构提名。同时，管委会设主席一名。有的管委会主席由香港政府决策局局长兼任，如蒲鲁贤慈善信托基金委员会主席由香港民政事务局局长兼任；有的必须是由非官方人士担任，但通过决策局局长向行政长官负责，如医院管理局委员会主席通过食物及卫生局局长向行政长官负责。

（2）行政总裁。行政总裁带领所有行政管理人员，按照管委会确定的政策方针，全面负责法定机构的日常运作。行政总裁是管委会的执行成员，参与管委会会议。为执行良好企业管治，管委会主席与行政总裁职位一般分由两人出任，行政总裁对管委会负责，定期向管委会汇报并接受管委会的监督。

2. 人员聘用。（1）管委会成员及行政总裁的委任。管委会成员和行政总裁的委任，一般有三种方式：第一种是由行政长官直接任免，例如强制性公积金计划管理局、市区重建局的行政总监，以及九铁公司的行政总裁均由行政长官委任；第二种是由行政长官批准，例如机场管理局的行政总监、香港贸易发展局的行政总裁须经行政长官批准；第三种是由行政长官授权决策局局长任免，例如金融管理局总裁由财政司司长委任，科技园公司的行政总裁由财政司司长批准委任。（2）一般行政管理人员的聘用。法定机构为独立机构，根据条例规定，法定机构对一般行政管理人员的聘用可以全权处理，可依工作实际需要合理设置人员岗位、确定人员结构比例、设定人员聘用条件，并按公开招聘程序聘用人员。

3. 薪酬制度。“法定机构的薪酬制度会因是否受到政府资助而不同”：（1）对于受政府经常性资助的机构，如消费者委员会、香港演艺学院、申诉专员公署及职业训练局，其人员的薪酬会参照相类职系的公务员，并跟随公务员的薪酬进行调整，但一般不会高于政府相类职系人员的待遇水平。香港政府在2003年3月公布指引，除了符合豁免准则的机构外，营运收入50%以上来自政府资助的法定机构需定期检讨最高级三层人员的人数、职级和薪酬条件，并向所属的决策局局长提交检讨报告，包括就报告涵盖期间任何变动提供解释和理据。决策局局长在评估受资助法定机构高层职位的人数及职级是否适中时，所考虑的因素包括组织的职能和整体员工结构、所涉最高级三层人员中每层人员履行的职责性质及复杂程度，以及与之相近的公务员职级。在评定资助组织中与公务员职级相若的高层职位薪酬条件是否适中时，有关局长会把有关级别的职员与相若职级公务员的总平均薪酬成本作出比较。假如没有可以比较的公务员职级，则会参考市场一般做法。为提高透明度，有关局长亦会与辖下资助组织进行适当安排，向公众披露检讨报告的内容。(2) 对于其他法定机构，如机场管理局及类似法定机构的薪酬有别于公务员，也不参照公务员的薪酬调整机制进行调整。它是根据法定机构的管理架构、需履行职责的轻重、有关的专业范围及所需经验确定。整体而言，这些机构提供的薪酬和薪酬调整幅度，与其争夺人力资源的所在市场一致，以确保能吸引并保留具有合适才能、经验和专业知识的人员。为使薪酬安排更加一致和客观，各法定机构一般设有专责委员会处理薪酬政策、定期进行薪酬调查以了解相关人力市场的薪酬水平和趋势、检讨员工特别是行政总裁的表现和薪酬，以及拟订建议，提交相关管理委员会或批核当局。①

五、对香港特别行政区法定机构的监管

“对法定组织，一般而言，政府透过以下方法监管它的营运：(a) 委派政府代表出任法定机构的当然成员或委派政府代表出席法定机构会议；(b) 要求法定机构：(i) 提交拟议的来年事务计划书和收支预算，供政府批核；及/或 (ii) 向政府提交年报、账目报表和核数师报告；及/或 (iii) 向立法会提交年报、账目报表和核数师报告；及 (c) 行政长官如认为公众利益有此需要，可向法定机构发出一般或特定性质的

① 《香港法定机构基本情况及启示》，载 http://www.zhsw.gov.cn/sww_ky/swggb/tszs/201008/t20100803_110386.html，访问时间：2013 年 12 月。

书面指示。”①

香港政府对法定机构的监管措施包括：

1. 制定具体法律条文，规范法定机构的运作，并确保它们遵守有关规定。例如香港食物及卫生局负责制定香港的医疗卫生政策，医院管理局必须遵守和执行这些政策。例如在人手编制和薪酬方面，受政府资助的法定机构，须遵守政府为管制和监察营运收入逾半、受政府资助的机构的最高三级行政人员的职级、架构和薪酬而颁布的指引。

2. 委派政府代表出任法定机构管委会当然成员或委派政府代表出席法定机构会议。② 受政府委派出任法定机构管委会的当然成员，一般是从政府就有关政策范畴的角度提供意见，使有关法定机构在致力达到机构目标时亦能充分顾及广大公众的利益。例如香港贸易发展局委员会成员中就包括由行政长官委任的发展局主席以及由行政长官指名委任的6名成员。③

此外，政府还通过多种途径与各法定机构保持密切联络。如政府委派代表参与管委会及其辖下专责委员会的会议；定期与管委会主席、行政总裁和高层行政人员举行会议等等。

3. 要求法定机构提交相关的运营计划和报告进行核准。这些报告包括：拟议的来年事务计划书和收支预算；年报、账目报表和核数师报告。以香港贸易发展局为例，每年香港贸易发展局须在财政发展局财政司司长指定的日期前，向财政司司长递送下一财政年度的建议活动计划书，并连同或收纳同一年度的收支预算，以供行政长官批准。④ 发展局须就所有收入及开支备存妥善账目，并须就该等账目保存妥善及充分地记录。在每个财政年度终结后，发展局须在适宜的情况下尽快安排拟备

① 香港特区《立法会六题：法定机构的管治》（2007年5月9日），载香港特区政府民政事务局网页。

② 香港特区《立法会六题：法定机构的管治》（2007年5月9日），载香港特区政府民政事务局网页。

③ 《香港贸易发展局条例》第十一条。

④ 《香港贸易发展局条例》第二十二（1）条。

该财政年度的发展局收支结算表，和该财政年度最后一日的发展局资产负债表[①]。发展局须在每个财政年度终结后，尽快（但不得迟于每个财政年度终结后6个月或行政长官就个别年度所容许的较长期间）向行政长官作出发展局的活动报告，并须连同该报告向行政长官一并传送根据《香港贸易发展局条例》第二十三（2）条拟备的各报表一份及根据《香港贸易发展局条例》第二十四（2）条作出的报告，并公布各报告及各报表。[②]

4. 建立审计机制。法定机构同政府一般部门一样，每年都要接受审计署的审级。例如，香港贸易发展局须委任核数师，核数师有权随时取用发展局的所有账簿、付款凭单及其他财务记录，并有权随时要求取得他们认为适合的关于上述账簿、付款凭单和财务记录的数据及解释。核数师须尽快审计根据《香港贸易发展局条例》第二十三（2）条拟备的各报表，并须就该等报表向发展局作出报告。[③]

受审计署监察的法定机构由政府账目委员会、审计署和政府三方所共同议定的准则确定，包括：审计署署长根据任何条例或赋权对其账目加以审核的任何人士、法人团体或其他团体；任何收入超过半数来自政府资助的法定机构；以及行政长官以公众利益为理由而根据《核数条例》第十五条、以书面授权审计署署长对其账目及记录进行审核的任何机构。

有些法定机构还在机构内部设立专责的审级委员会。在考虑是否设立专责的审计委员会时，各个法定组织会顾及不同的因素，包括有关组织的性质和职能、运作规模、是否有其他更有效的方法进行审计工作功能，例如聘用外间的核数师或由有关组织下的其他委员会担当审计的功能等。根据各政策局/部门提供的资料，有24个法定组织设有专责的审计委员会。包括机场管理局、科技园公司、消费者委员会、香港生产力促进局、香港旅发局、市区重建局、考评局、会计师工会、强制性公积

① 《香港贸易发展局条例》第二十三条。
② 《香港贸易发展局条例》第二十五条。
③ 《香港贸易发展局条例》第二十四条。

金计划管理局、医院管理局、九广铁路公司等等。①

5. 行政长官如认为公众利益有此需要，可向法定机构发出一般或特定性质的书面指示。如《香港贸易发展局条例》第5A（1）条（1）规定："行政长官会同行政会议如认为为公众利益而有需要，可就发展局根据本条例行使其权力和履行其职责，向发展局发出书面指示，而发展局须遵从该等指示。该等指示不得抵触本条例的任何条文。"

法定机构除了要接受政府的监管外，还必须接受立法会和社会公众的监管。主要体现在需向立法会提交年报、账目报表和核数师报告，或将公开经审计的周年账目让公众查阅。例如对于香港贸发局提交给行政长官的各类报告和营运计划，行政长官须安排将他收到的各报告及各报表呈交立法会会议席上省览。②

六、启示和建议

《前海条例》建立了市政府领导下的前海管理局法定机构运作的治理模式。但是，这一治理模式在具体实践中出现了一些亟待解决的问题：在外部治理架构上，前海管理局与市政府直接缺少具体对接部门；缺少中央各部委或者市政府相关部门在前海设立驻区机构的规定；缺少对于辖区政府以及各相关部门应当承担的职责的规定。在内部治理架构上，欠缺理事会架构，欠缺对前海管理局具体职责的规定，欠缺对前海管理局下属公司法律地位的明确等。因此，有必要借鉴香港法定机构制度，在未来对《前海条例》进行修订时，在坚持前海管理局作为法定机构运作的这一创新的基础上，继续完善其管理架构。具体可以考虑：（1）制定专门的《前海管理局条例》。尽管目前2011年深圳市政府颁布了《深圳前海深港现代服务业合作区管理局暂行办法》，在形式上实现了"一条例一机构"的法定机构特点。但是，该暂行办法属于深圳市政府的规章，立法层次较低，未来应考虑由深圳人大制定专门的特区

---

① 香港特区《立法会十九题：法定机构的管治事宜》及其附件1（2008年1月30日）。

② 《香港贸易发展局条例》第二十五条。

立法《深圳前海深港现代服务业合作区管理局条例》，明确前海管理局的权责范围、组织架构、外部关系等问题，以作为规范前海管理局法定机构模式的法律依据和基本法。（2）完善市政府、辖区政府及相关部门与前海管理局之间的外部治理机构关系，明确前海管理局的职责。明确列举前海管理局的具体职责以厘清其与市政府、辖区政府和相关部门规定权责关系，并可以考虑允许市政府、辖区政府及其他政府部门，如税务、海关等在前海设置驻区机构。（3）进一步完善前海管理局法定机构的设置和运作模式，完善其内部管理架构。可以考虑增加理事会组织，建立理事会领导下的前海管理局模式。理事会负责重大决策，并对前海管理局进行监督，实现决策、执行和监督三者的相互独立和制衡关系。明确前海管理局与下属公司之间的关系。授予前海管理局根据市政府确定的原则，组织制定和完善人事、薪酬和绩效管理等内部制度的权力。建立前海管理局多样化的资金来源，除了政府支持外，可允许前海管理局对前海合作区土地出让和租赁的部分收益以及其他合法收入有一定的支配权。

（责任编辑：廖桃春）